HILDE ZEMANN

Lebenslinien

MIT EINEM VORWORT VON
SYBIL GRÄFIN SCHÖNFELDT

KNESEBECK

Inhalt

Mario Adorf

Frage: Was machen Sie für die Jugend?
Antwort: Ich werde älter.

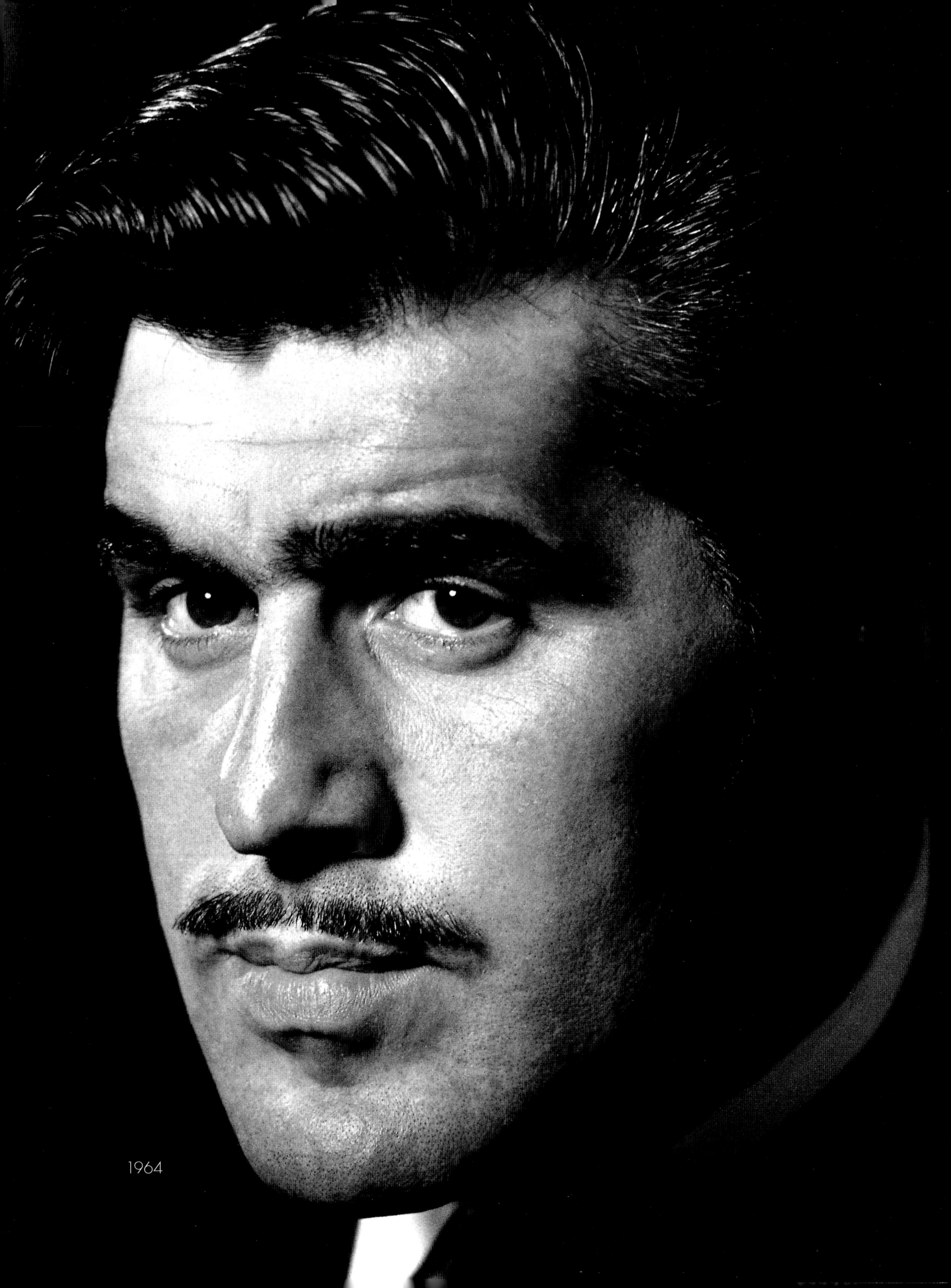

1964

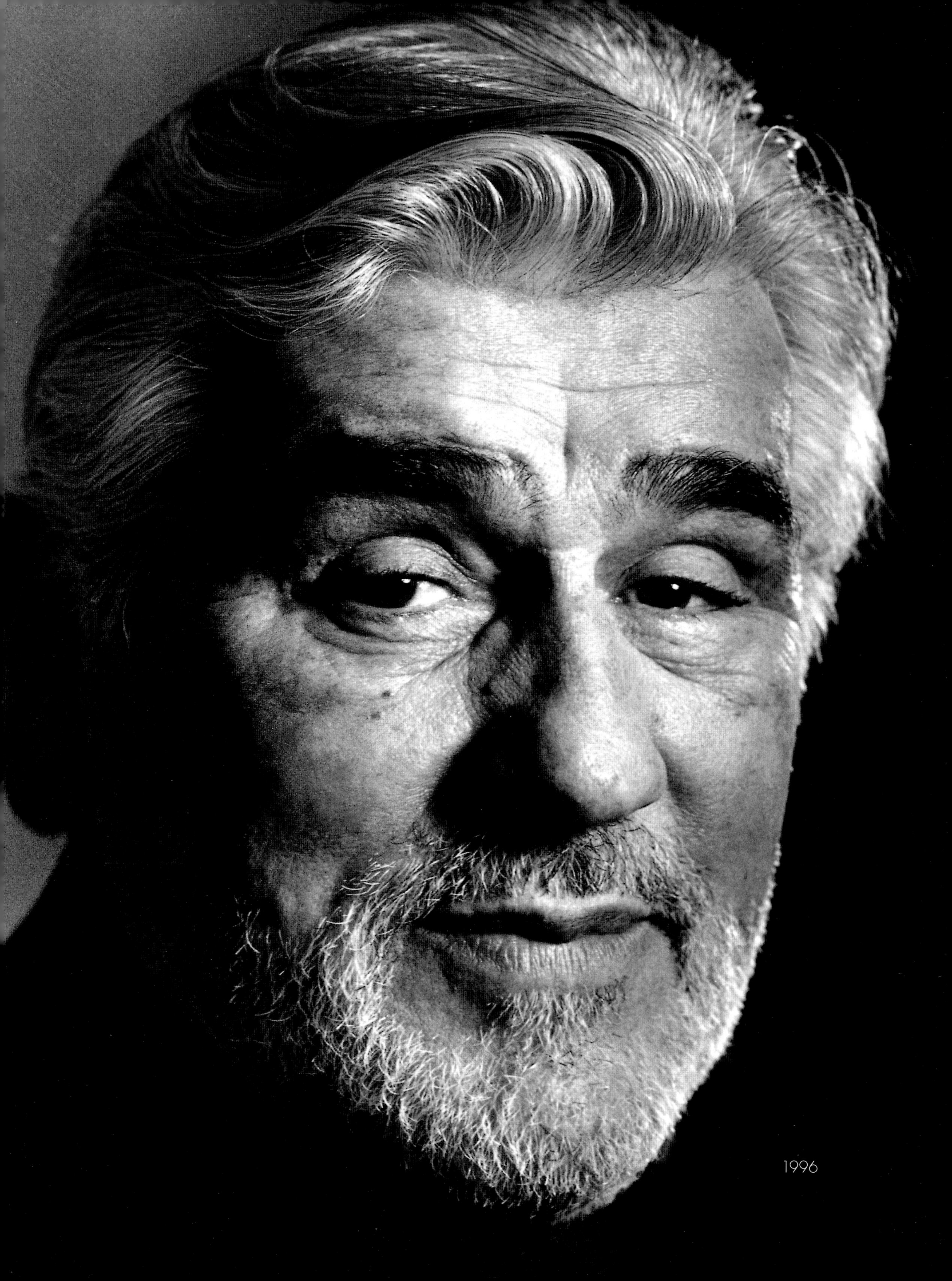

1996

Nichts vom Vergänglichen,
Wie's auch geschah!
Uns zu verewigen,
Sind wird ja da.

Johann Wolfgang von Goethe, *Zahme Xenien I*

Wer als Erwachsener im fortgeschrittenen Alter über sich selbst nachdenkt – also über einen Menschen, den er gut zu kennen glaubt –, hat meist das Bild eines vielleicht Fünfundzwanzig- oder Dreißigjährigen vor Augen, in vollendeter und vollkommener Jugend, voller Leben und Wendigkeit. Schon alt genug, um nicht ohne Skepsis zu sein, aber doch noch frei von allem, was an die Vergänglichkeit des eigenen Leibes erinnern könnte. Ein altersloses Bild der Lebenskraft, unbekümmert im wahrsten Sinn des Wortes. Vielleicht ein Idealbild, so selbstverständlich als Ich empfunden, dass man weder die Unterschiede zur Wirklichkeit wahrnimmt, noch auf den Gedanken kommt, es könnten überhaupt Unterschiede bestehen. Ich, mein Ich: Ich laufe durch eine Wiese. Ich springe über einen Zaun. Ich strauchle nie, und nichts ist mir beschwerlich.

Später aber – heute – halte ich betroffen inne. Vielleicht hat jemand in einem Gespräch einen Namen genannt und gefragt: »Wie alt mag er (oder sie) sein?«, und ich habe, ohne nachzudenken, geantwortet: »Ach, ziemlich alt.« Ziemlich alt? Aber nein! Sogar ein paar Jahre jünger als ich! Es ist nur dieses junge Ich, das sich mir immer noch vor Augen schiebt und mir den Vergleich verdirbt. Wie ist das möglich?

Ich habe dieses Bild nicht gemacht, habe diese Erinnerung nicht gerufen. Es ist kein Spiel, keine Koketterie, kein Selbstbetrug. Vielleicht ist es mein innerstes, unzerstörbares Ich, das Herz meines Herzens, das mich wie ein lichter Schatten begleitet. Ist es ein Trick der Natur, der mich unbewusst immer dann an meine einstige Kraft erinnert, wenn ich sie brauche? Ist es der Trost, den die lebensmächtige Natur gegen die Melancholie setzt, die das Alter begleitet? Welches also ist mein Ich? Jene Erinnerung oder das Bild von heute? Was habe ich im Lauf der Zeit verloren und was gewonnen? Was wird bleiben? Bin ich verändert worden, habe ich mich verändert? Kann ich das überhaupt erkennen? Das von einer unbestechlichen Kamera damals Festgehaltene und das, was derselbe Apparat viele Jahre später aufnahm?

Blättern Sie weiter. Sie sehen jüngere und ältere Gesichter. Gleiche Strukturen von Köpfen und Nasen. Ähnlichkeiten in allen Details. Etwas wie eine Erwartung, ein Versprechen am Anfang von Leben und Karriere, daneben dasselbe Gesicht, das von dem Weg erzählt, den der Mensch durch die Zeit gegangen ist. Gesichter, die Lebensläufe beschreiben und Geschichten erzählen. Geschichten von Menschen, die in Frieden altern durften, aus welchen Kriegen, Schrecknissen, Trümmern oder behüteten Kindheiten sie auch immer kamen.

Wie hat die Zeit sie verändert? Da ist einerseits der Verlust. Der Verlust an Zeit: nicht nur der Verlust der Jugend, sondern vor allem der Verlust der Zukunft. Es war ein langer Weg von den Fotos von damals bis zu denen von heute. Nun aber bleibt nur noch eine absehbare Spanne. Demgegenüber der Gewinn: Er ist die Ernte der zwar ganz und gar vergangenen, aber nicht verlorenen Jahre. Die Ernte eines Lebens, bisher behutsam bewahrt – wer weiß, wie lange noch. Wie kann ein Mensch das ertragen und dennoch so unverzagt in die Kamera blicken?

Ich schaue täglich in den Spiegel. Morgens verstrubbelte Haare, Schlaf im Augenwinkel, letzte Traumfetzen auf der Stirn. Nach dem ersten Schluck Kaffee, nach der ersten heißen Tasse Tee der Tagesblick, klar, konzentriert, keine Spur von Zerstreutheit. Noch einmal übergekämmt, und dann geht es los ins Leben, jeden Tag von Neuem. Und abends? Ist das Licht so matt, oder ist die Haut tatsächlich so blass? War sie am Morgen nicht glatter und rosiger? Jeder Tag nimmt und gibt. Und man merkt es kaum. Ein Blick in den Spiegel – und da ist es wieder: Ich sehe mein altes junges und ewiges Ich. Es legt sich über das, welches mir der Spiegel zeigt, und ich habe den Kopf so voll von anderen Dingen, voll von Beruf und Kinderkram, von Terminen und Vorfreuden, dass ich die Falte wegstrei-

che, ohne sie wirklich zu sehen. Was war das? Ein Schatten?
Im Badezimmer meiner Großeltern hing ein Spiegel, ein Queroval, ziemlich hoch an der Wand. Gerade richtig für meinen Großvater, der sich mit Schaum, Pinsel und Messer rasierte und dem es gleichgültig war, wie er aussah, Hauptsache, sein Schnurrbart war korrekt gestutzt. Meine Großmutter war klein. Sie konnte nur ihre Stirn und die obere Hälfte des Lockenkopfes erkennen, und da bei ihr Körper- und Schönheitspflege identisch waren und alles nur mit gut abgelagerter Kernseife gewaschen wurde, spielte dieser Spiegel für sie keine große Rolle. Im Salon reichte ein schmaler Spiegel mit Goldrand vom Boden bis an die Decke. Aber er war altersblind und voller Flecken, und das Licht, das sich zwischen Portieren und gefütterten Seidengardinen den Weg bis zu seinem Silberglas bahnen musste, gab der alten Frau nur ein Bild von schemenhafter Unbestimmtheit. Das genügte ihr, denn sie sah sich in den Augen ihrer Freunde und Familie, und da alle sie liebten, so wie sie war, hielt sie sich weiter für unverändert.
Die Wissenschaftler, die unser Gehirn erforschen, bezeichnen es als das größte Wunder unseres Menschseins, dass wir nicht nur uns selbst im Spiegel erkennen können, sondern dass uns ein Blick in das Gesicht eines anderen genügt, um zu wissen oder zumindest zu vermuten, was dieser andere gerade denkt. Auch was er über uns denkt. Gewiss, man irrt sich, und das kann dann der Anfang eines großen Disputes oder sogar eines Krieges sein, aber im Allgemeinen steuert irgendetwas die Muskulatur unseres Gesichtes, noch ehe sich der Verstand eingeschaltet hat.
Bereits der Säugling beginnt ein lebenslanges Mienenspiel mit der Welt. Er fordert sie heraus, sich ihm zu enthüllen, und dazu verzieht er das Gesicht zu einem Lächeln. Nein, sagen alle, die meinen, es wissen zu müssen, ein Neugeborenes kann noch gar nicht lächeln. Die Nervenzellen in seinem Gehirn seien erst dabei, sich zu vernetzen. Ein Säugling besitze noch gar keine Erfahrung, die sich auf seinem Gesicht widerspiegeln könnte. Sein Lächeln, das seien unwillkürliche Muskelkontraktionen, und es bedeute nichts.
Tatsächlich bedeutet es aber alles. Denn gerade das haben Videoaufnahmen gezeigt: Wenn eine Mutter ihr Kind an die Brust legt, so ist es das Kind, das die Mutter anlächelt. Mag sein, dass es noch blind ist. Mag sein, dass es das Gesicht der Mutter nur als eine sanfte Sonne über sich schweben sieht und noch gar nicht weiß, was ein Gesicht ist. Das Kind aber hebt die Mundwinkel, und die Mutter lächelt zurück. Das Kind spitzt die Lippen, und die Mutter antwortet. Das Kind bringt die Mutter dazu, ihr Gesicht so sprechen zu lassen, wie es das Kind braucht. Auf diese Weise lernen wir, unsere Miene spielen zu lassen und das Mienenspiel der anderen zu lesen. Dies geschieht lange, bevor wir Bilder, Buchstaben oder Wörter erkennen können. Es ist die Sprache des Gesichtes, die Sprache der Augen. In der Schule lernt man, dass ein Auge gar keinen Ausdruck haben kann, weil der Augapfel nur eine von unzähligen feinen Muskeln nach allen Seiten gezupfte Kugel ist. Doch jeder Blick in das Gesicht eines Fremden lässt uns an den Augen ablesen, was er empfindet, und es reicht von Gleichgültigkeit, Feindseligkeit und Trauer bis zu Spott, Heiterkeit, Glückseligkeit und Liebe.
Manchmal bleiben Augen jung, sinken nicht ein in ihre Höhlen, verwässern nicht in ihrer Farbe, sondern strahlen und funkeln in einem alten Gesicht. Das ist wahrhaftig ein Geschenk der Götter. Kein schwarzer Lidstrich, kein rosa Puderschatten kann diese Glut nachmalen. Sie machen nur eher auf das aufmerksam, was verloren gegangen ist. Wer sich hingegen in Geduld üben kann, dem gelingt es, die neue Altersharmonie von verblassenden Farben an Haar, Haut und Augen zu bewahren und den Wandel zum anders, zum ausdrücklicher Spre-

chenden zu akzeptieren. Denn jedes Lächeln, jedes Stirnrunzeln, jedes Weinen hinterlässt eine feine Spur, die das Gesicht im Lauf der Jahre formt. Im Altersgesicht sind all diese Spuren bewahrt, und auch sie bilden und prägen die Sprache des Gesichtes.
Ich sehe mich im Spiegel und entdecke das Geheimnis des eigenen Gesichtes. Kann ich mich selbst entdecken, wenn ich es zu lesen verstehe? Ist es das Äußere meines verborgenen Ichs oder zeigt es mir das, was ich gar nicht beherrschen kann? Ist mein Gesicht eine Maske, oder kann ich es als Maske verwenden? Nur ein paar Muskeln verschoben, schon heuchle ich Unschuld oder Liebe. Nur das Kinn gereckt und ein paar Muskeln gespannt, schon heuchle ich Jugend oder Wohlbefinden. Spricht mein Gesicht? Sprechen alle Gesichter. Lügen sie vielleicht?

La femme de trente ans, die Frau von dreißig Jahren, heute ein Mädchen gerade am Ende der Jugend, war für den französischen Schriftsteller Honoré de Balzac eine tragische Figur: eine Frau bereits im Angesicht des Alters. »... ihre Seele ist noch schön durch die eben entschwindende Jugend und ihre Leidenschaft erstarkt durch die Ahnung einer sie erschreckenden Zukunft.« Balzac schrieb seinen Roman in den dreißiger Jahren des 19. Jahrhunderts, und seitdem hat sich die Lebenszeit für Frauen und Männer verändert und verlängert. Damals starben die Menschen früh, Frauen im Kindbett und Männer in Kriegen, und wenn sie es lebendig überstanden hatten, wurden sie von Krankheiten und Seuchen bedroht, gegen die es noch keine wirksamen Heilmittel gab. Das Leben war kurz. Mädchen wurden mit vierzehn oder fünfzehn Jahren verheiratet, waren als Femmes de trente ans »verbraucht«, wie es hieß. Ihr blieb nur die »noch schöne Seele« – und, wie Balzac es als einer der Ersten beschreibt, die sorgfältige Pflege einer schwindenden Schönheit des Körpers, um den Mann, den Geliebten trotz ihres sogenannten Alters noch verlocken und verführen zu können.
Morgendusche und kühles Wasser aufs schlafverquollene Gesicht, ehe der Blick des Geliebten es trifft. Parfum und Körperzucht, raffinierte Kleidung und der schmeichelnde Glanz der Haare sollen die schwindende Jugendlichkeit so lange wie möglich erhalten. Es ist der Kampf gegen eine Schimäre, gegen eine Einbildung, die in unserem Jahrhundert die kosmetische Industrie so vielfältig zu schüren wusste, dass ihre Produkte einen Milliardenumsatz einbrachten und eine der Konzernbesitzerinnen zu einer der zehn reichsten Frauen der Welt werden ließen. Und: es ist der Kampf der Frauen. Kein Mann hätte je einen anderen als »verbraucht« beschrieben. Im Gegenteil, wenn ein Jüngling noch keinen Bartwuchs hat und die Gleichaltrigen ihn als Milchgesicht verspotten, leidet er. Frauen aber hüllten sich in Samt und Seide, schnürten die Brust hoch, klebten sich schwarze Samtpflaster auf Wange und Kinn, um die Blikke auf sich zu ziehen. Sie malten sich die Lippen signalrot oder kniffen sich, als es sich für eine Frau von untadeligem Ruf nicht ziemte, sich zu schminken, in die Wangen und Lippen, bis diese rosig glühten.
Ist es heute anders? Haben sich nicht nur die Ziele der Verlockung gewandelt? Das Gesicht ist unverändert ein Signal. Das der Frau gibt ihre Position im Leben an; mit dem Gesicht behauptet, empfiehlt und verkauft sie sich, noch ehe sie ein einziges Wort gesagt hat. Im Zeitalter des Fernsehens heißt es, ein nicht mehr junges Gesicht verkauft sich schlecht. Daher gibt es unzählige Versuche, den äußerlich sichtbaren Alterungsprozess aufzuhalten. Da ist die Frau mittleren Alters, die sich liften lässt, sich die Haare blondiert, um dem Grau zuvorzukommen und um im Wettbewerb zu bestehen – sei es bei den männlichen Berufskollegen oder bei den Ehemännern, die bald von den wirklich Jungen umspielt werden. Da sind die Frauen und die Männer um die vierzig, die einmal im Jahr einen

Gesundheitsurlaub machen, so etwas früher belächelt hätten, bis sie bei ihren Freunden sahen, was die Gewissheit bewirkt, in – zumindest altersgemäß – bester Form zu sein und nach der Kur zu hören: »Was siehst du jung aus!«
Balzacs Femme de trente ans gehörte in ihrer Zeit zu den besser Gestellten, die sich Haut und Haar pflegen ließen in einer Zeit, in der sich nur wenige mit ausreichend Schlaf und Nahrung ein ausgeruhtes Gesicht leisten konnten. Demgegenüber kann sich in unserer Zeit jede müde Hausfrau oder Angestellte in jedem Warenhaus von einer der Kosmetikerinnen ein Gesicht zaubern lassen, bei dessen Anblick sie ungläubig zu lächeln beginnt. Ob sie bei so einem Gesicht bleibt oder nicht, ob sie es mag oder nicht, ob es ausreicht, die Schatten von Lebens- und Todesangst zu verdecken, das spielt keine Rolle. Sie ist imstande, ihr älteres, ihr altes Gesicht zu verändern, und die Gesellschaft gestattet es ihr, ohne sie abzuwerten. Die Frau verfügt also über die freie Wahl, der Welt und der Konkurrenz das Gesicht zu zeigen, das sie ihr zeigen will. So kann sie auch zu ihrem von den Jahren gezeichneten, vielleicht deformierten Gesicht stehen. Das hat weder etwas mit Moral oder Charakter zu tun noch mit Ästhetik, wie man im ersten Moment meinen könnte, sondern eher mit der Demokratisierung des Luxus – und schließlich mit den Fortschritten der Medizin.

Sagte in meiner Kindheit mein Großvater beim Lesen der Todesanzeigen im *Tageblatt* noch anerkennend: »Gestorben mit sechzig! Ein schönes Alter!«, so sind in unserer Gegenwart die Sechzigjährigen auf der Höhe des Lebens, schnallen sich Inline-Skates an, klettern auf Fünftausender. Die Medizin hat das Älterwerden verändert und uns die Möglichkeit gegeben, mit unserem Körper und unserem Lebenstempo anders zu verfahren. Männer wie Frauen lassen raffen und straffen oder einen kahlen Schädel wieder mit Jugendlocken umwallen. Und das alles lohnt sich: Männer und Frauen können es sich leisten, die Rentenjahre wie eine zweite Jugend zu genießen, und die Tragödie des Alters beruht nicht mehr darin, dass uns nur die schöne Seele in einem welken Körper bleibt, sondern dass dieser benutzt wird, als wäre er wirklich noch jung. Wohlgenährt und vorzüglich gepflegt, im Fitness-Studio gestählt: Wie gelenkig die Großmutter noch ist, wie jugendlich der weißhaarige Freund oder Ehemann!
Doch so ganz lässt sich die Natur nicht überlisten. Die Sonne des Südens hat die einst junge und glatte Haut welk werden lassen und die einst geschmeidige Unterhaut verbrannt, so dass sich die lockere Hülle ohne natürliche Polster knittern und runzeln muss. Das Alter trocknet uns aus. Die Gesichter von Frauen und Männern gewinnen eine ganz andere Kontur; das Gewebe des ganzen Körpers wird mürbe und brüchig. Die Knie der unermüdlichen Golfspieler knirschen, und wer zu oft über das Tennisnetz flankt, dem zahlen es die Wirbel heim. Das, und nicht das kunstvoll jugendlich gehaltene Gesicht, zeigt die Zwickmühle, in die uns das Alter lockt.
Im Alter, heißt es, bekommt man das Gesicht, das man verdient. Oder, wie eine alte Frau auf die Frage antwortete, wie sie es denn geschafft habe, noch so jung auszusehen: »Mit vierzig muss man sich entscheiden, ob man alt werden will oder mollern wird!« In früheren Zeiten zogen die alten Damen den Schleier ihres Hutes vors Gesicht. Und im Salon legten sie ein rosenfarbenes Seidentuch über den Lampenschirm und schworen auf Rosa und goldenes Gelb: »Das embelliert ein wenig und verjüngt!« Verjüngt auch die Erinnerung? Die Neunzigjährige, die in ihrem Pflegebett gewaschen wird, ihre Oberschenkel mustert und murmelt: »Deine seidige Haut – hat er immer gesagt …«, sieht in diesem Augenblick so jung aus wie damals, als die Hand des Liebsten über die seidige Haut glitt. Wie weit gehen die Gedanken zurück. Wie groß ist doch die Verlockung, das Bild von einst

zu verformen und nur noch das wahrzunehmen, was man sehen will. Wem diese Kunst der späteren Verklärung nicht gegeben ist, wessen Blick auf das eigene Ich gnadenlos und unbestechlich bleibt und wer keinen Irrtum, keine Verfehlung, vor allem keine Unterlassung übersehen kann, der verschließt die Vergangenheit lieber und wirft seine Bilder ins Feuer.

Johann Wolfgang von Goethe blickte nicht gern zurück auf die Tage des Anfangs. Wie oft er auch »Mädchen, mein Mädchen …« gesagt und in ein junges, von seiner Leidenschaft durchglühtes Gesicht geblickt hatte, eine Rückkehr, wie nach Jahren zu Friederike Brion in Sesenheim, strafte ihn mit dem Anblick eines Gesichtes, in dem nichts mehr von dem zu erkennen war, was er damals zu sehen geglaubt hatte. Eine freundliche, ältere Bauerntochter wandte ihm ihr gröber gewordenes Gesicht zu. Kein anderer hat diese prekäre Situation der späteren Wiederbegegnung so verstanden und darzustellen gewusst wie Thomas Mann das Treffen zwischen Goethe und Charlotte Buff in seinem Roman *Lotte in Weimar*. Von Goethe sind auch die Sätze überliefert: »Alte Freunde muss man nicht wiedersehen, man versteht sich nicht mehr mit ihnen, jeder hat eine andere Sprache bekommen … Wem es ernst um seine innere Kultur ist, hüte sich davor; denn der alsdann hervortretende Missklang kann nur störend auf uns einwirken, und man trübt sich das reine Bild der früheren Verhältnisse.«
Und was ist, wenn ich mich selbst wiedersehe? Wenn ich lese, was ich vor Jahren geschrieben habe, wenn ich alte Briefe aufblättere, wenn ich den Kasten mit den kleinen bräunlichen Fotos aufklappe und das herauslasse, was Goethe als »reines Bild der früheren Verhältnisse« bezeichnet hat? Spreche ich noch dieselbe Sprache? Verstehe ich mich? Was war ich? Was ist aus mir geworden?
Diesen Kern des Ich, an dem man sein ganzes Leben lang gearbeitet und es im alten Sinn des Wortes kultiviert hat, nannte Goethe »die innere Kultur«. Gerade er hat eine Fülle von Sprüchen und Maximen hinterlassen, in denen er des Menschen Mut und Möglichkeit beschwört, diese innere Kultur zu pflegen und zu entwickeln. Wir sind frei dazu, sagt er, und ein Schelm, wer es unterlässt. Der vergeudet sein Leben, denn, so Goethe, »Und keine Zeit und keine Macht zerstückelt/geprägte Form, die lebend sich entwickelt.«
Geprägte Form: Von der Doppelhelix und von Genen ahnte Goethe noch nichts, aber die wie auch immer zu benennende innere Struktur des Menschen war ihm wichtiger als das »Äußere«. Wenn er über das Alter, sein Alter sprach, so mahnte er meist, sich geistig zu verjüngen: »Ei, bin ich denn darum achtzig Jahre alt geworden, dass ich immer dasselbe denken soll? Ich strebe vielmehr, täglich etwas anderes, Neues zu denken, um nicht langweilig zu werden. Man muss sich immerfort verändern, erneuern, verjüngen, um nicht zu verstocken.« Und: »Je älter man wird, desto mehr verallgemeint sich alles, und wenn die Welt nicht ganz und gar verschwinden soll, so muss man sich zu denen halten, welche sie aufzubauen imstande sind.« Jugend und Alter, das sind für ihn keine Gegensätze: »Wir erfahren erst im Alter, was uns in der Jugend begegnete.«
Wie hätte er, der leidenschaftliche Sammler von inspirierenden und lehrreichen Bildern, an den Zwillingsbildern von einst und jetzt Gefallen gefunden. Machen wir die Probe aufs Exempel: Sagt das alte Gesicht, was ihm in der Jugend begegnete? Erzählt es von glücklichen Kindertagen, von den Ängsten der Flucht, von Liebe und Konkurrenzkampf? Von Enttäuschungen und langen, durchwachten Nächten, ob mit einem Buch oder am Bett eines Kranken? Oder verbergen die Züge des älteren Menschen gerade das, was ihnen in der Jugend begegnet und widerfahren ist? Zeigen, enthüllen sie lediglich das Alter und den fortschreitenden Zerfall? Und gewinnt man wirklich nur »das Gesicht, das

einem zusteht«, wenn man sich um diese Veränderung nicht kümmert?
Jeder kennt sein Antlitz, sieht es täglich, ohne genau hinzuschauen. Wir sehen und nehmen den Anblick als gegeben. Man gewöhnt sich so an dieses Gesicht, dass man einen Schock bekommt, wenn ein Schnappschuss zeigt, wie man wirklich aussieht, oder wenn ein Bild aus jüngeren Jahren zeigt, wie man ausgesehen hat. Wie viel Gewinn und Verlust hat man gleichzeitig vor Augen, wenn man die Bilder der Frauen und Männer betrachtet, welche die Fotografin Hilde Zemann vor etwa drei Jahrzehnten schon einmal aufgenommen hat. Welche Verwandlungen! Wie wunderbar manche Gesichter erst zu sich gekommen sind. Wie Schminke und Frisuren junge Gesichter ältlich machten und klaren Linien etwas Kleinliches verliehen. Wie glatt und jung sie damals waren, aber auch austauschbar, ganz ohne Versprechen, nur damalige Gegenwart. Und wie reich haben sich die Gesichter mit Leben gefüllt. Man möchte diesen ganzen Menschen, den Alten, vor sich haben und mit ihm reden. Nun versteht man auch den Bewunderer von Marguerite Duras, der sie in einem öffentlichen Gebäude ansprach und sagte: »Ich kenne Sie seit jeher. Alle sagen, Sie seien schön gewesen, als Sie jung waren. Ich bin gekommen, Ihnen zu sagen, dass ich Sie heute schöner finde als in Ihrer Jugend, ich mochte Ihr junges Gesicht weniger als das von heute, das verwüstete.«
Die Bilder dieses Buches sind eine Auswahl. Nicht nur aus Hunderten von Fotokästen, sondern auch aus Menschenmöglichem. Es schaut mich kein hasserfülltes Gesicht an, kein verkniffenes, keins einer bösen alten Frau oder eines missgünstigen verdorrten Greises. Wir sind mit diesem Buch in Gesellschaft weiblicher und männlicher Menschen, denen es gelungen ist, dass ich nicht »alt« denke, wenn ich ihnen ins Antlitz schaue. Ich denke: Schön. Oder: Welche Kraft, welche Güte! Was für ein Mann! Oder: Was für ein Schlitzohr! Auch: Welche Trauer. Und all die Jahrzehnte, die diese Frauen und Männer und ich zusammen verlebt haben, sind plötzlich gegenwärtig. Das sind nun nicht mehr bloß Fotos oder Porträts, sondern Bilder, in denen das Angesicht eines halben Jahrhunderts aufbewahrt ist.
Jeder ist seinen Weg gegangen, jeder für sich, und dennoch haben die gealterten Gesichter etwas gemeinsam. Sie zeigen eine Spur, die nicht verhohlen, nicht überpudert und retuschiert wird. Diese Frauen und Männer sind durchgestoßen zu sich selbst. Man erkennt, was es gekostet hat, aber auch, was dadurch gewonnnen wurde. Die wahre Ernte des Lebens – sicher nicht Gold und Tand, den die Mäuse und Ratten fressen.
So sollte man altern. Selbstbewusst und dennnoch ergeben, in abwartender Ruhe. Was kann mir denn, nach dem, was gewesen ist, noch geschehen? Ein letzter Blick auf eine der ersten historischen Daguerreotypien der Vereinigten Staaten, die ein nicht mehr junges Gesicht darstellt, sondern ein Antlitz mit allen Klüften und Schatten und tiefem melancholischem Blick: Es zeigt Henry David Thoreau, den Autor von *Walden oder Leben in den Wäldern*. Sein Leitwort: »Gib dir nicht viel Mühe, neue Sachen anzuschaffen, weder Kleider noch Freunde. Wende die alten; wende dich zurück zu ihnen. Die Dinge ändern sich nicht; wir ändern uns. Verkaufe deine Kleider und behalte deine Gedanken. Gott wird dafür sorgen, dass es dir nicht an Gesellschaft fehle.«

Sybil Gräfin Schönfeldt

Margarethe von Trotta

In Abwandlung einer Zeile von Ingeborg Bachmann:
Alter, das wird zwischen vielerlei Tun ein einsames Geschäft.

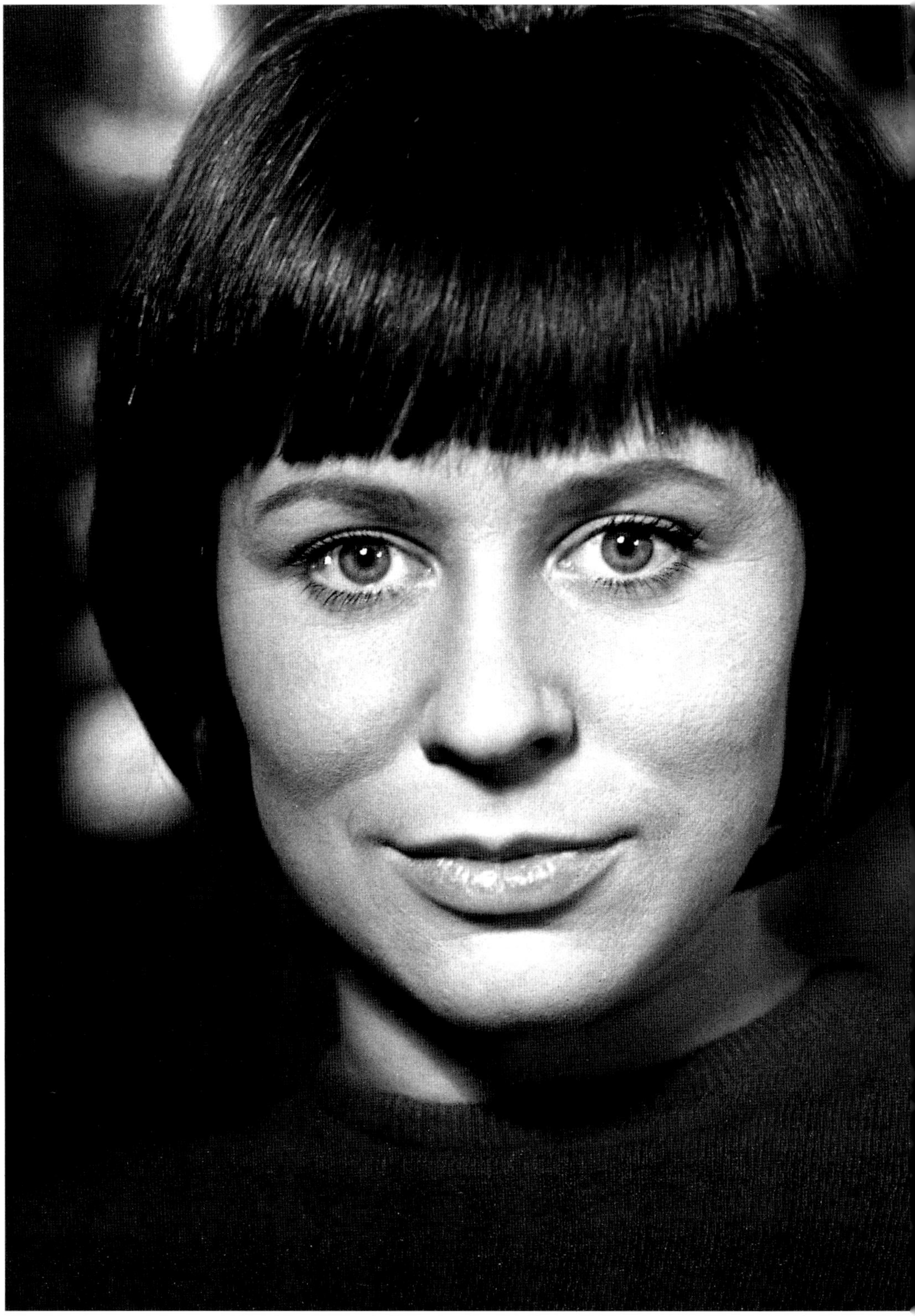

1966

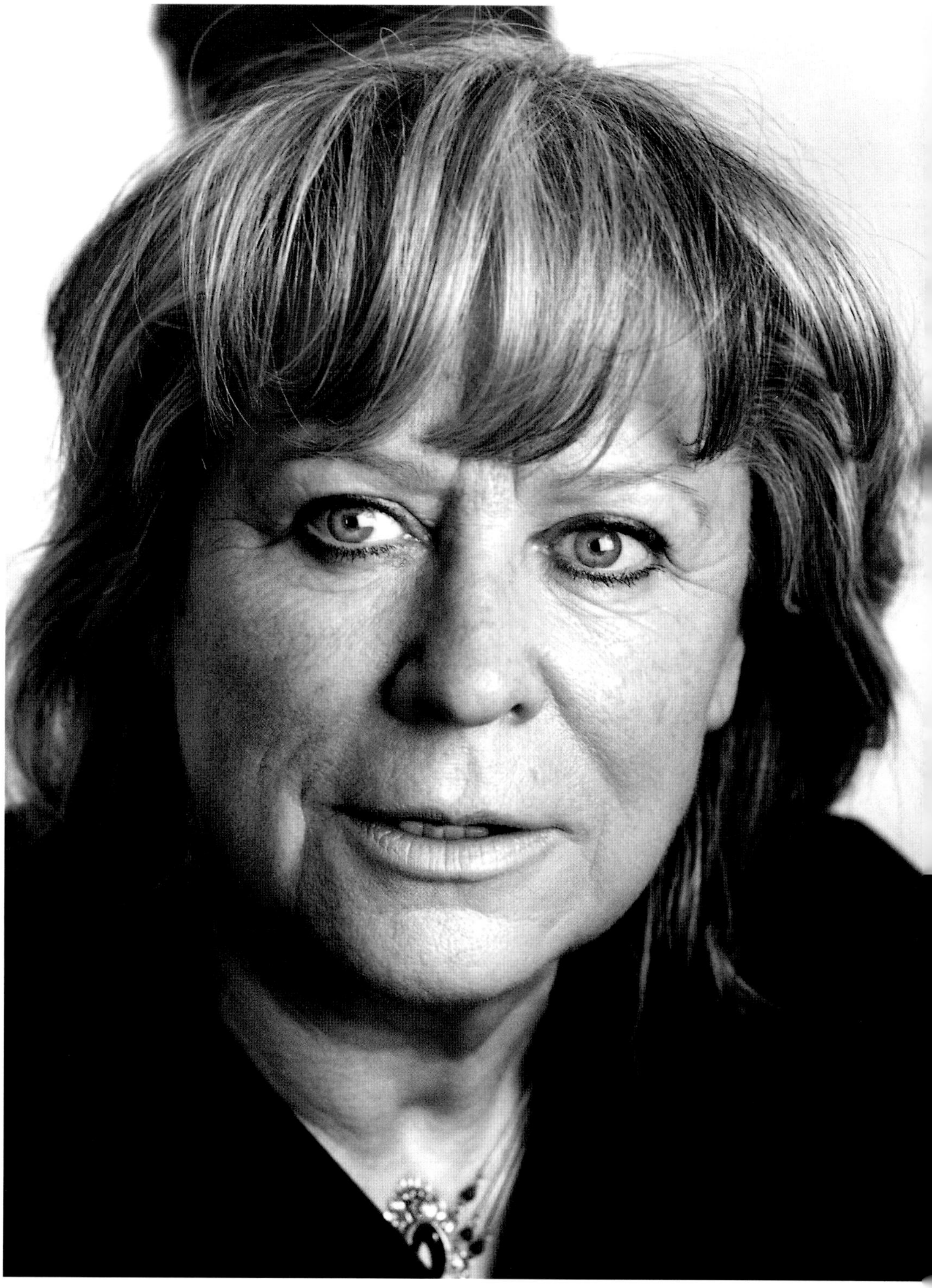

2000

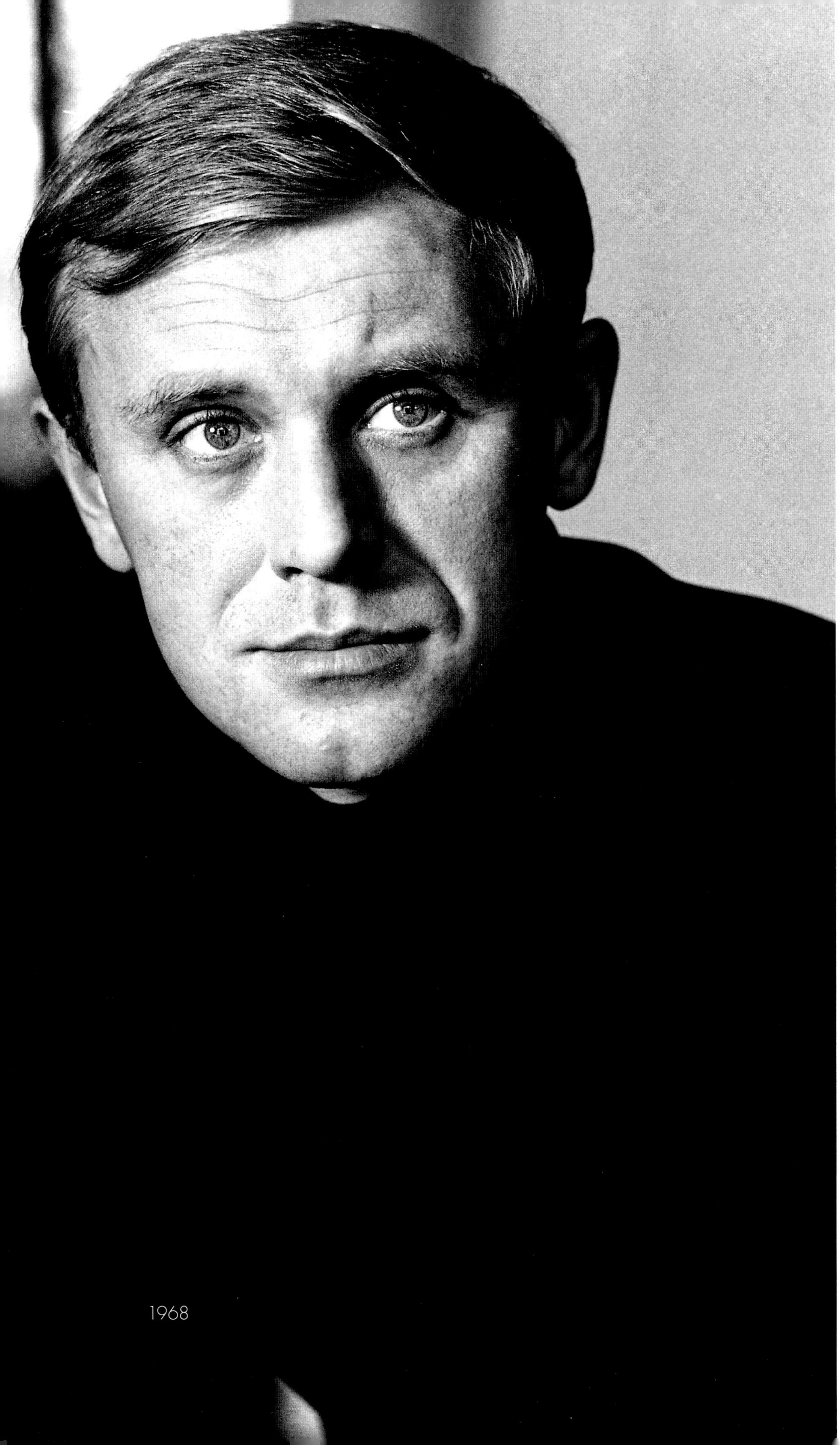

Horst Frank

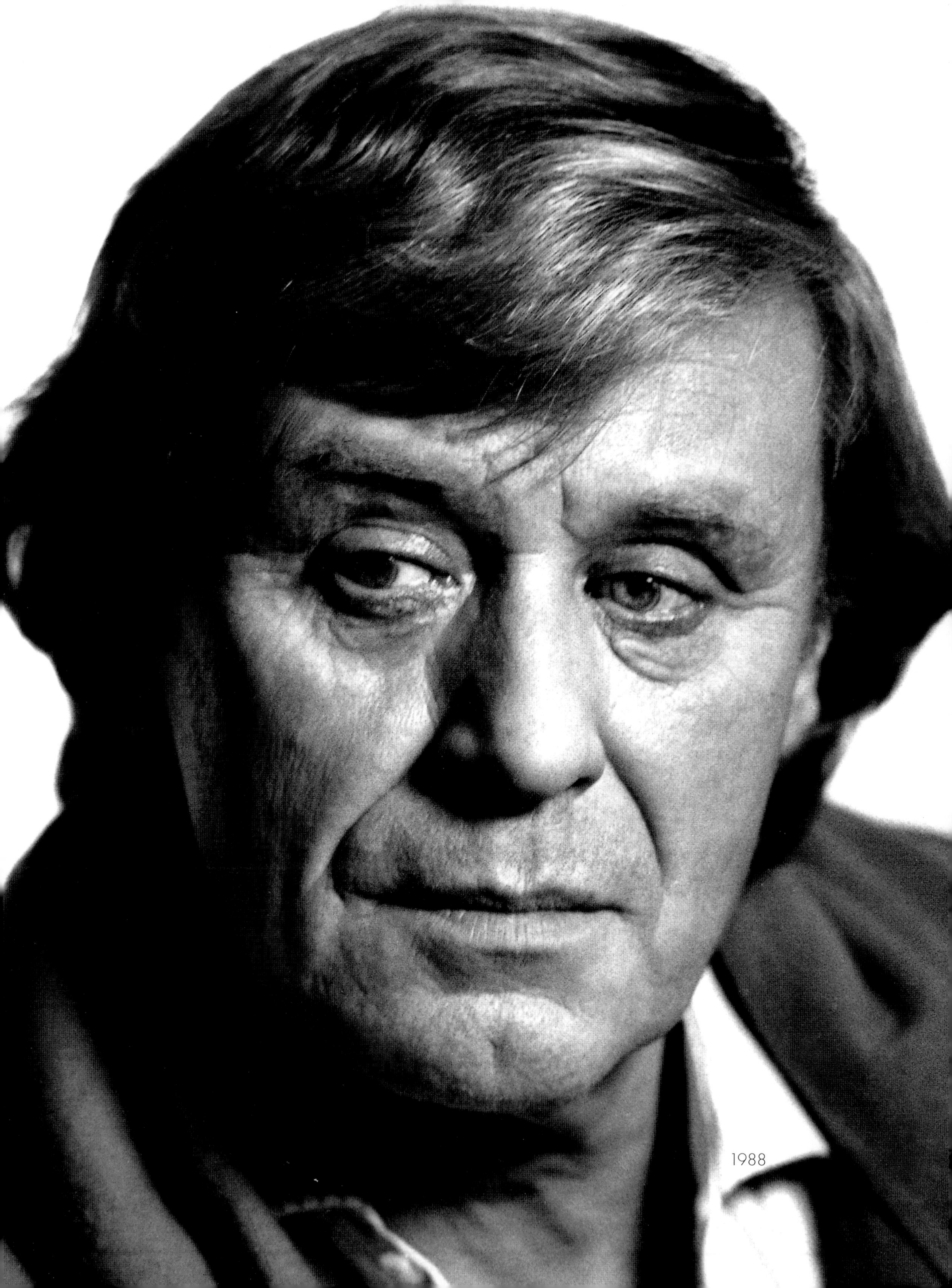

1988

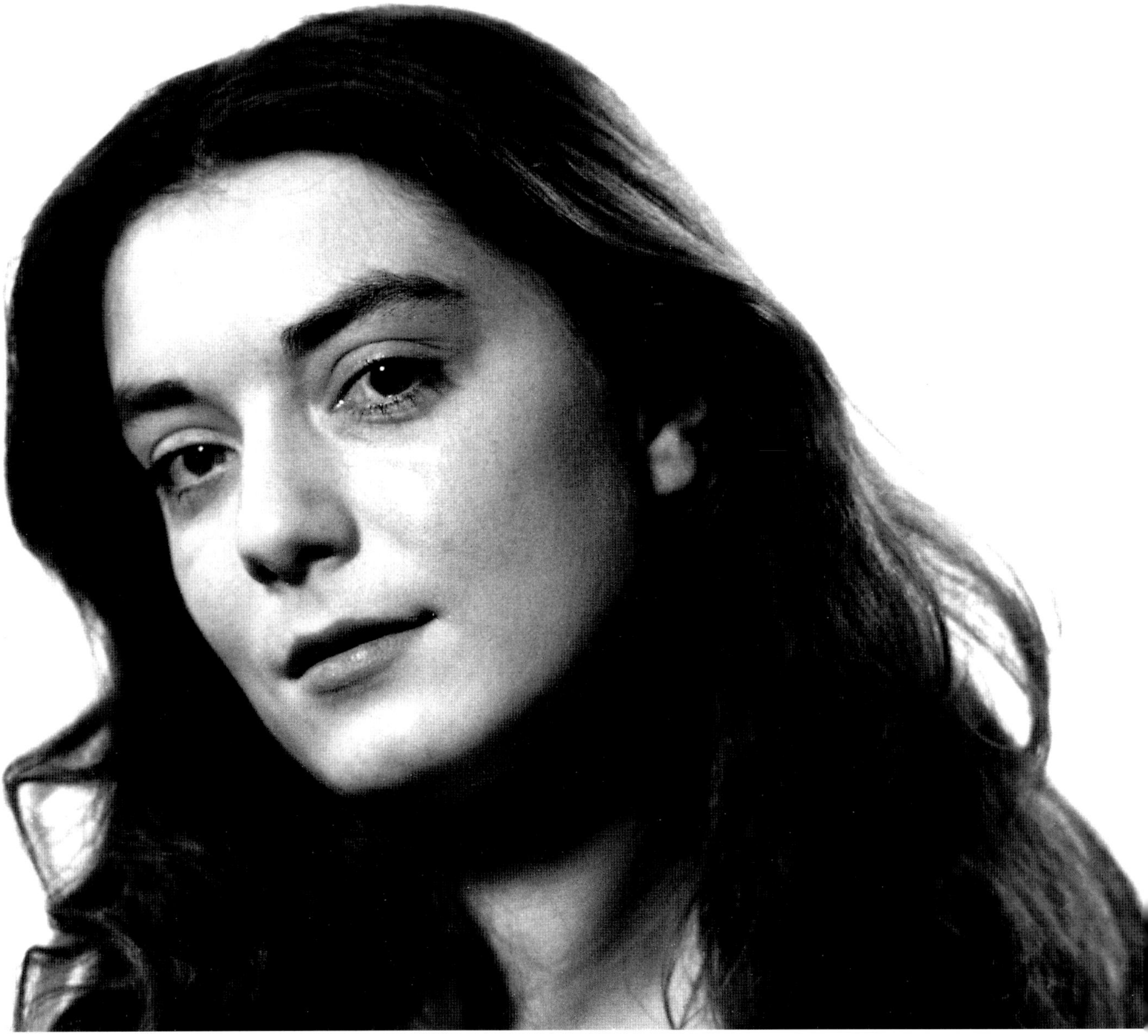

1983

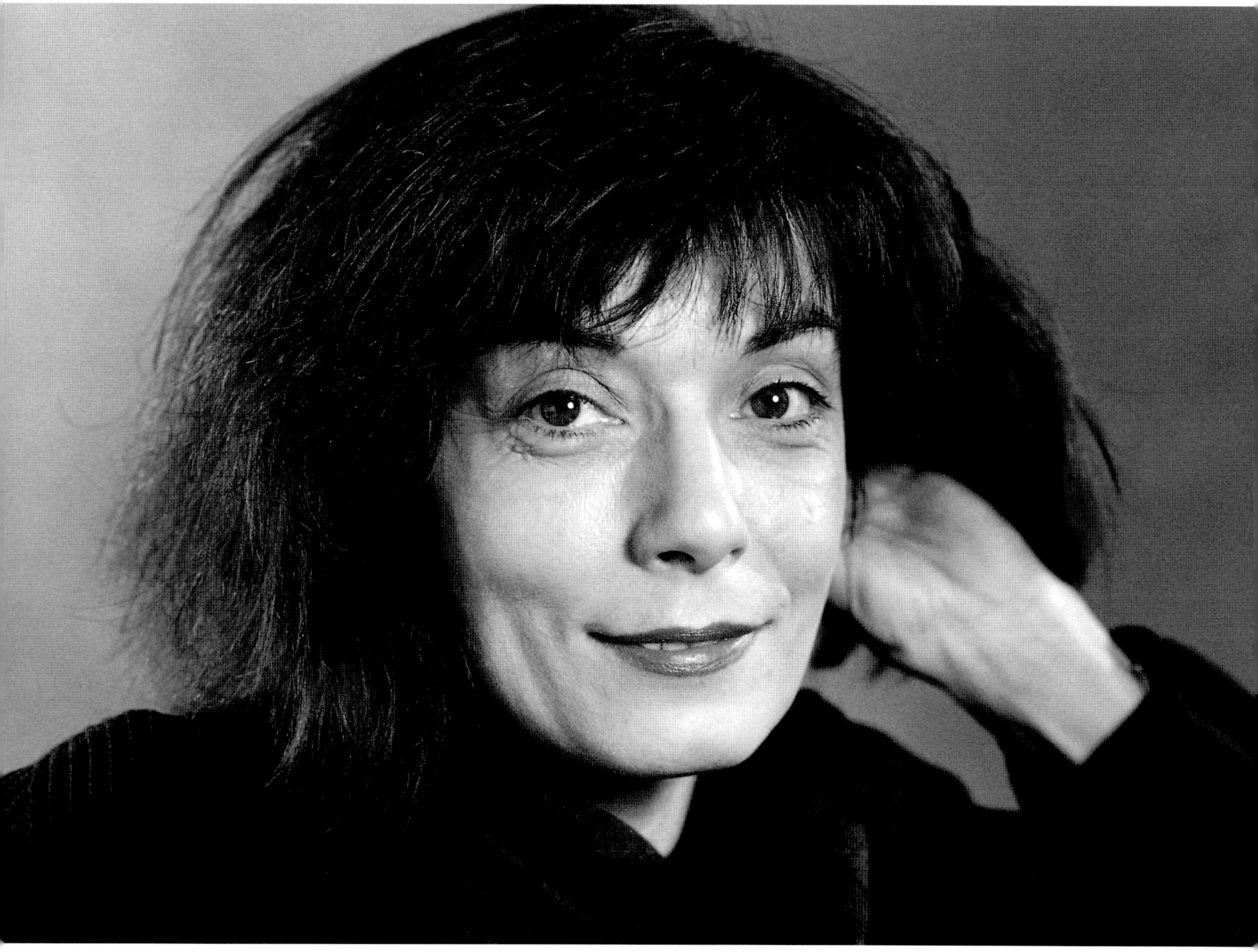

Irene Clarin

2000

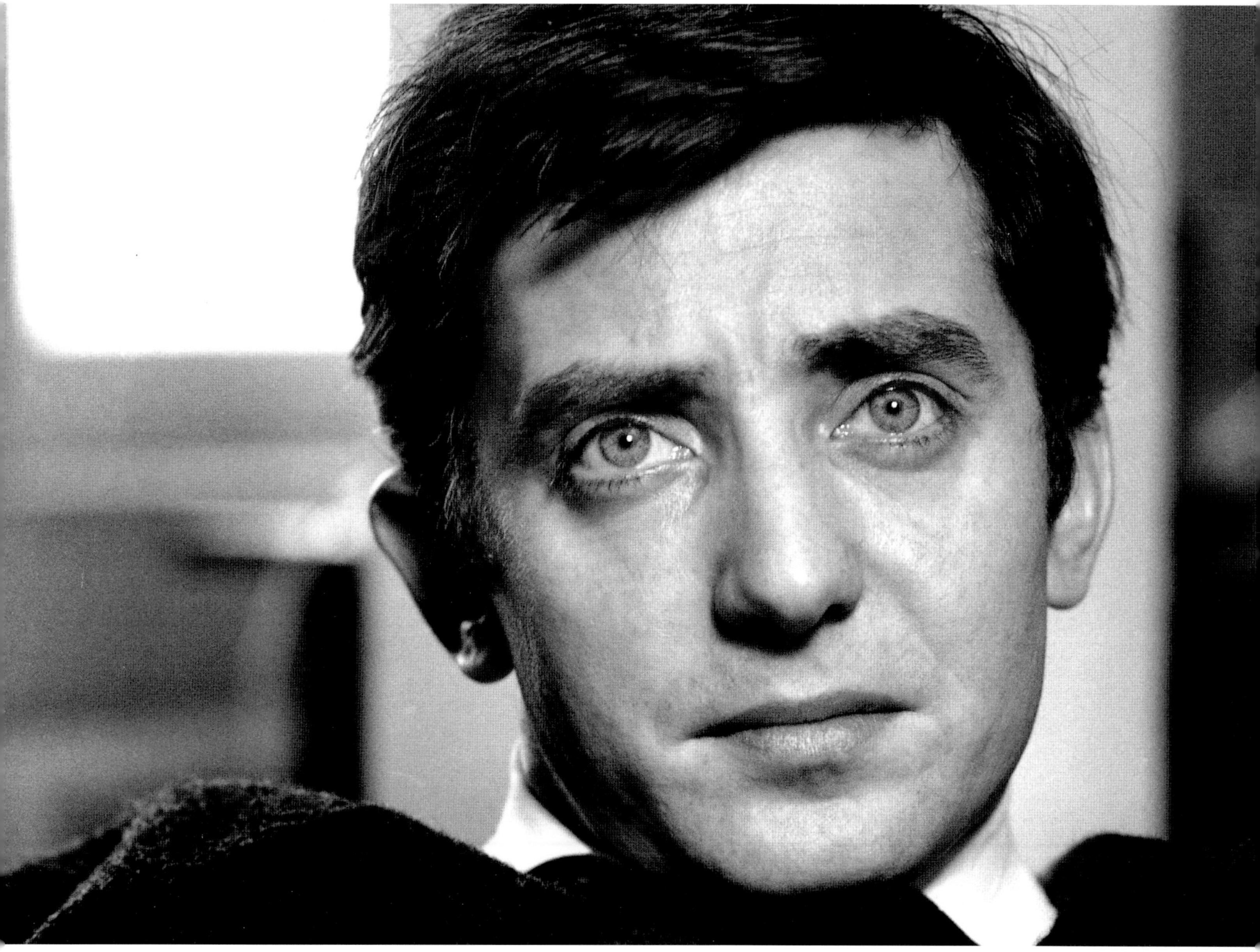

Hans Clarin

1962

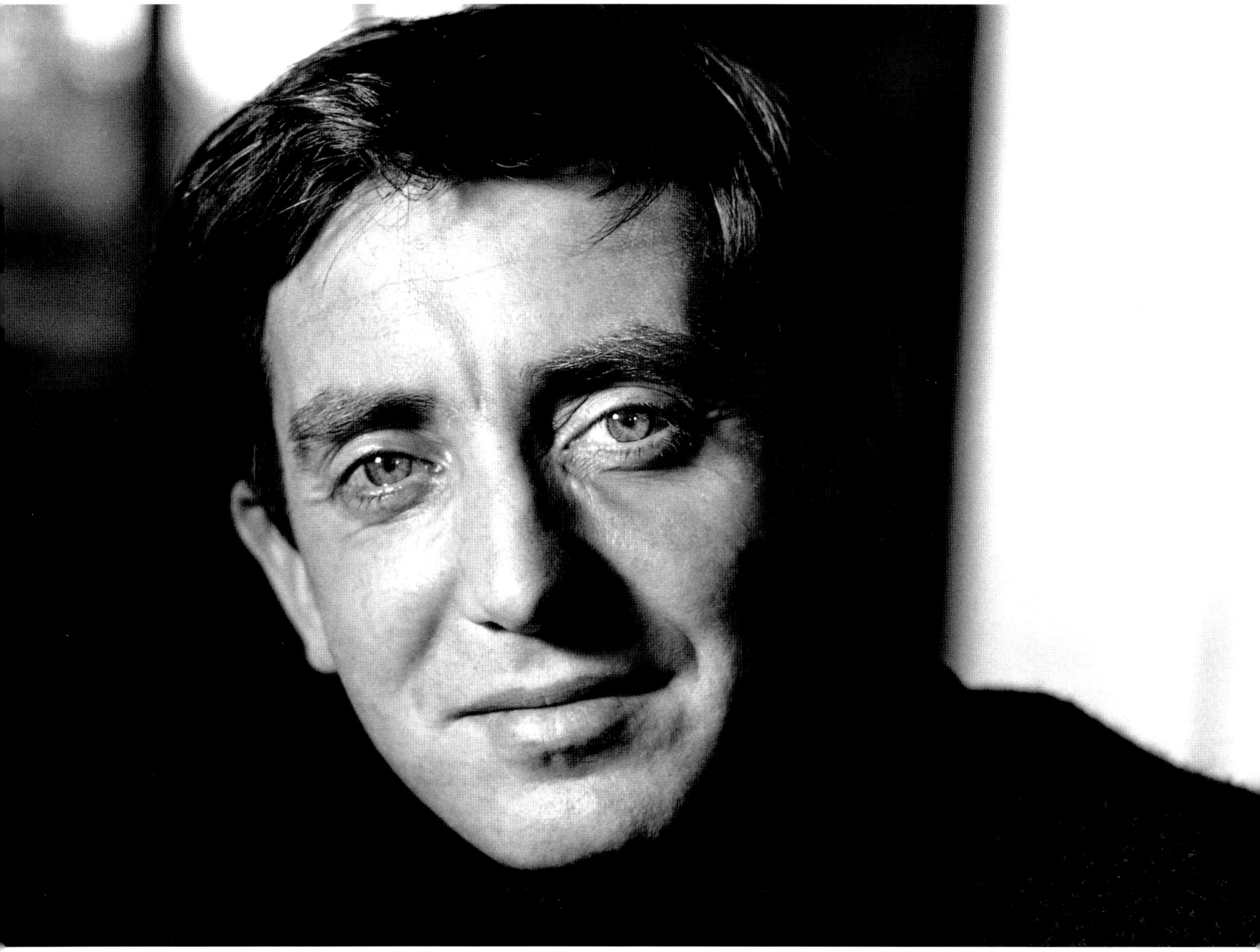

1962

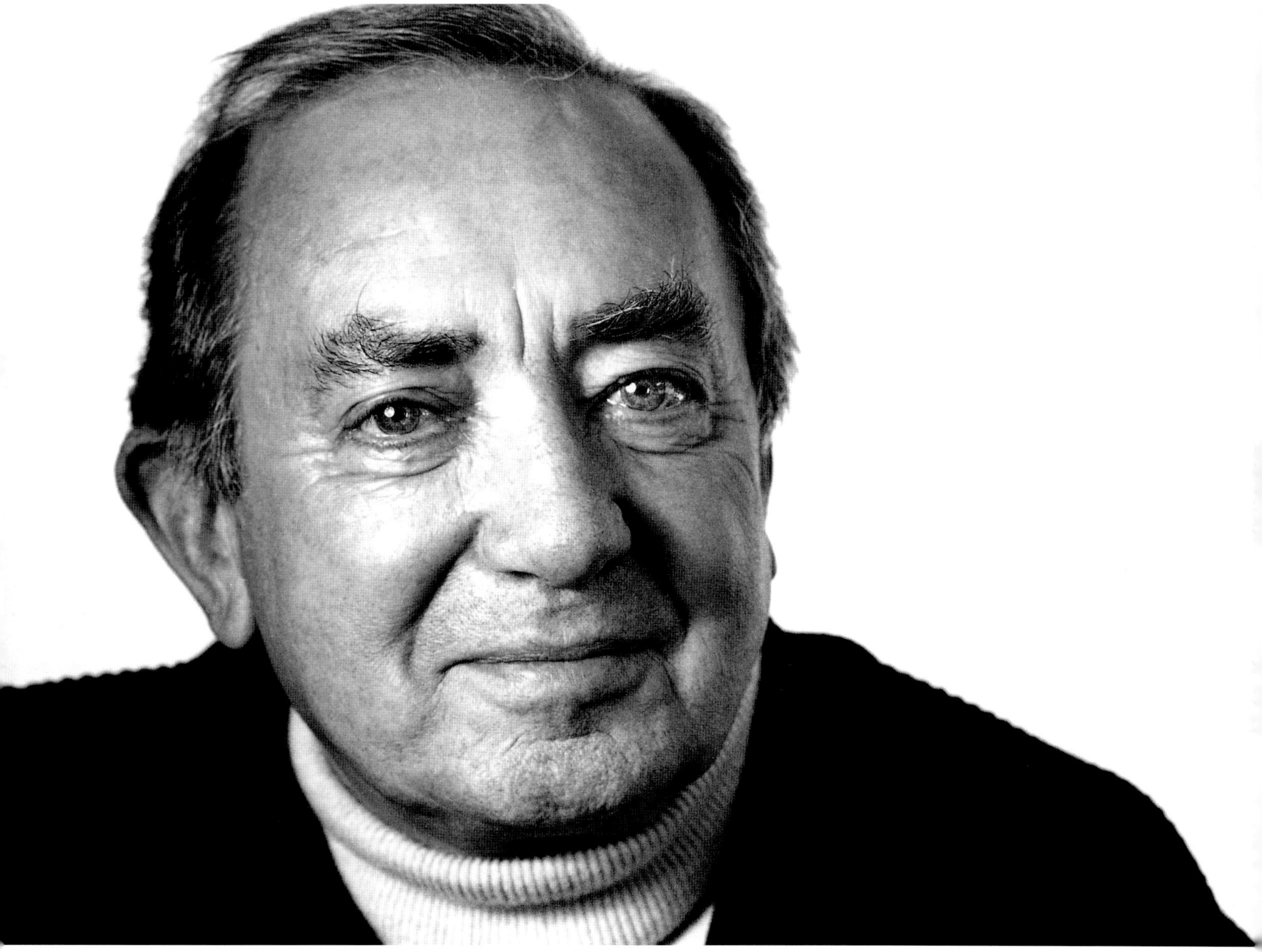

2000

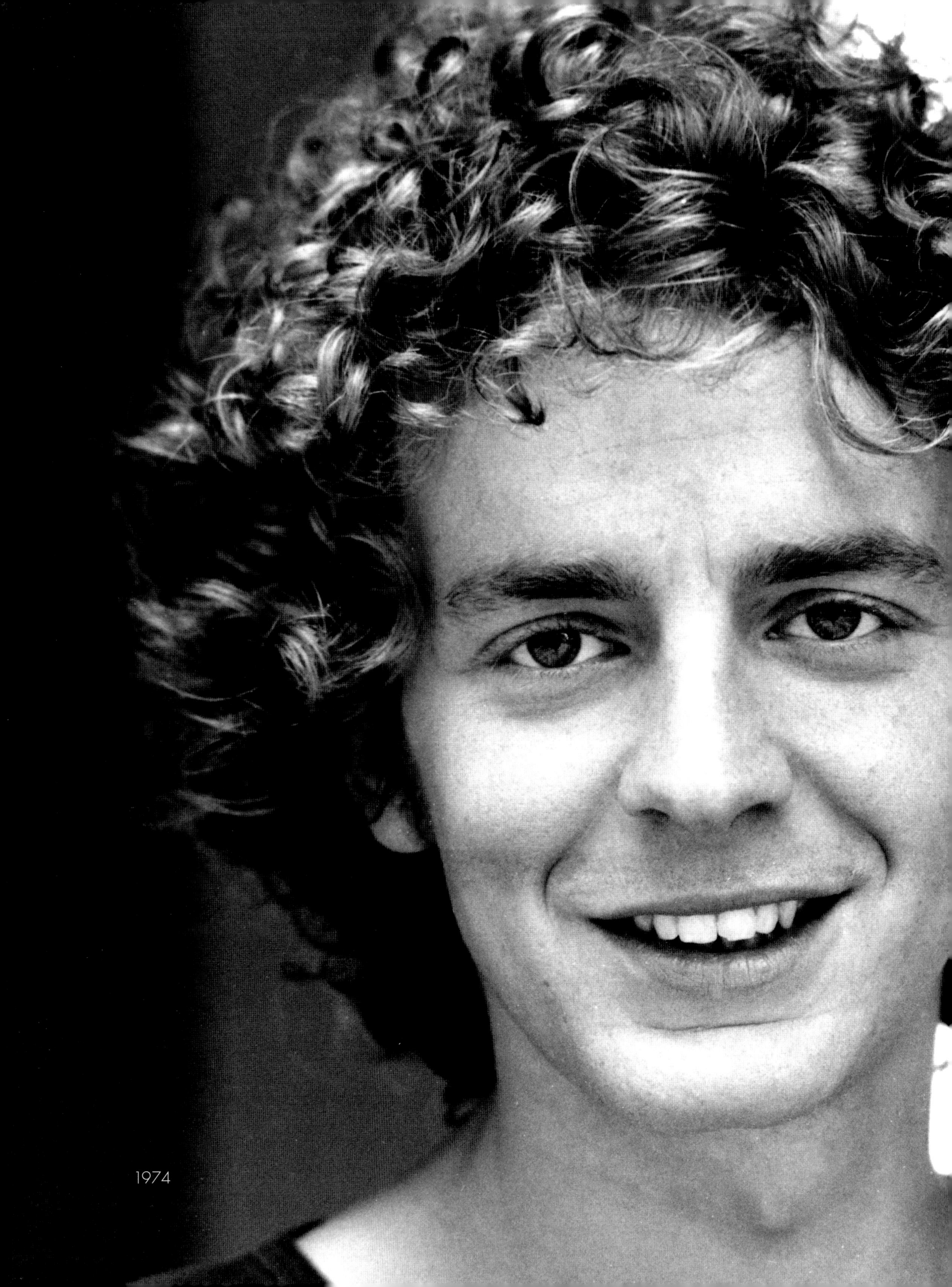

1974

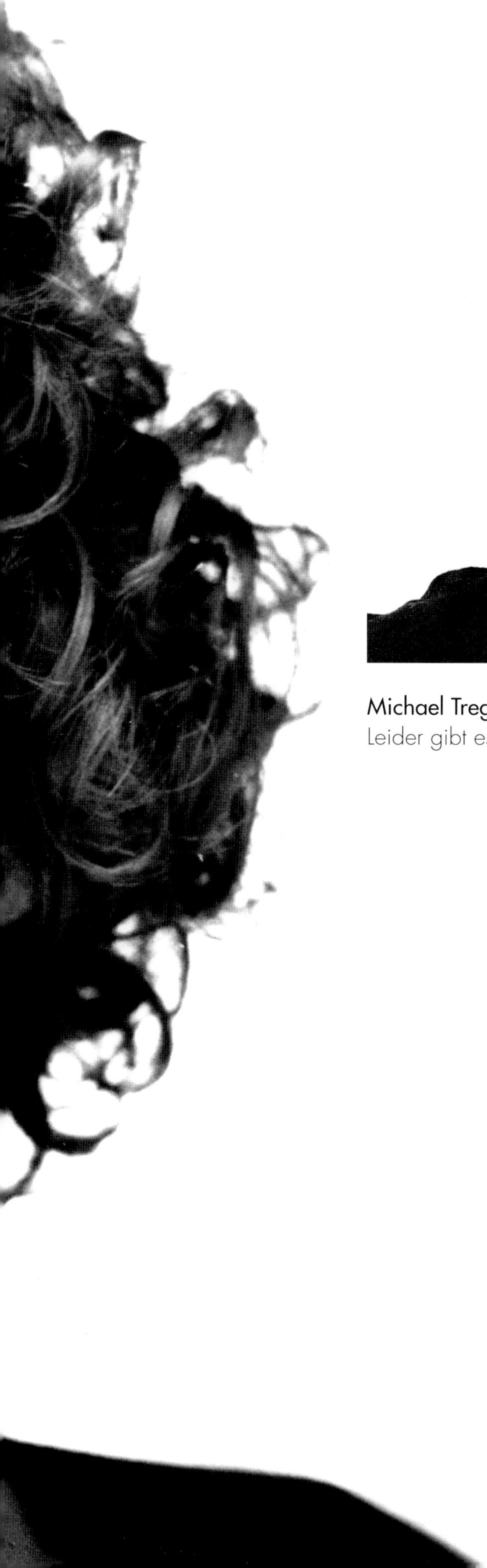

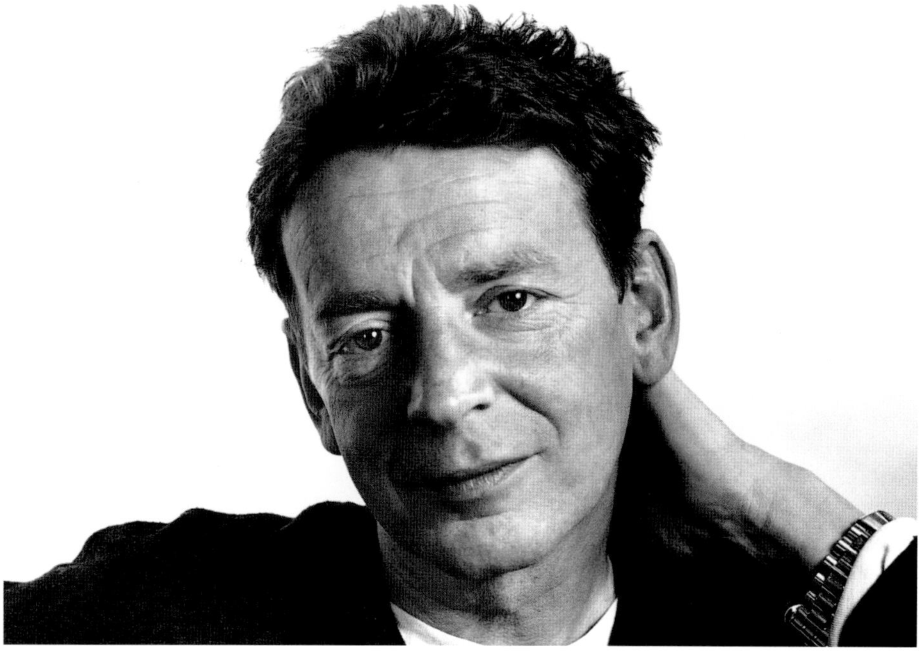

Michael Tregor
Leider gibt es keine Alternative.

2000

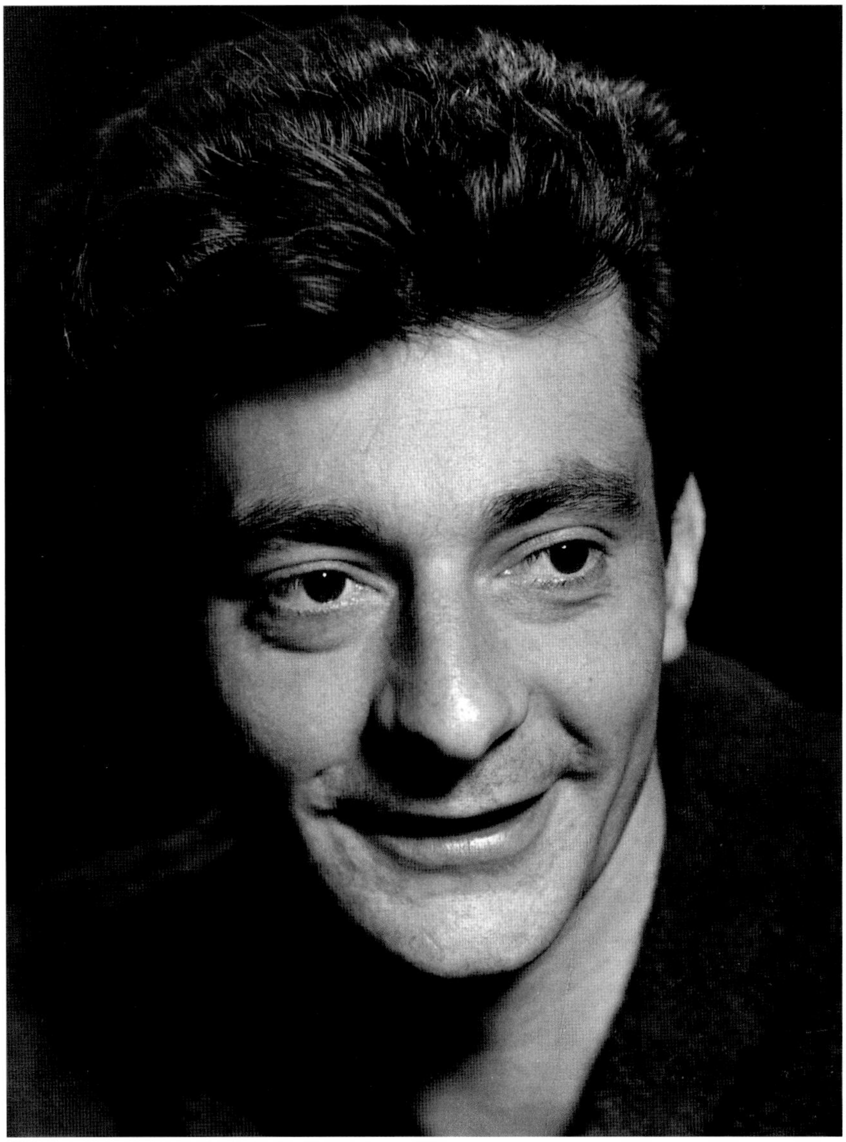

Günter Mack

1960

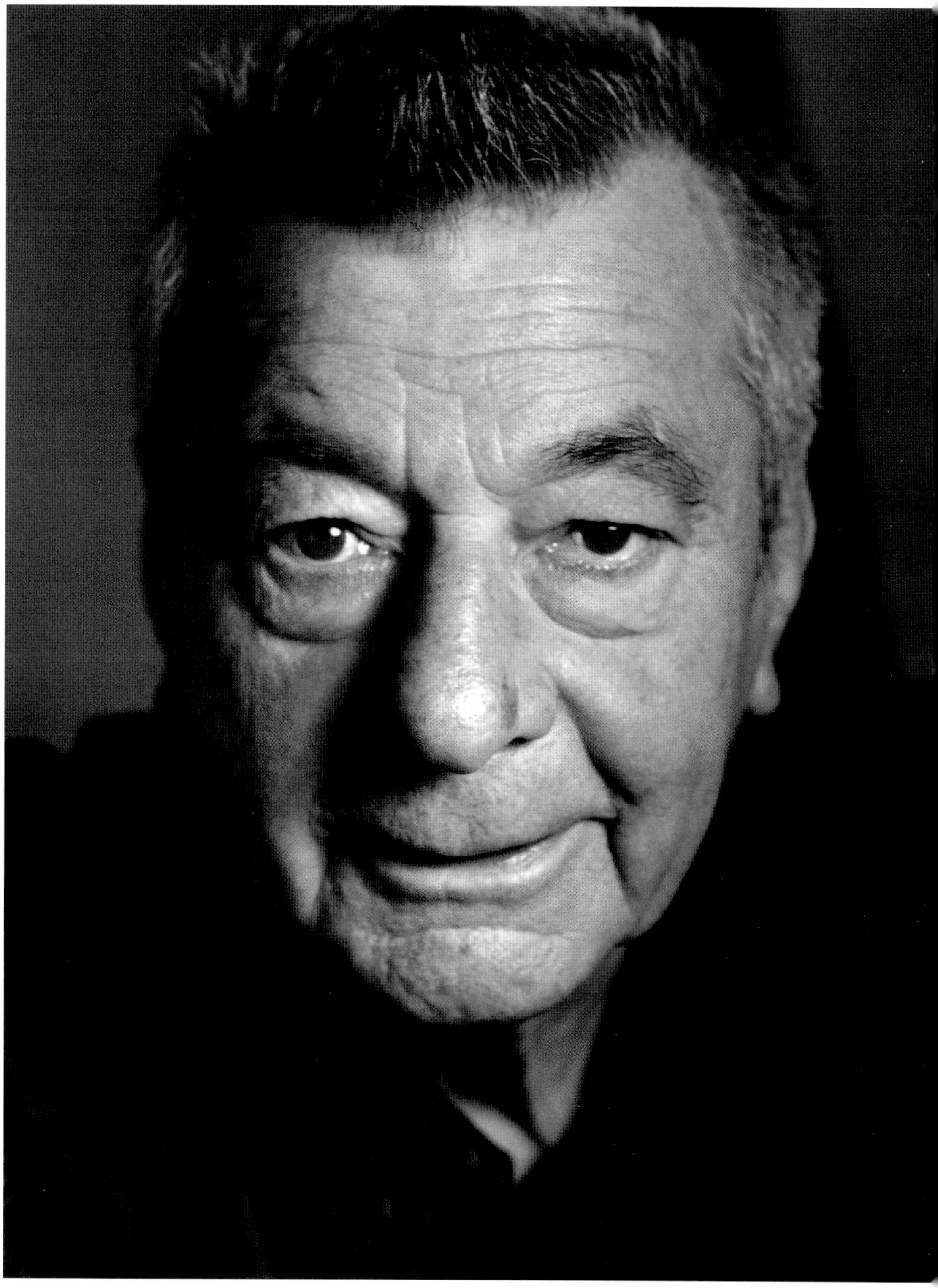

Nicht die Jahre im Leben zählen, sondern das Leben in den Jahren.

2000

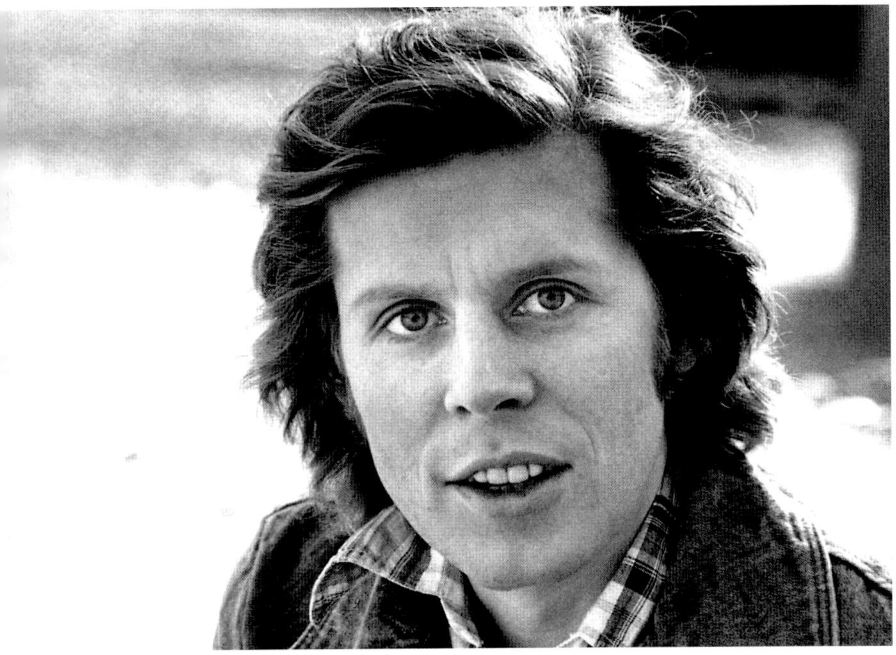

Sigmar Solbach

1976

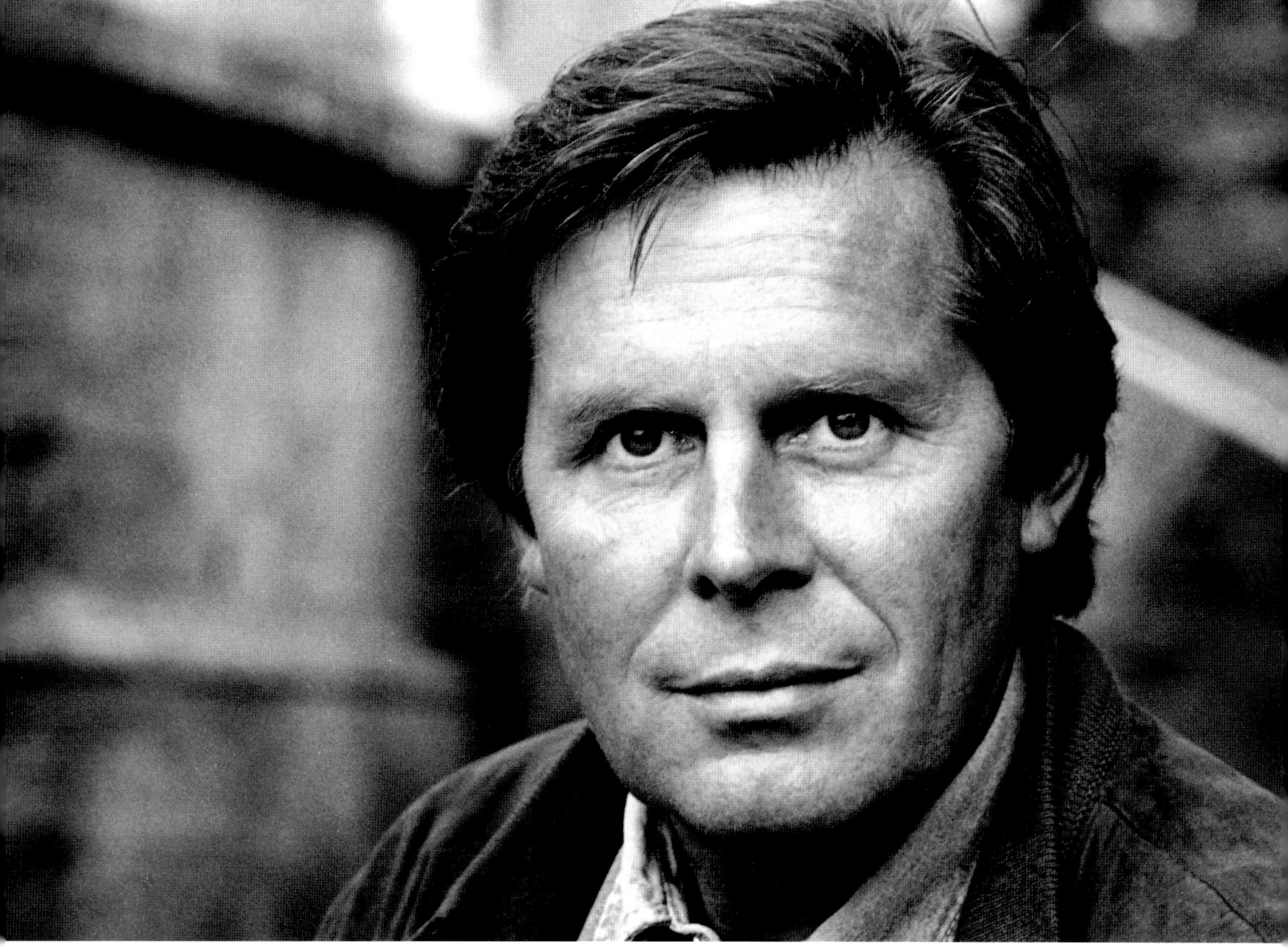

Das Älterwerden fängt schon mit der Geburt an und wird eine immer spannendere Angelegenheit.

1998

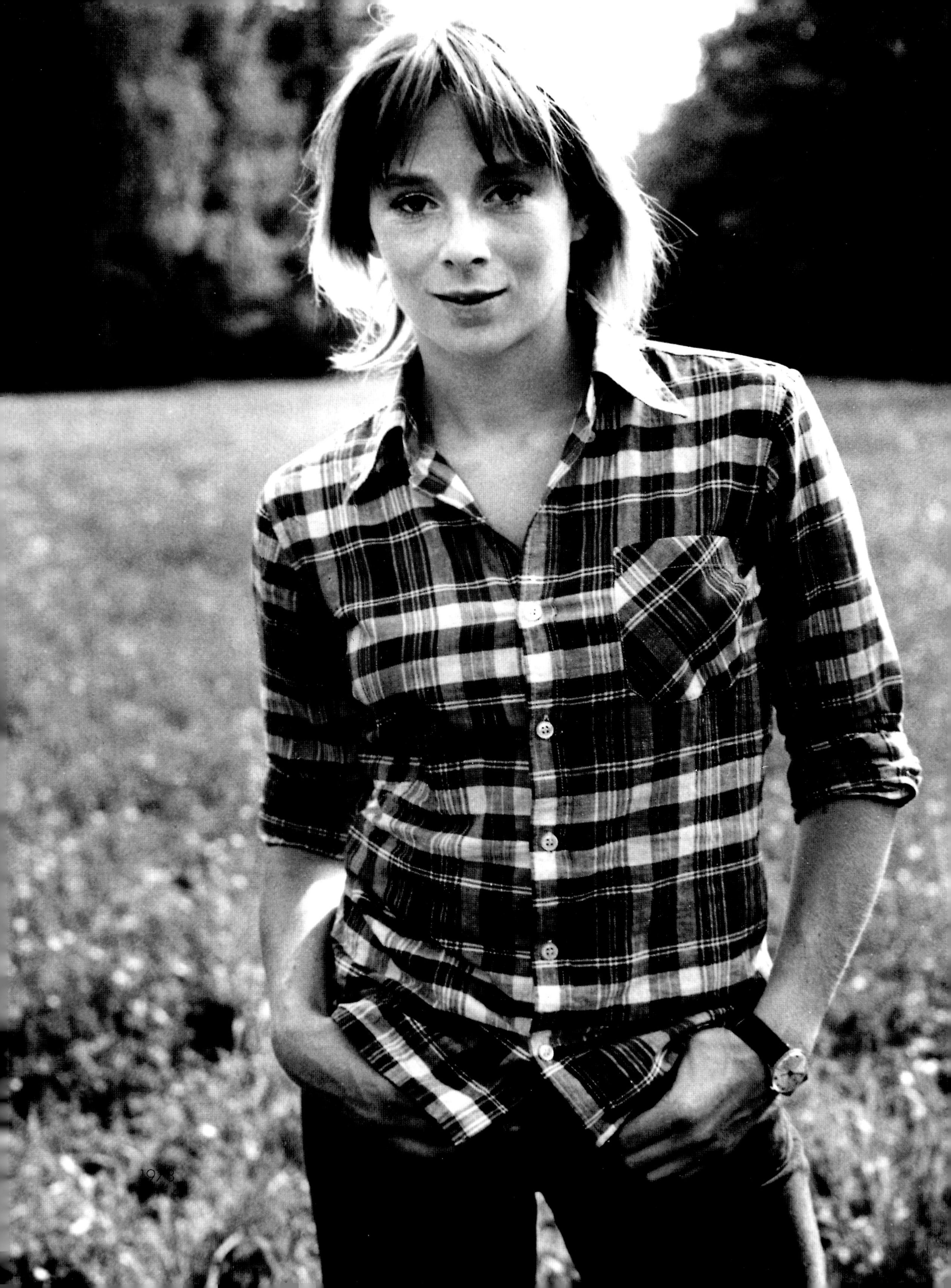

1978

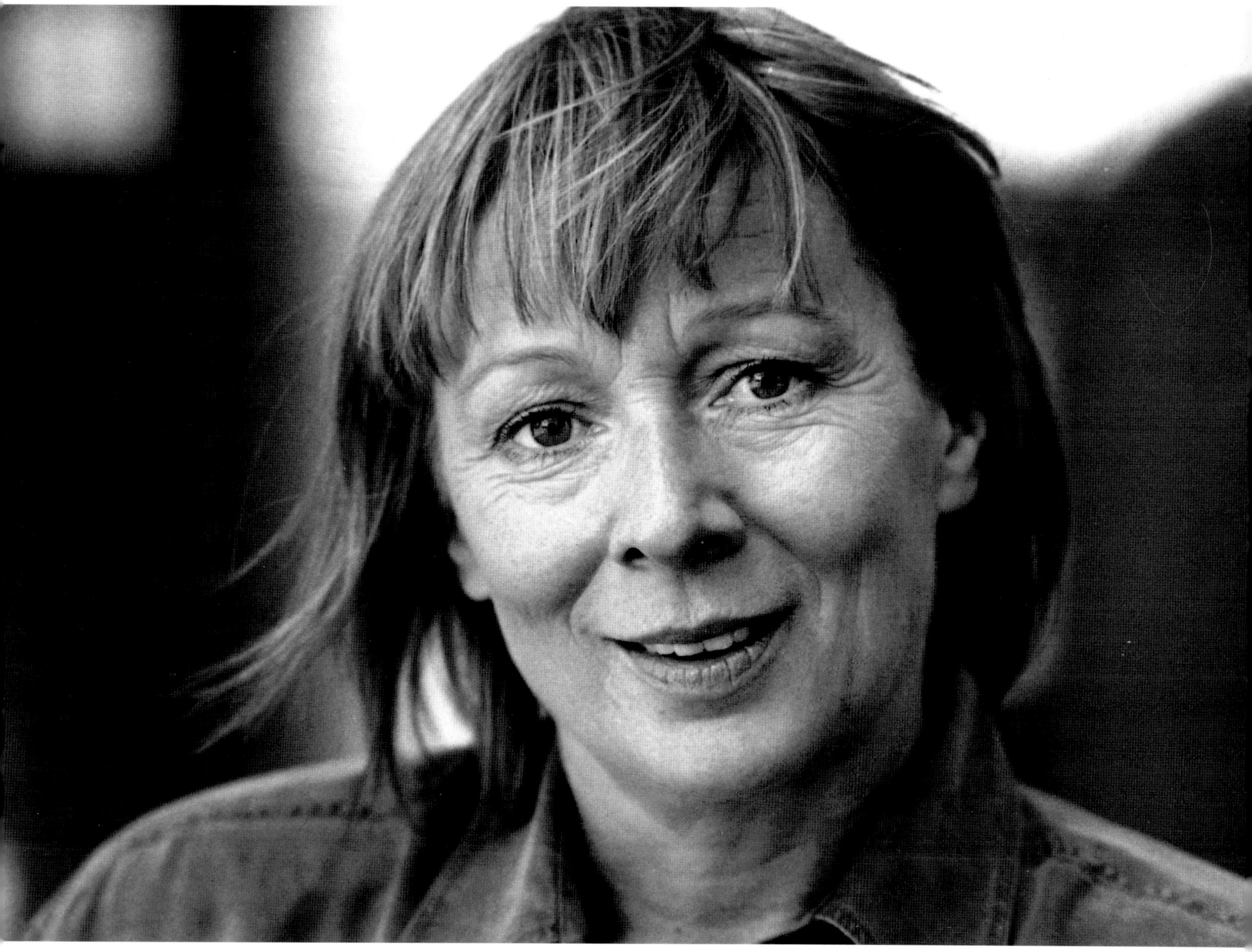

Älter werden – was fällt mir dazu ein?
Ja mei, nicht alt werden heißt jung sterben –
und wer will das schon.

Gabriele Dossi

1994

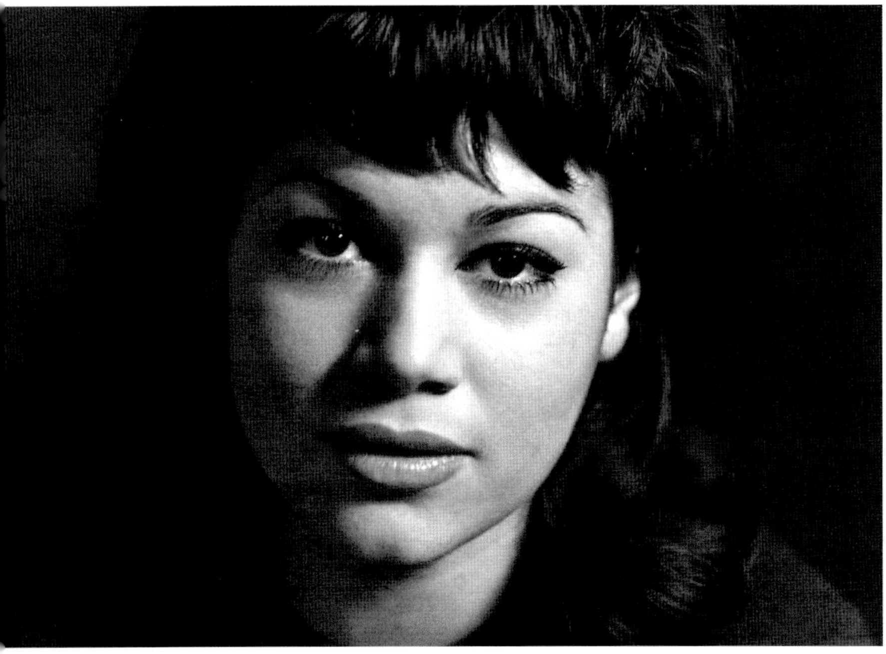

Hannelore Elsner

1962

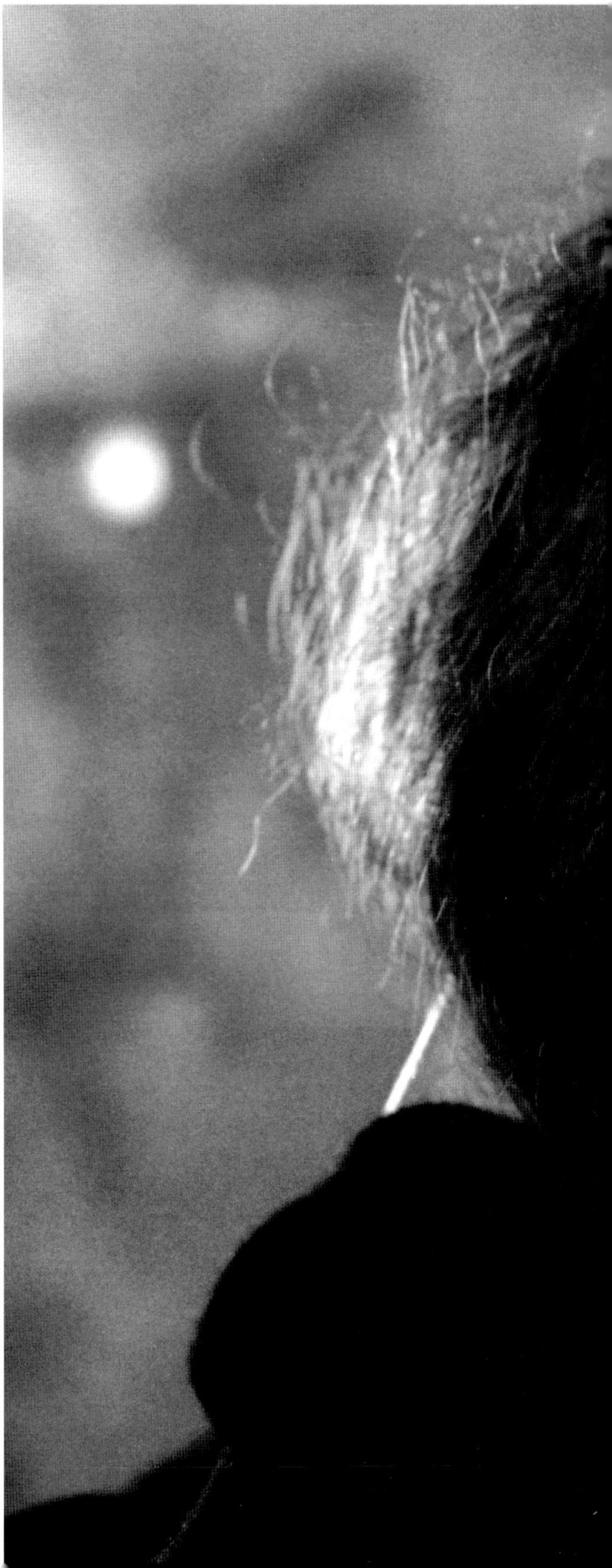

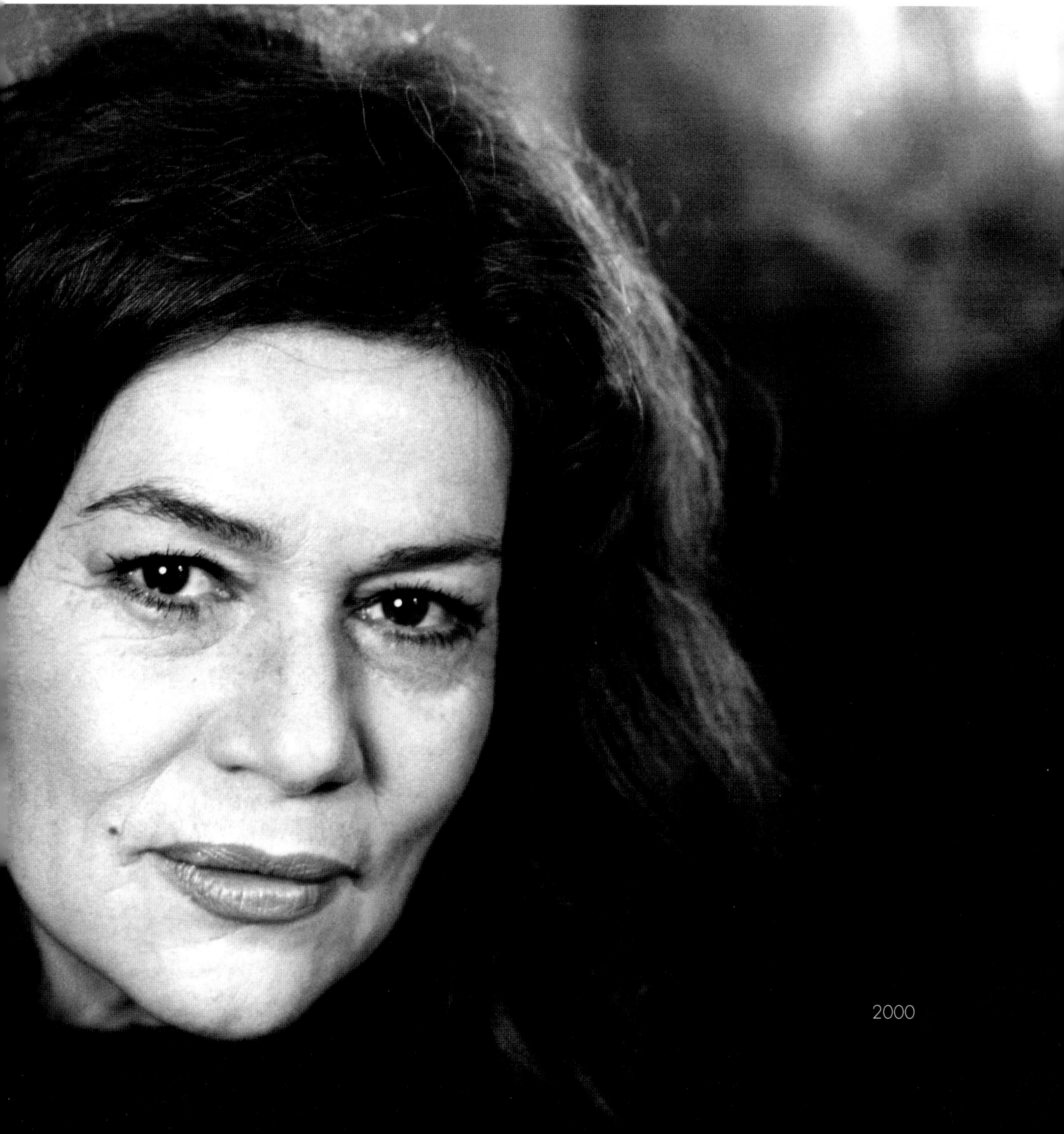
2000

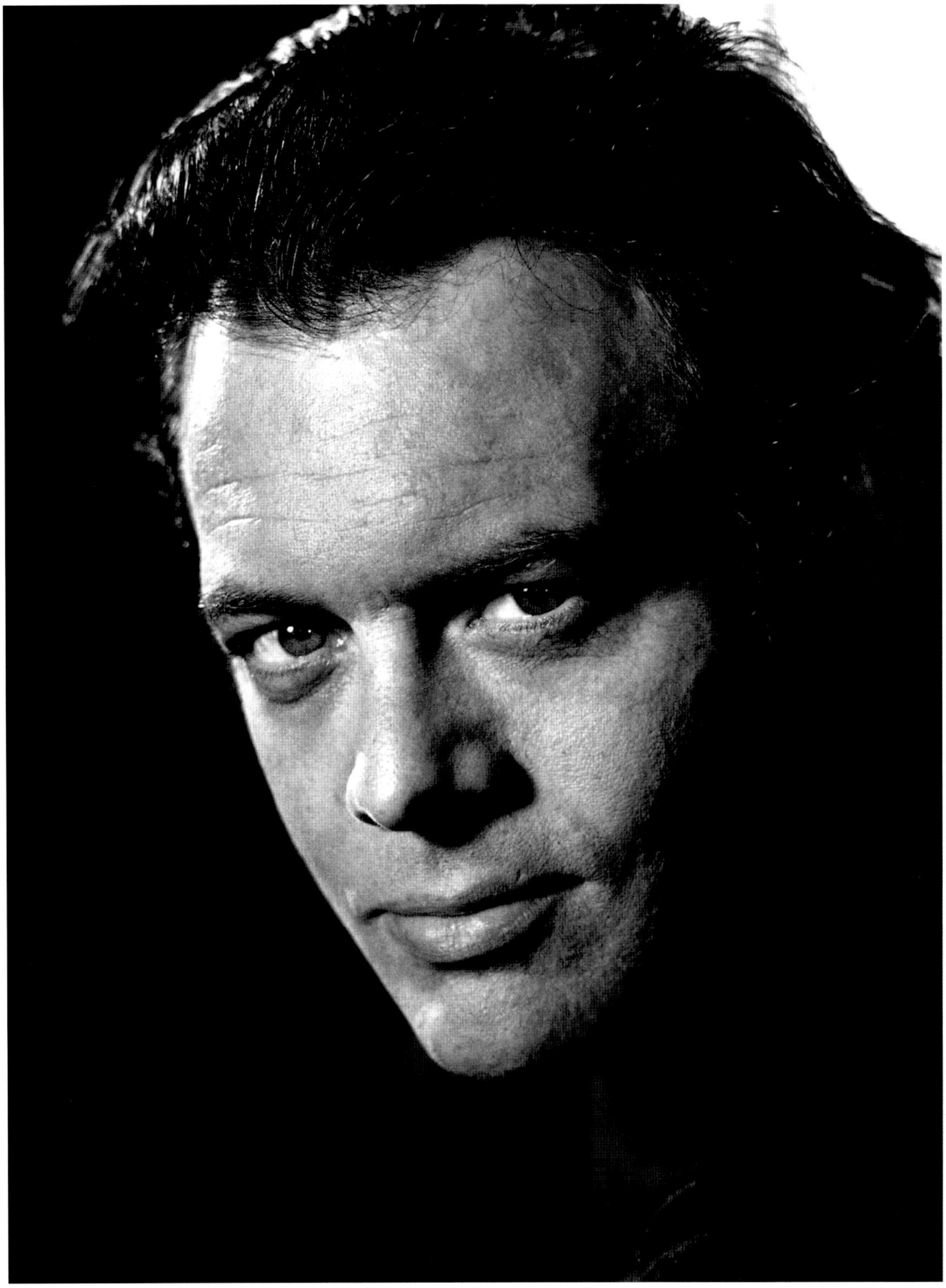

1967

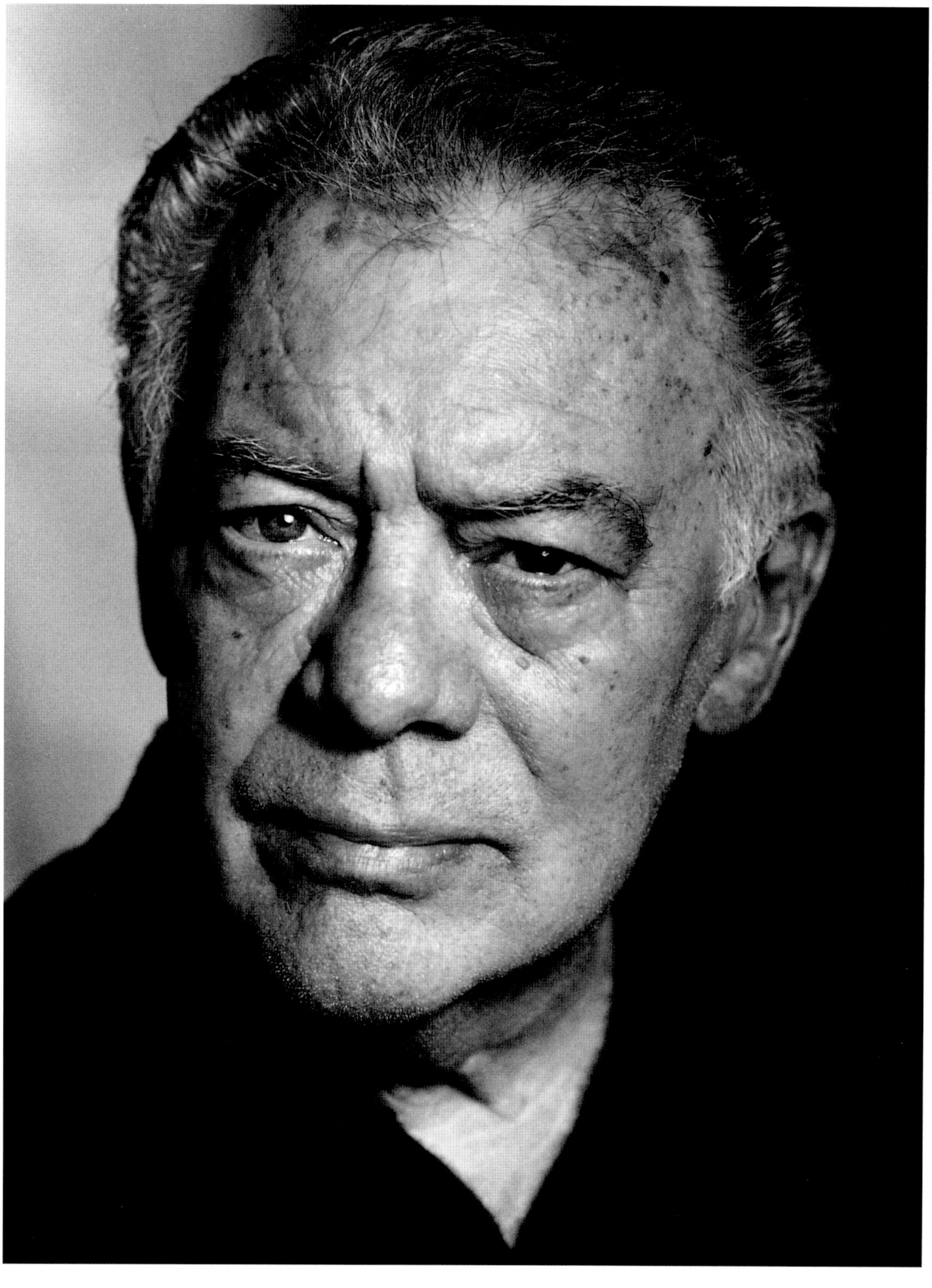

Klausjürgen Wussow

2000

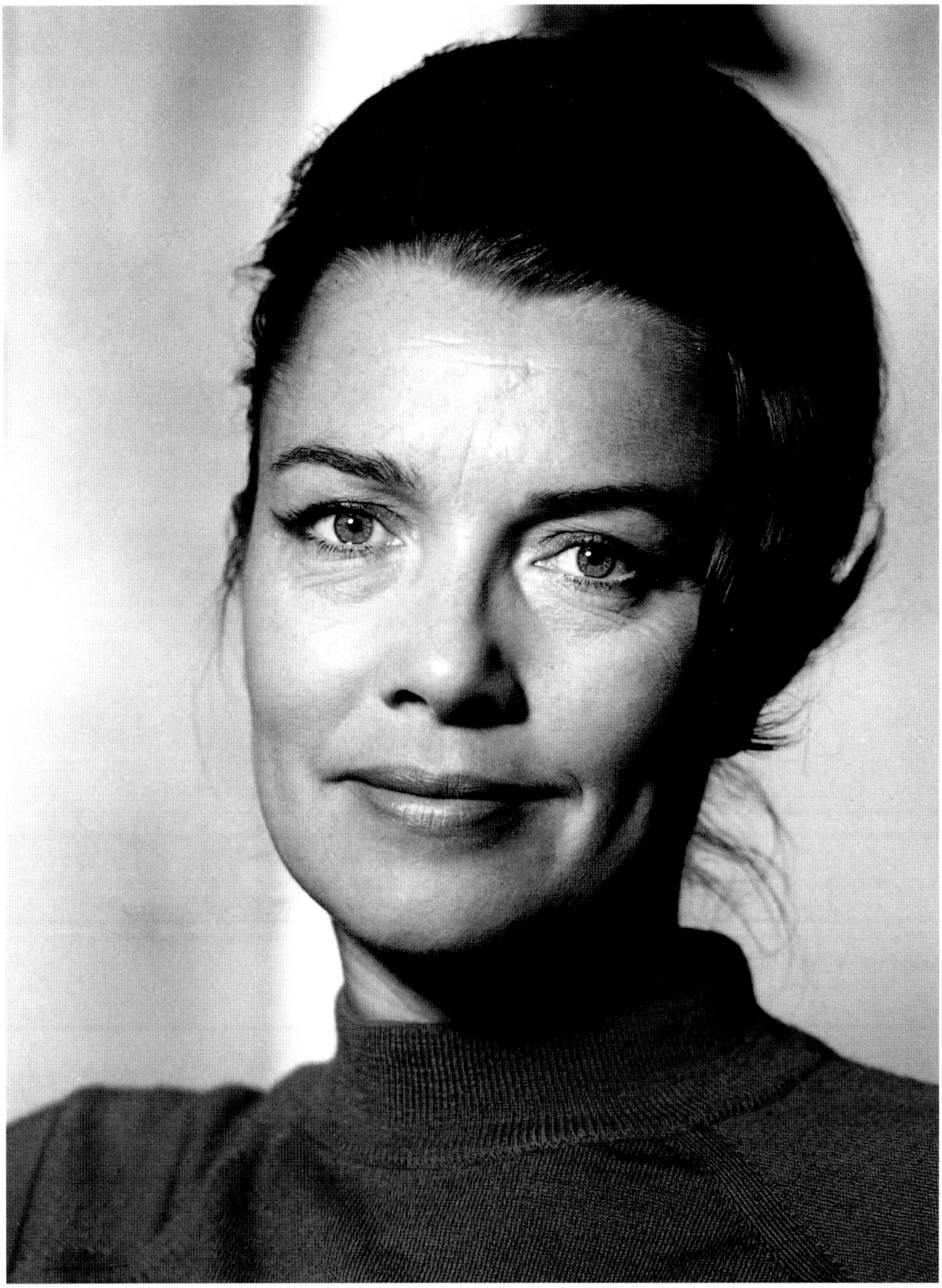

1967

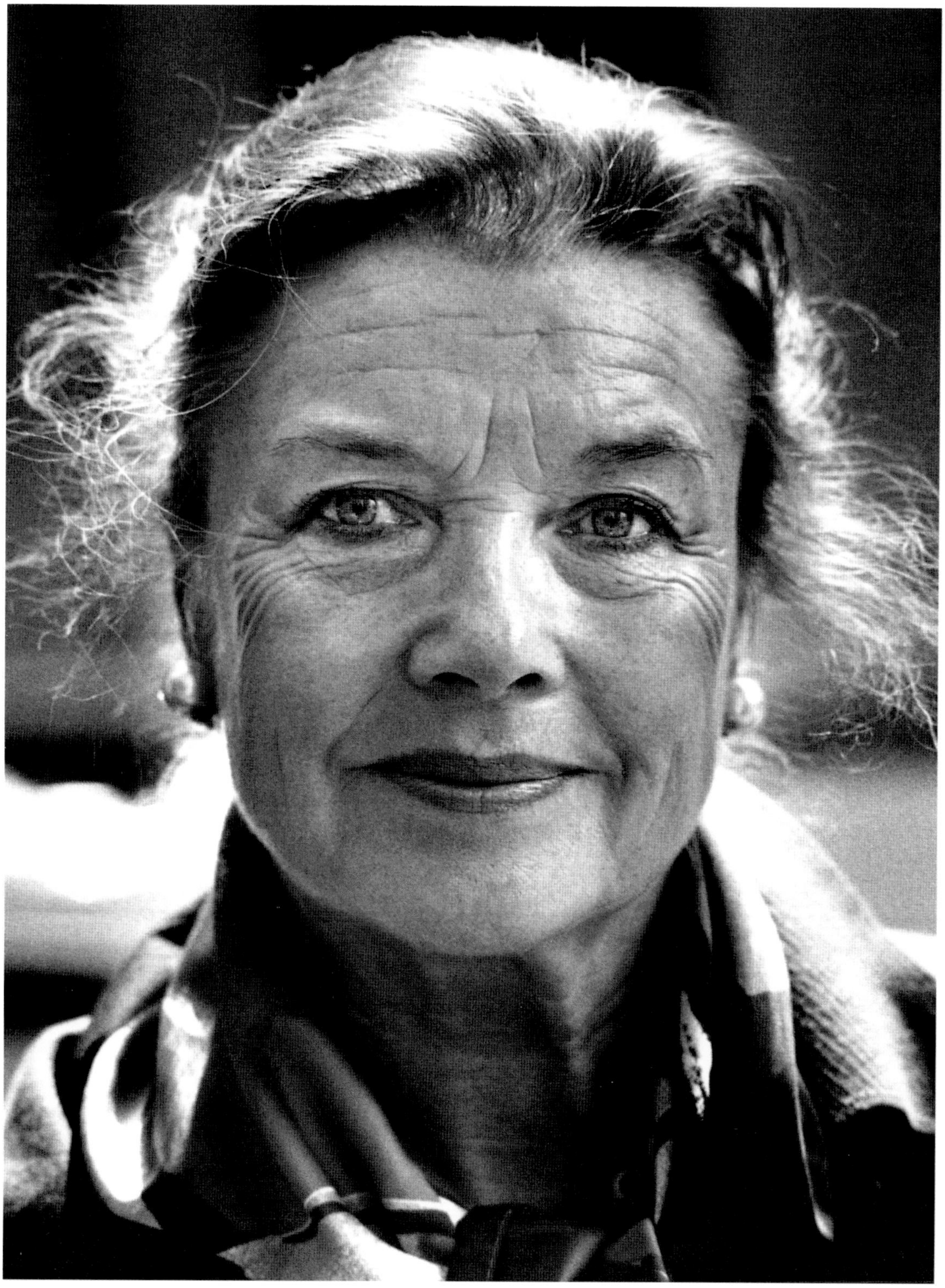

Eva Kotthaus

1994

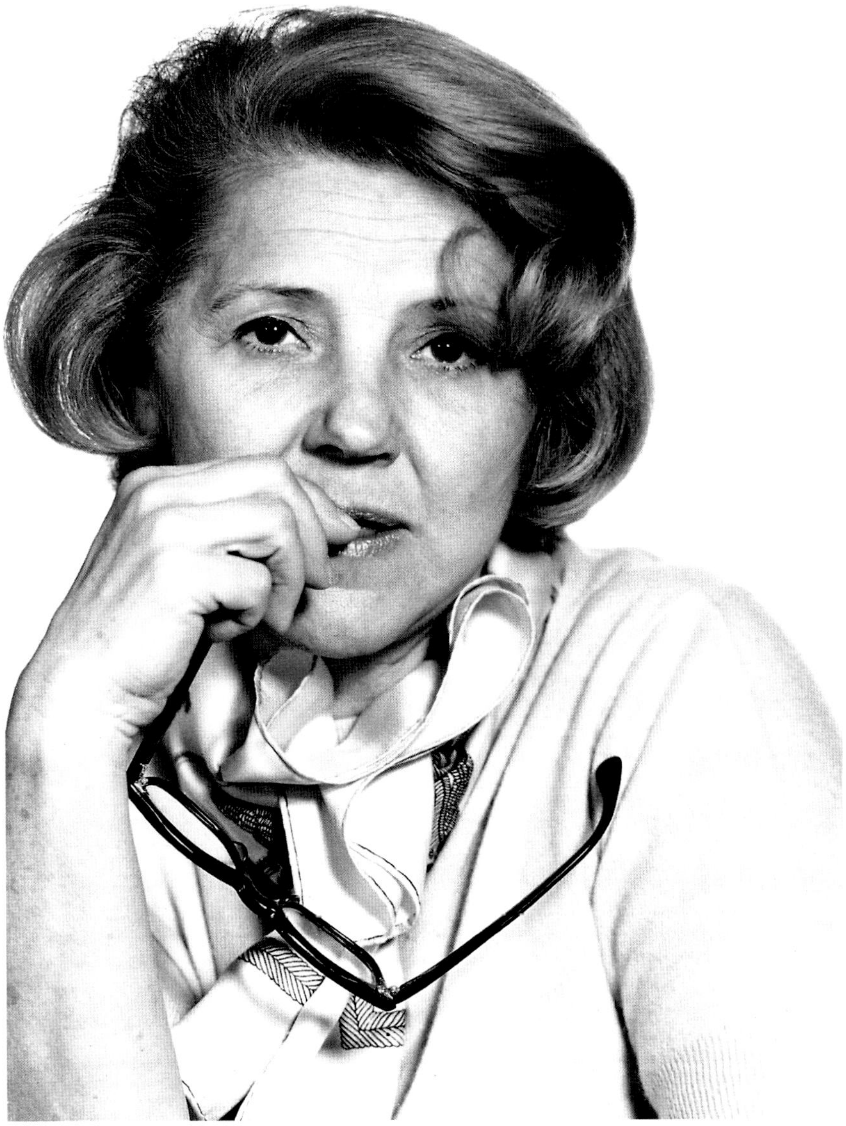

Jane Tilden

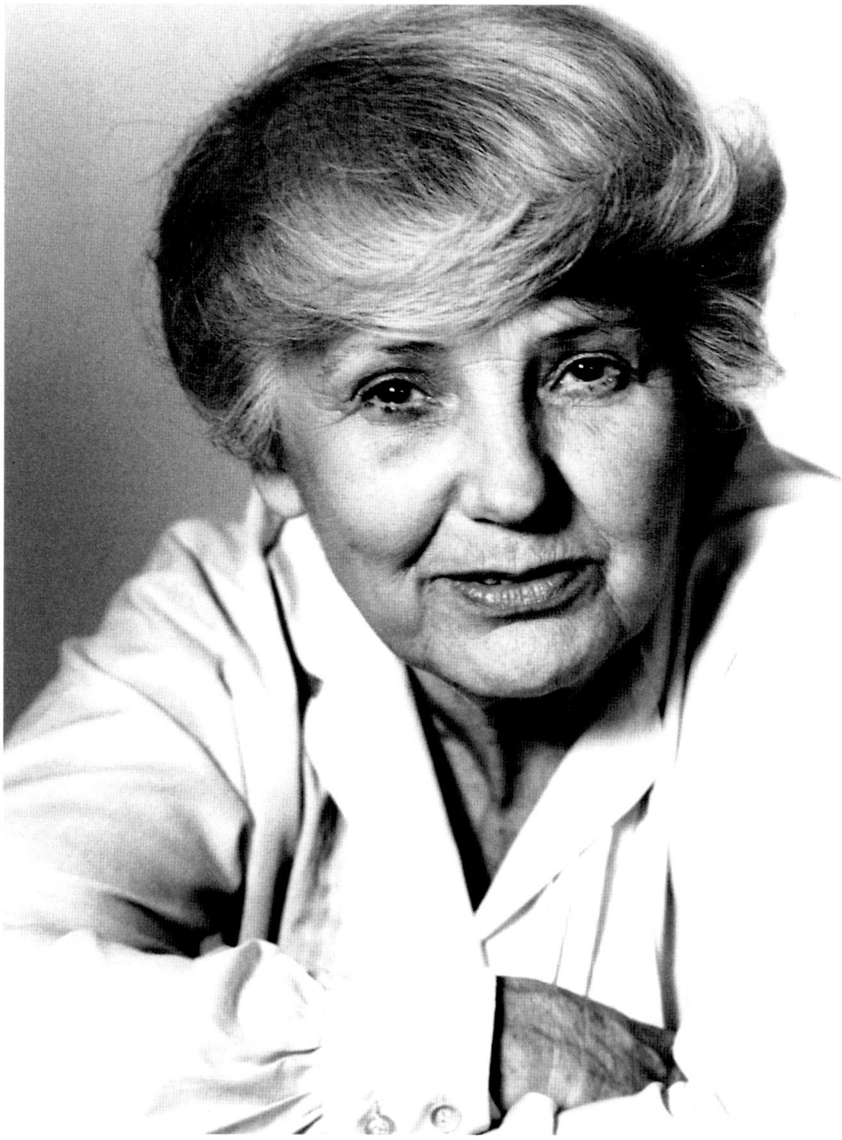

Ich ignoriere das Alter, weil ich keine Zeit habe, darüber nachzudenken. Das Positive nehme ich gern auf, das Negative werf' ich so schnell als möglich weg.

1986

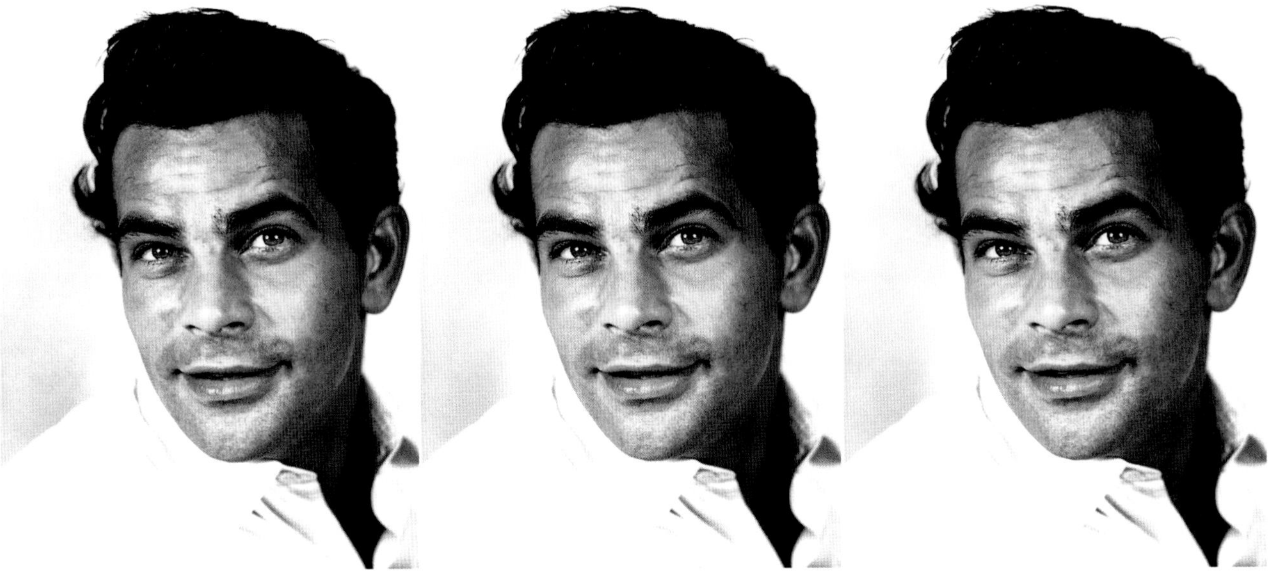

Adrian Hoven

1952

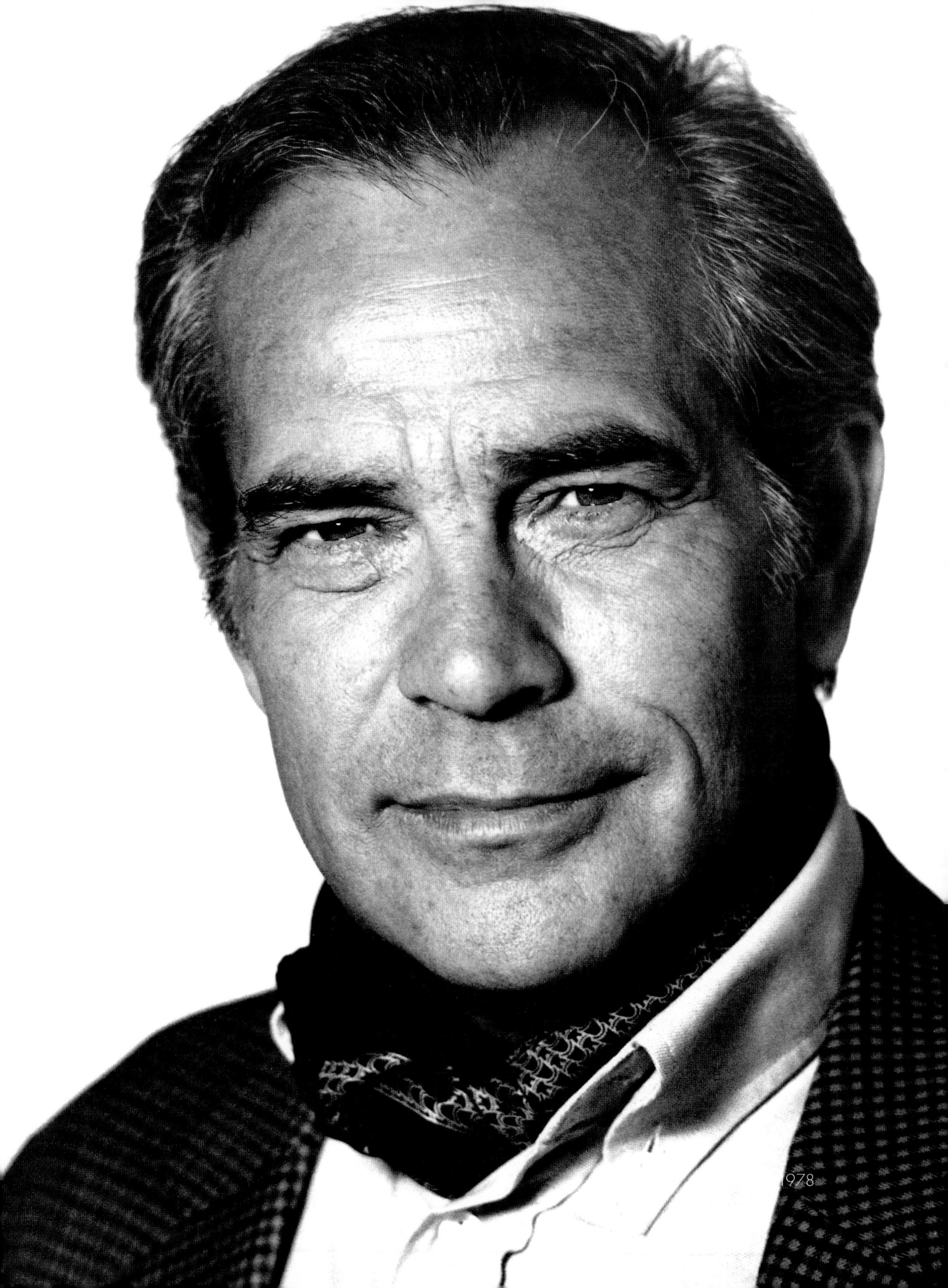

1978

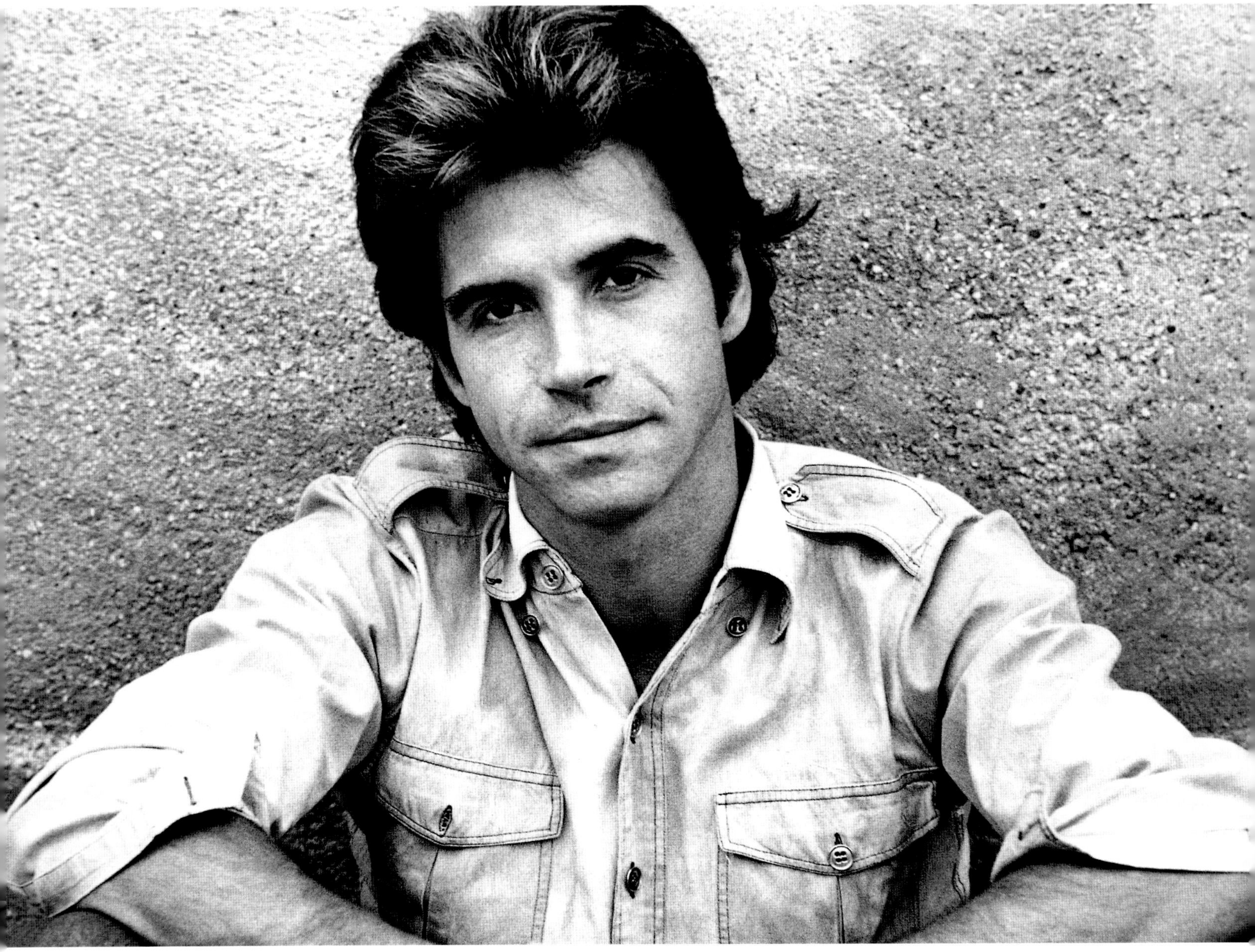

1977

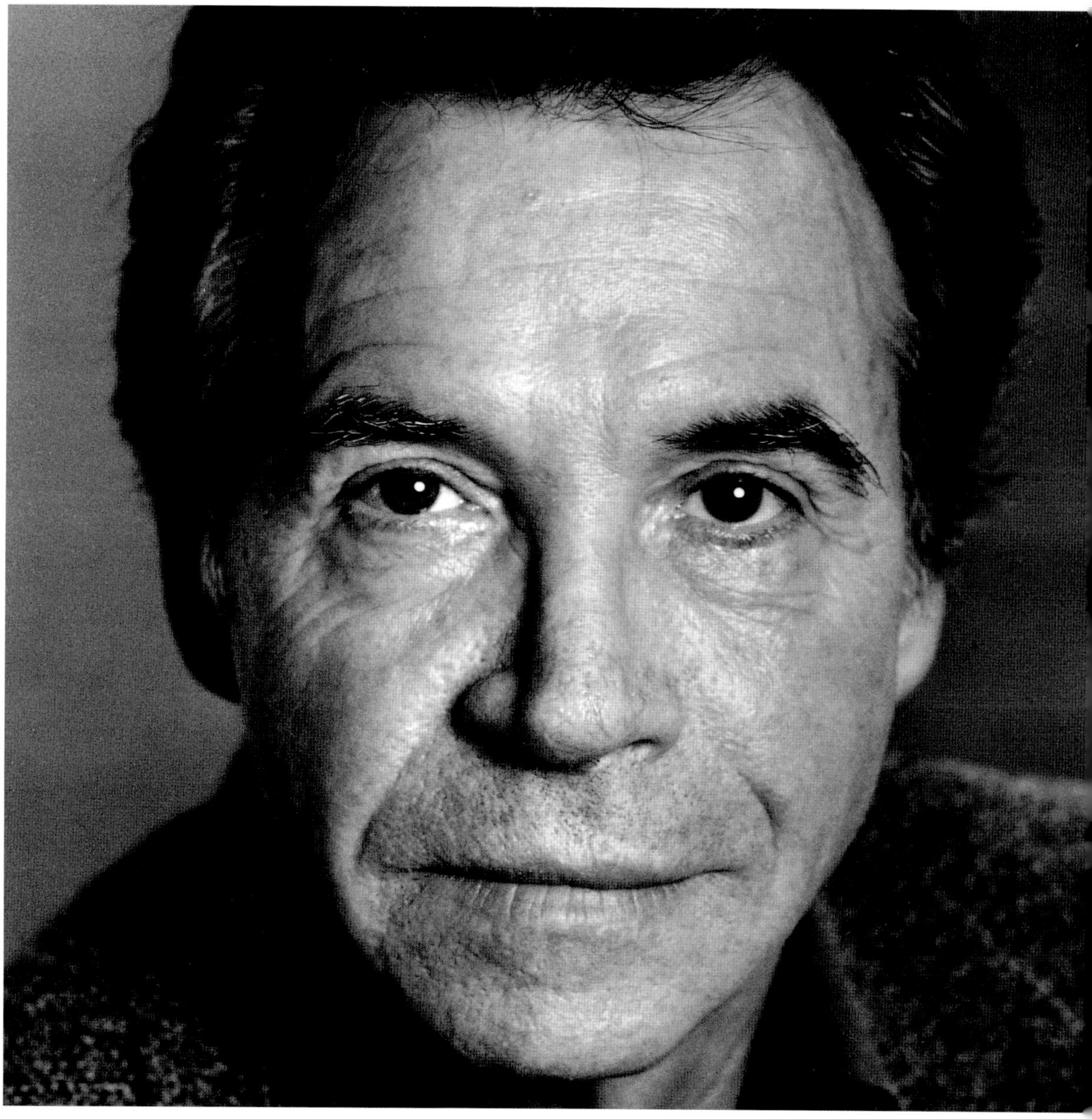

Wolf Roth

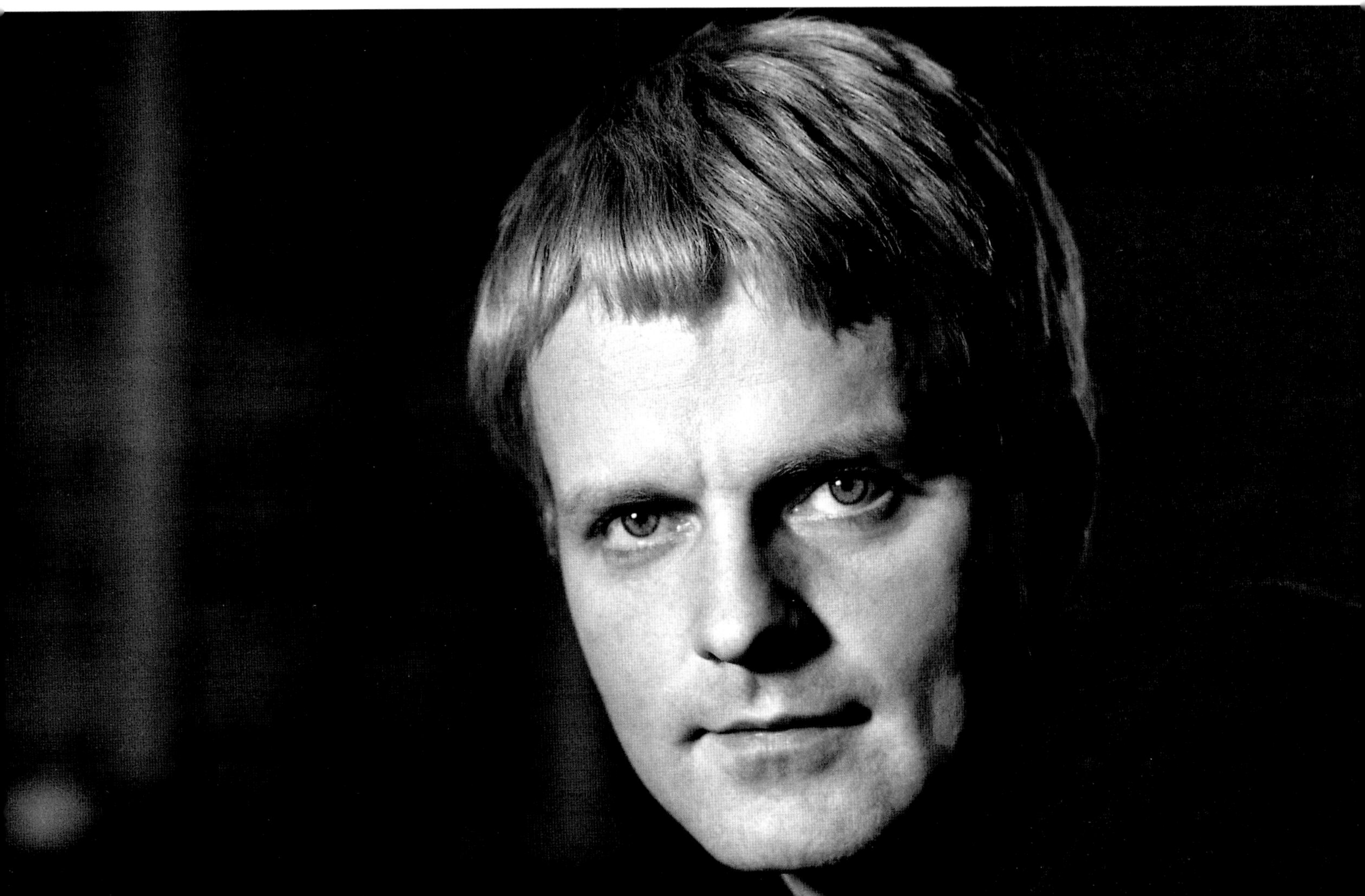

1966

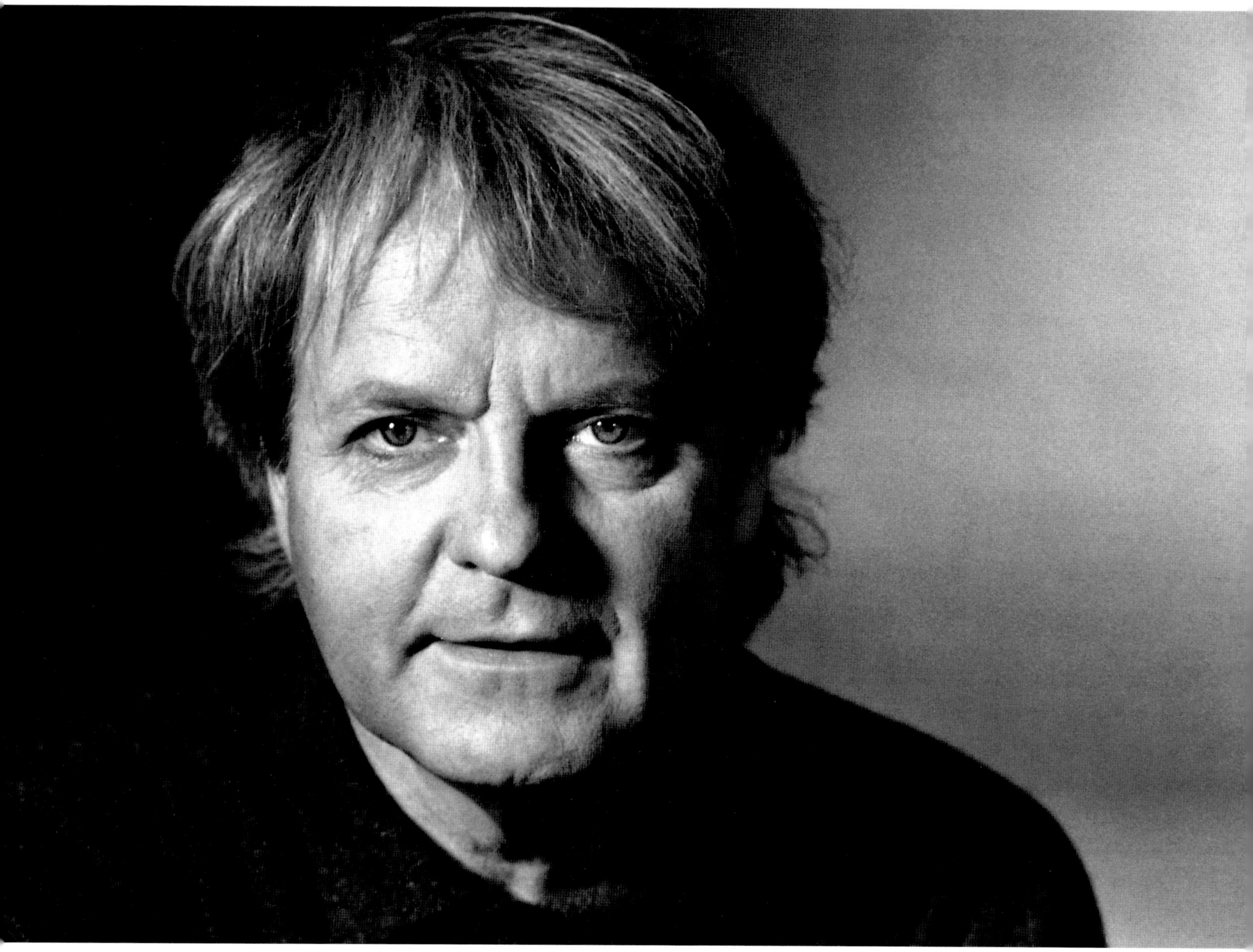

Peter Fricke

1995

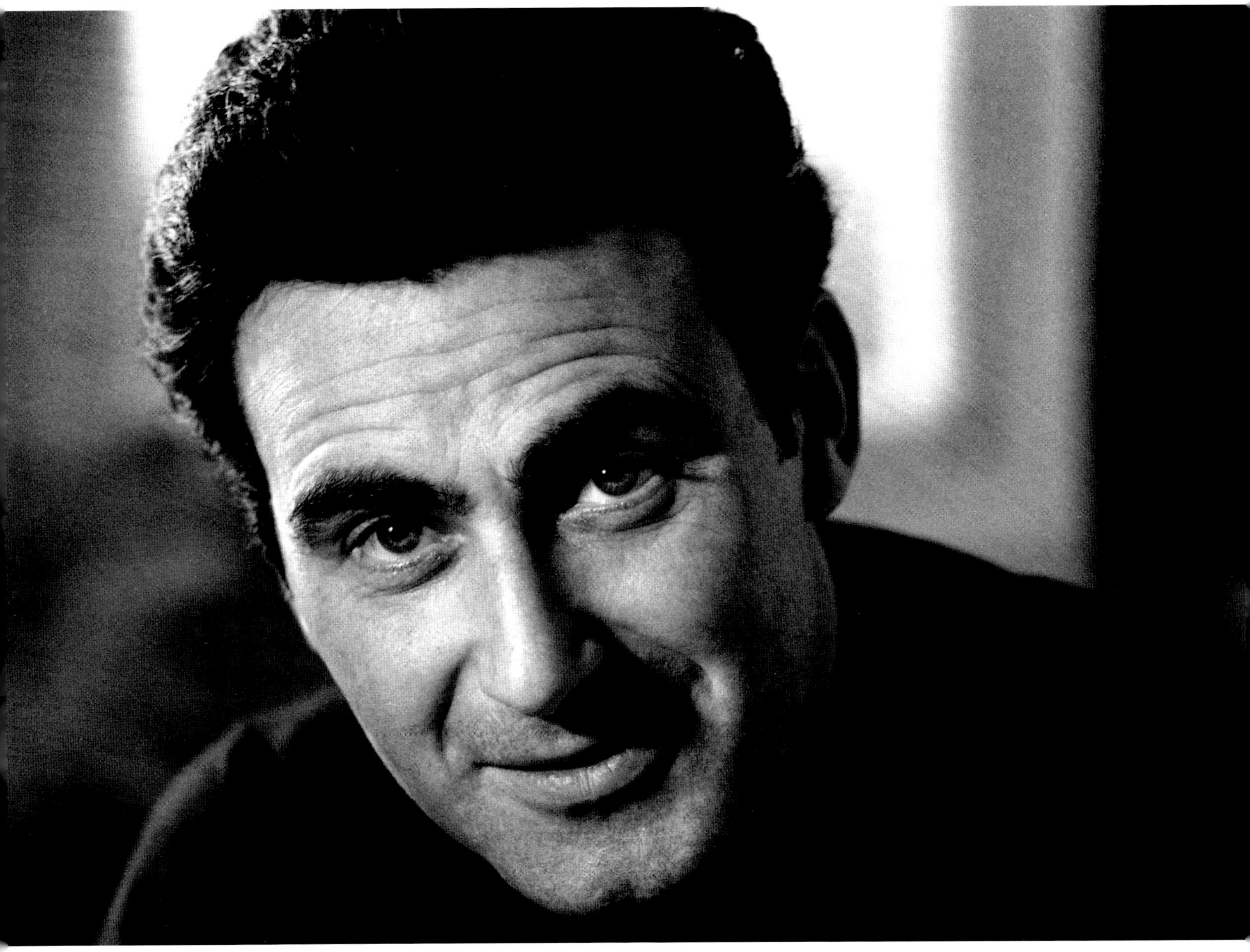

1966

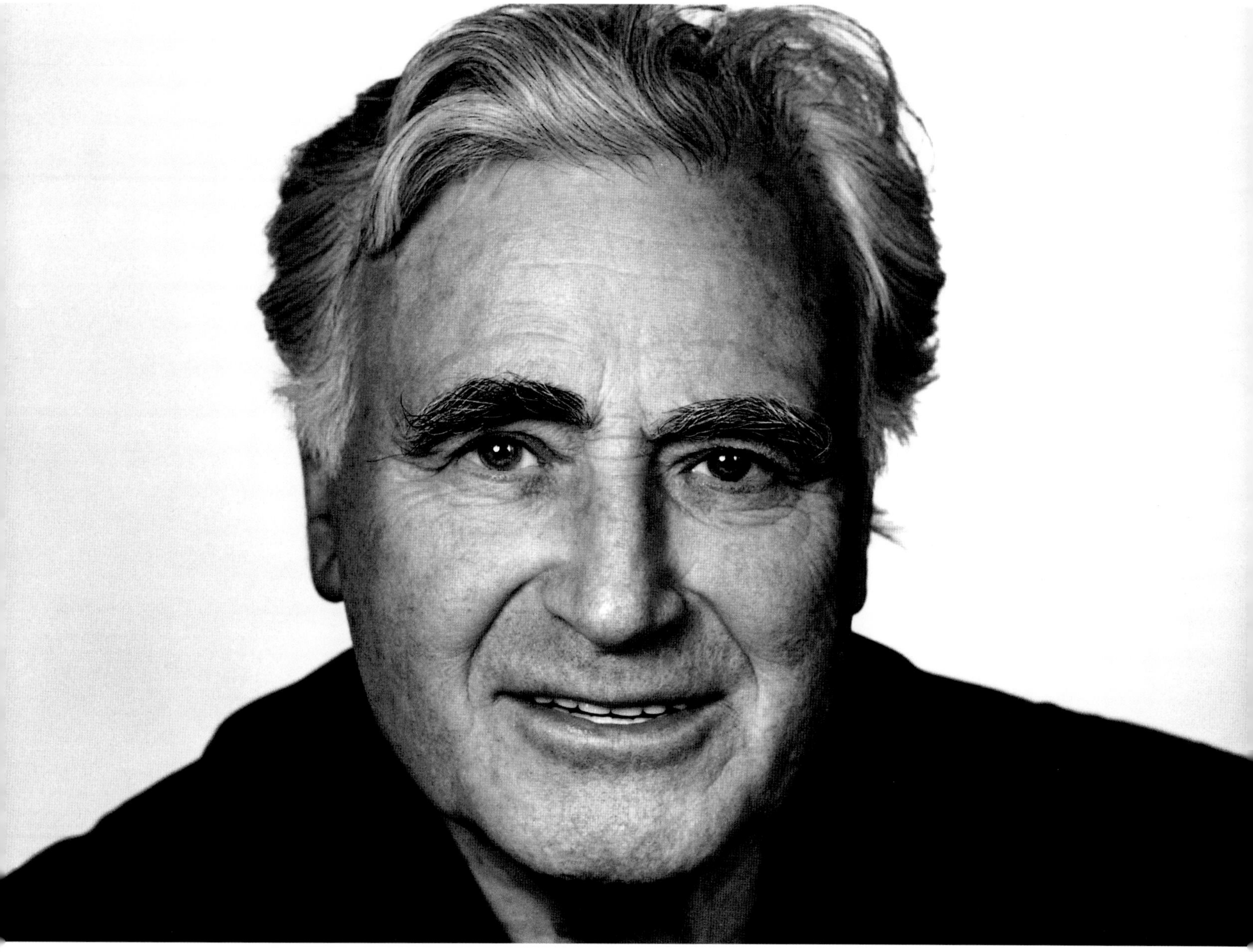

Karl Michael Vogler

1999

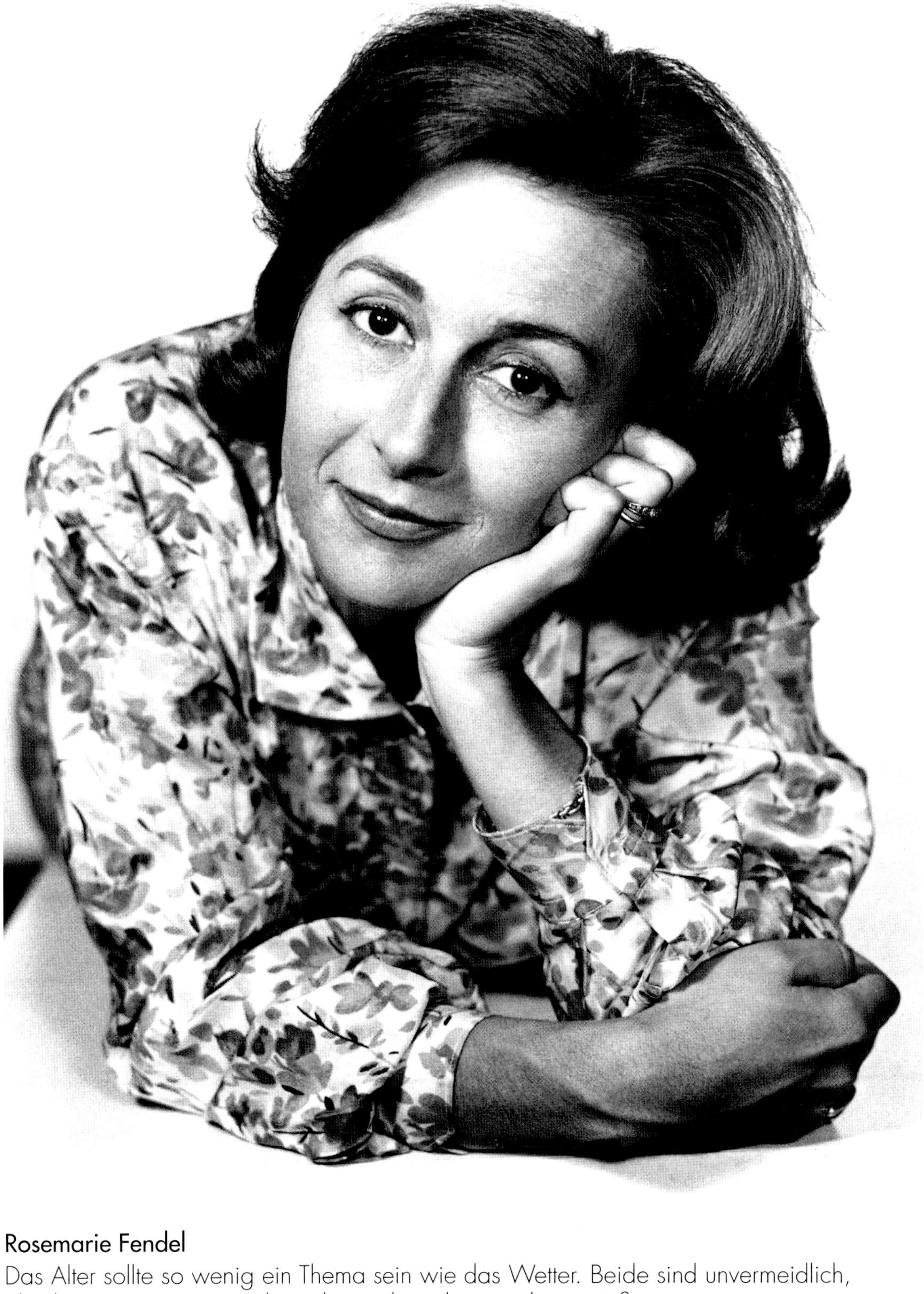

Rosemarie Fendel

Das Alter sollte so wenig ein Thema sein wie das Wetter. Beide sind unvermeidlich,
also kann man sie entweder gelassen hinnehmen oder genießen.
Schlimm wird es nur, wenn man sich dagegen sträubt …
Sicher wäre es schöner, im Orient alt zu werden – da ehrt man das Alter.
1974 Aber dort hat man ja auch weniger Probleme mit dem Wetter!

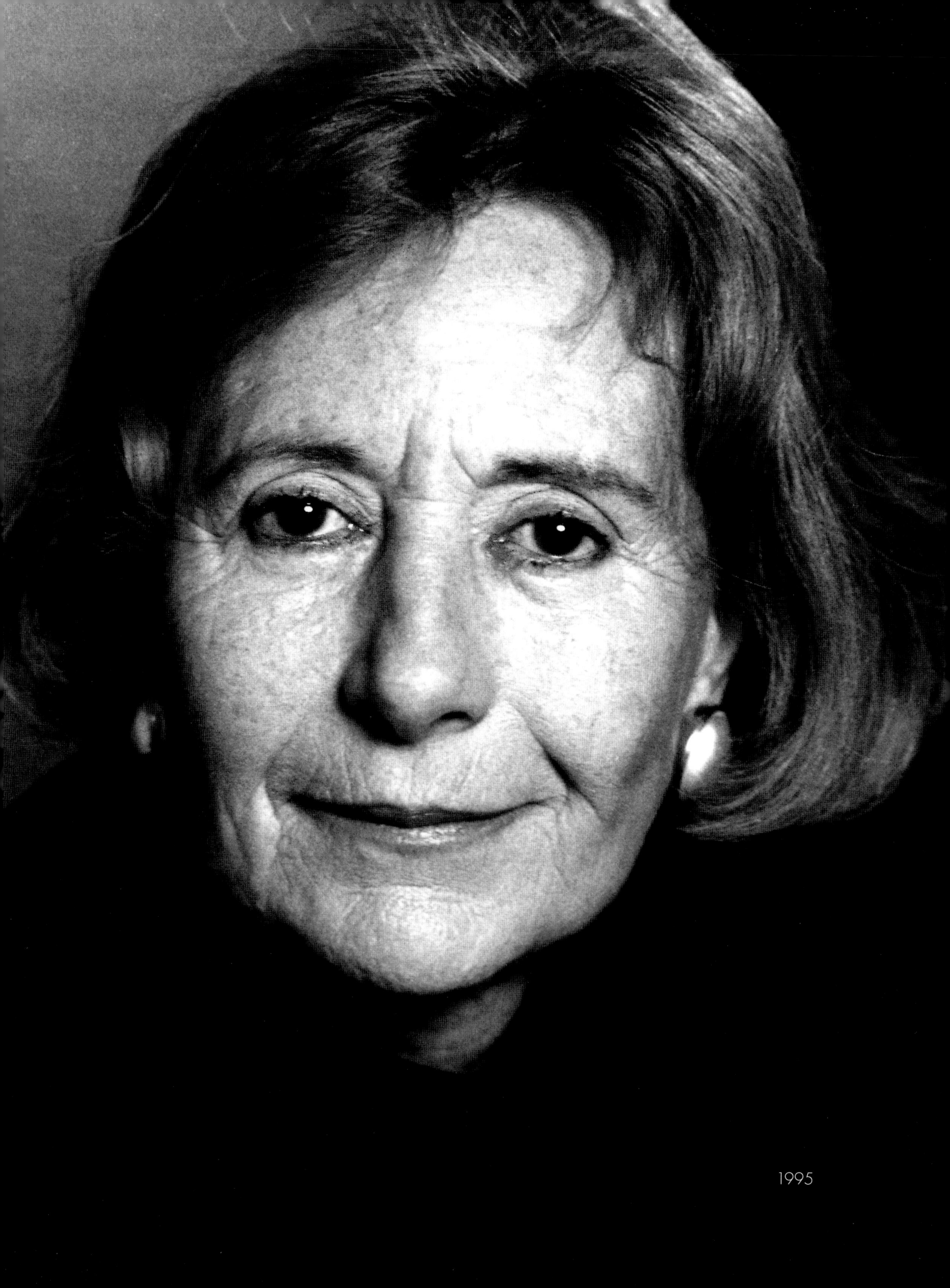

1995

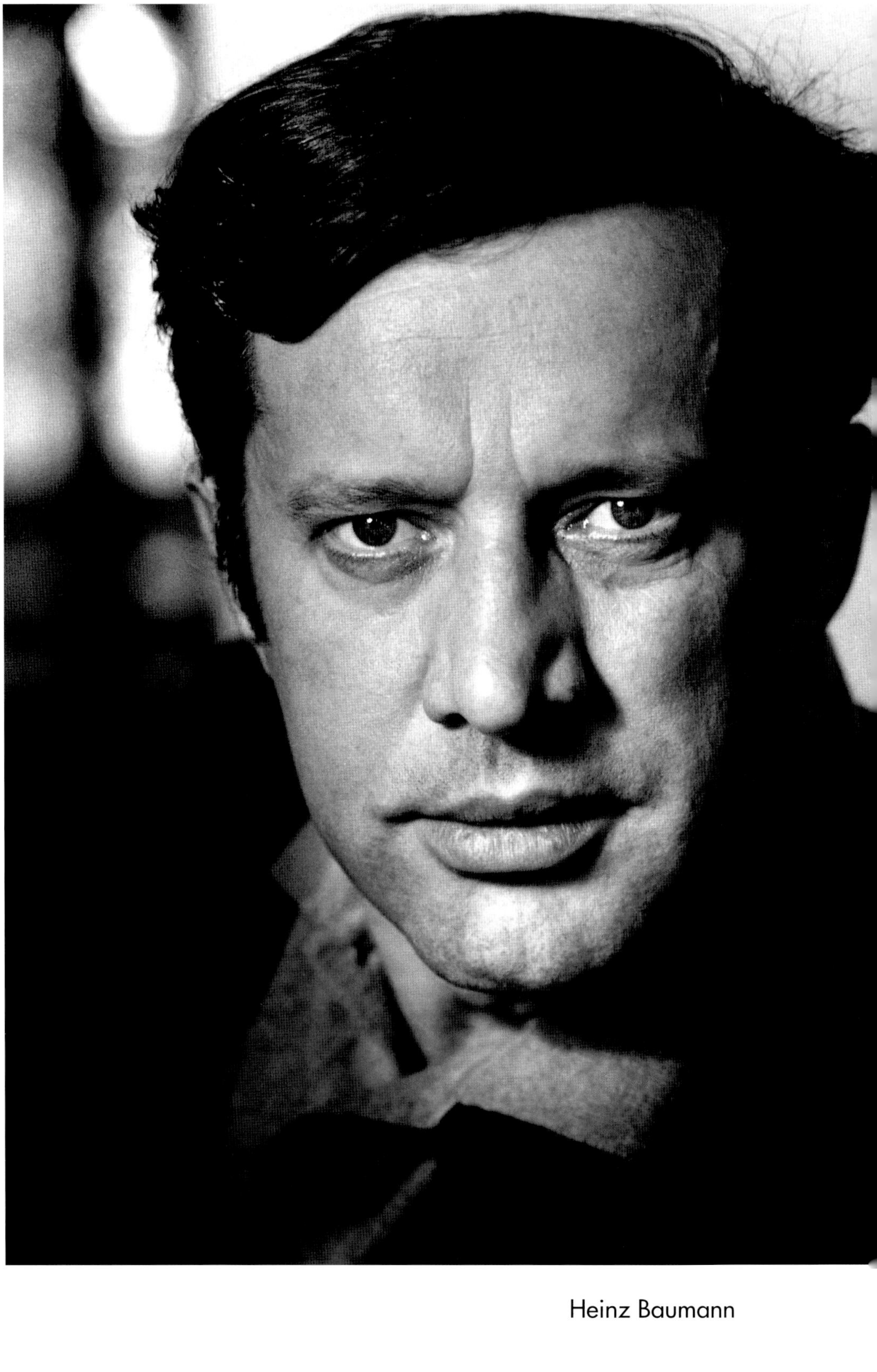

Heinz Baumann

1968

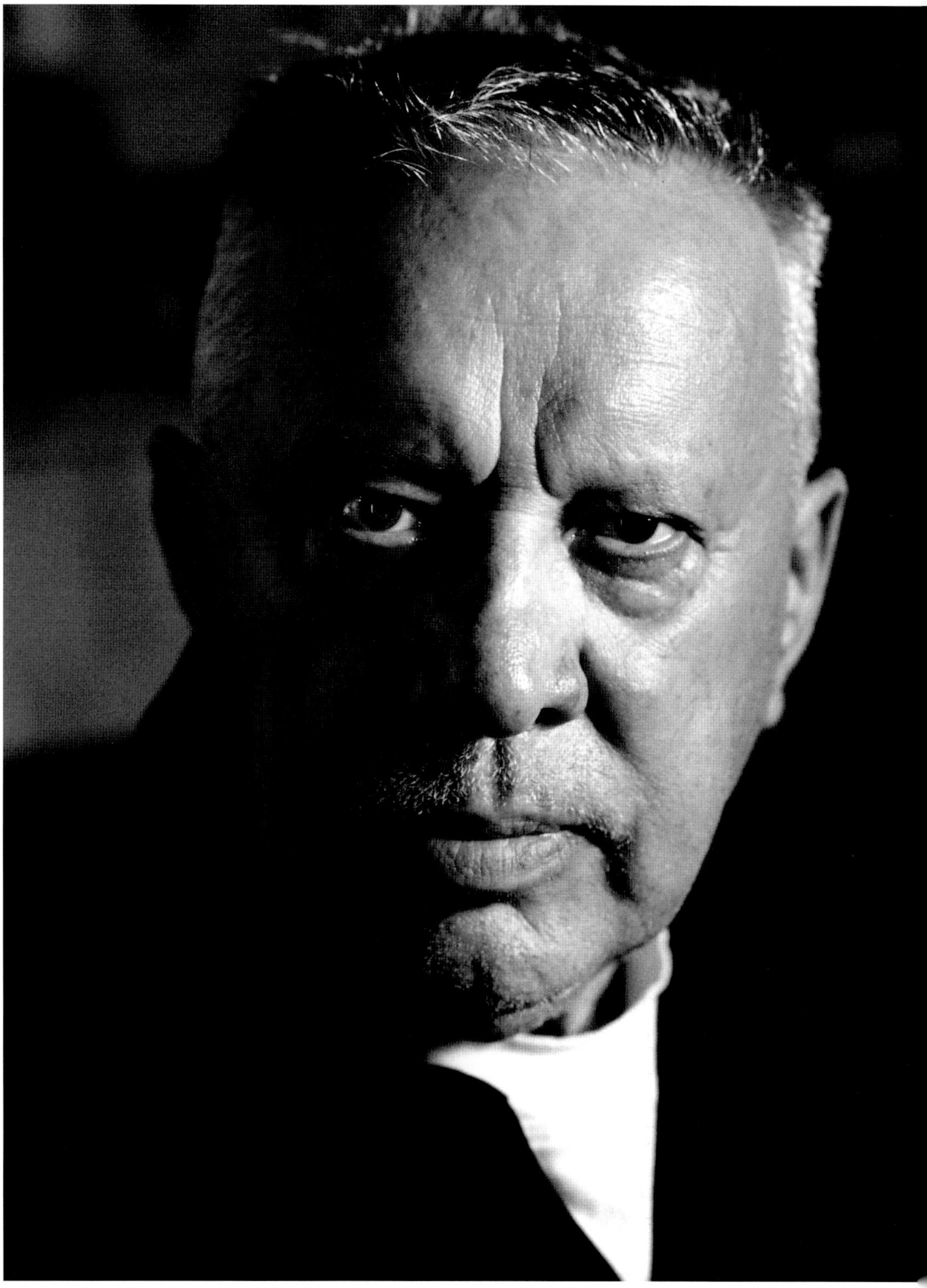

»Die Schwachheit des Alters, die den vernünftigen Mann herunterbringt, macht den Narren immer besser.« *Shakespeare*

2000

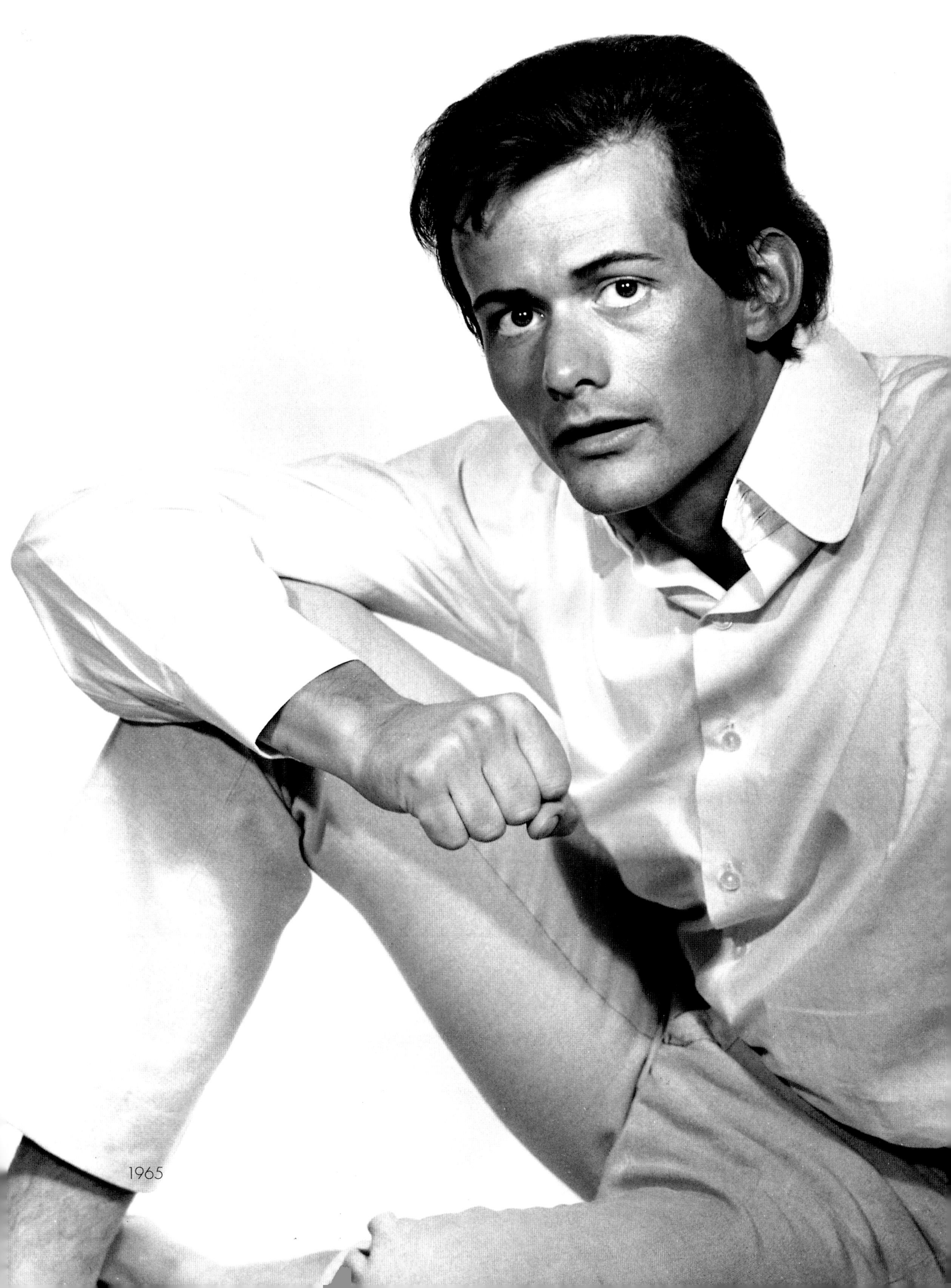

1965

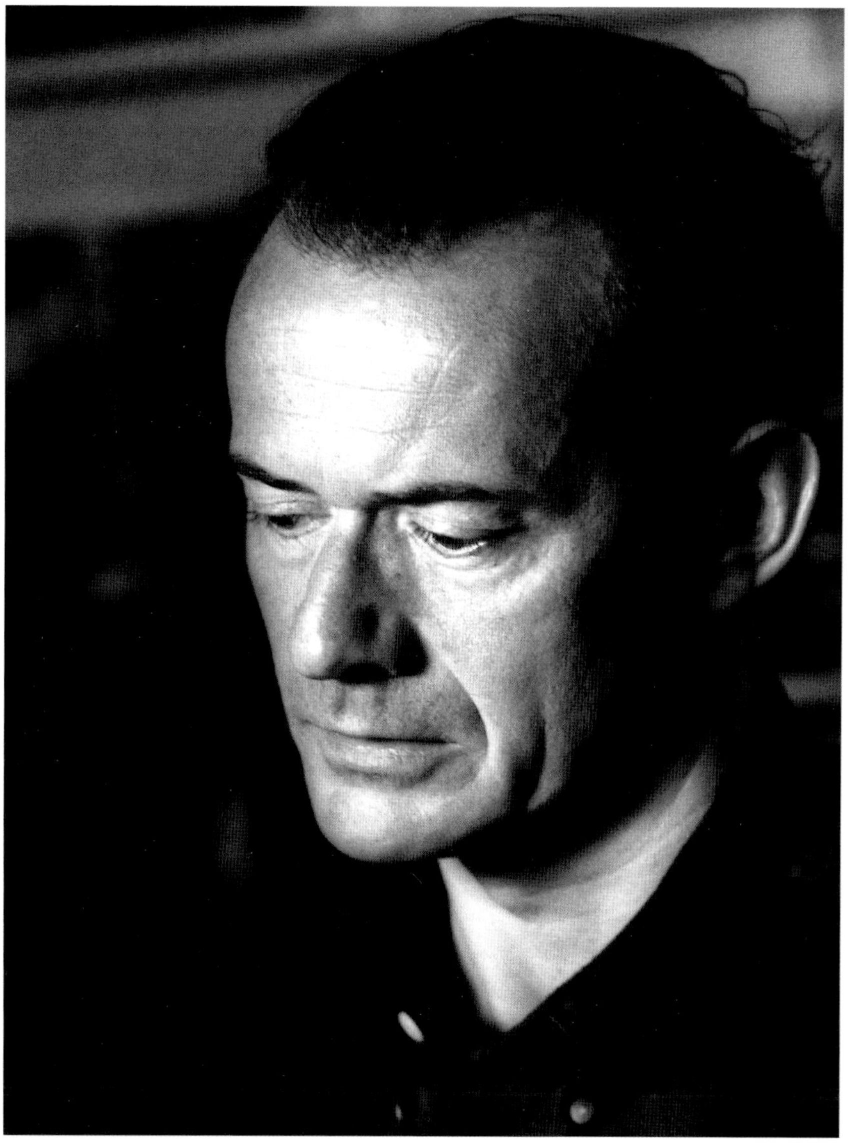

Gerd Böckmann

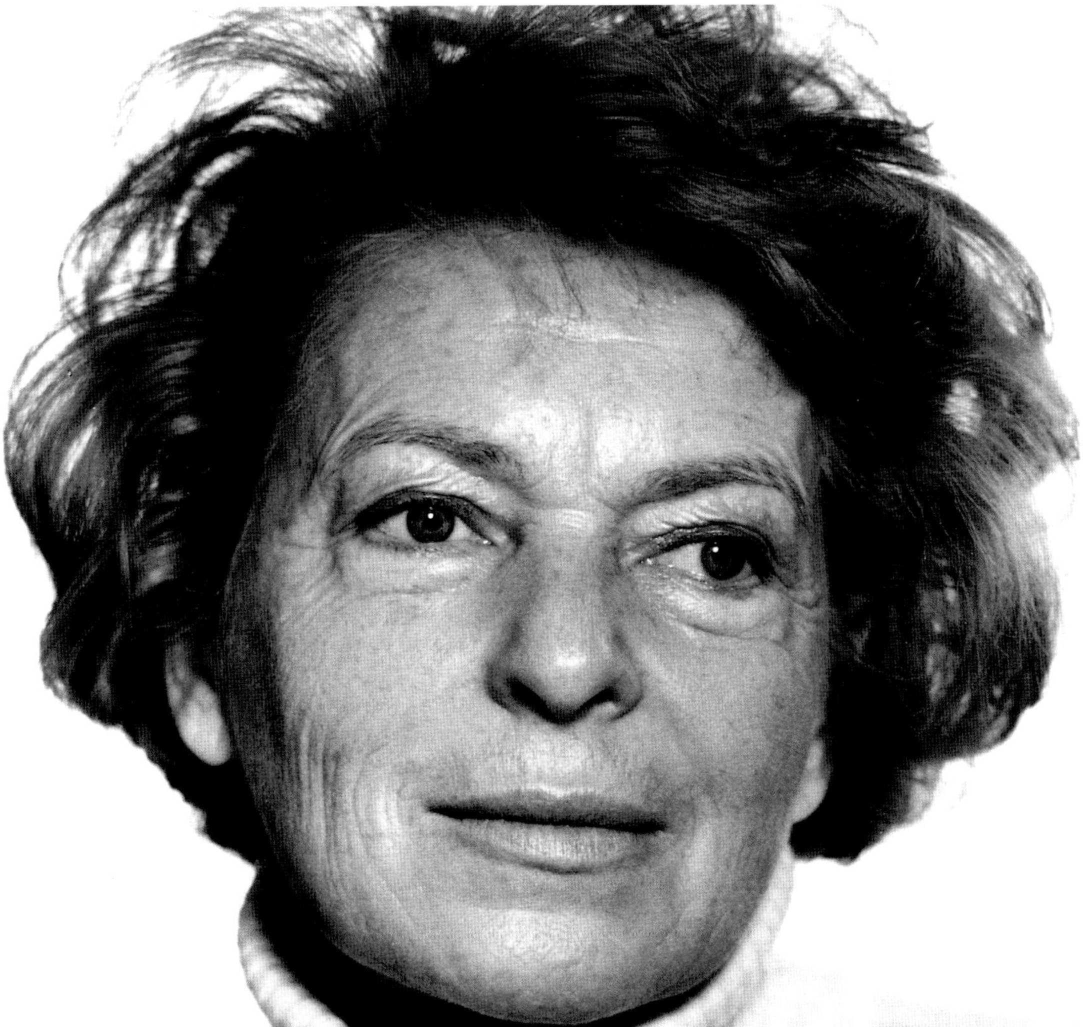

1973

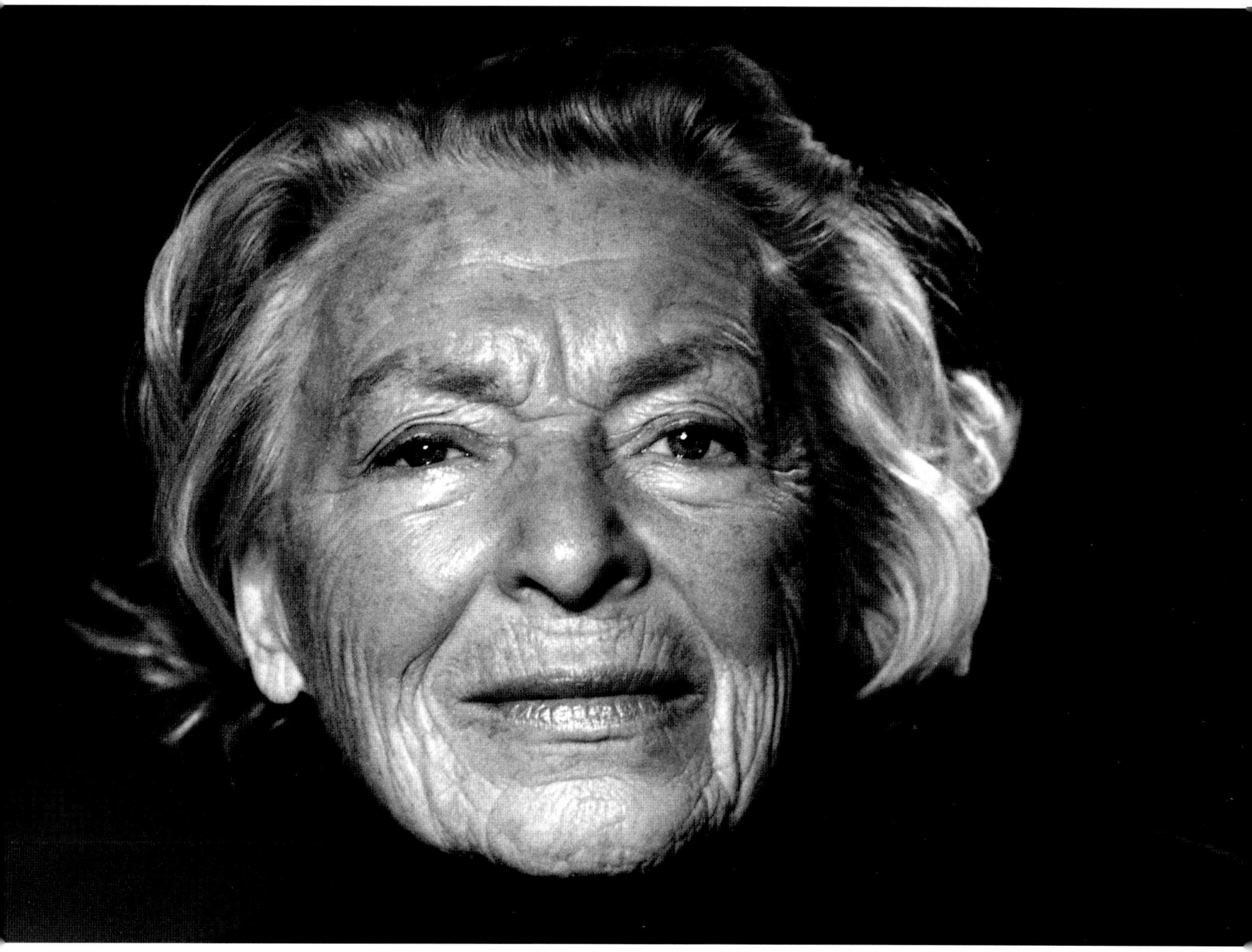

Ruth Hausmeister

1994

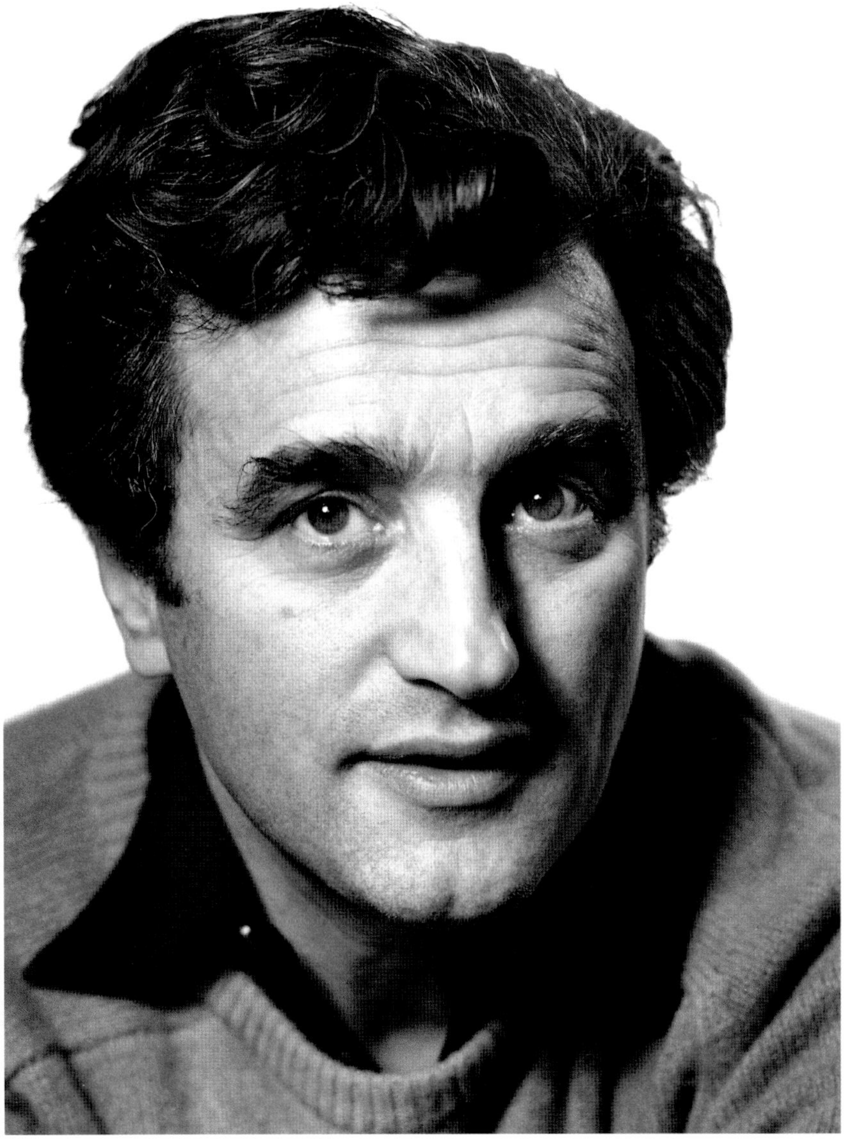

Michael Degen

1974

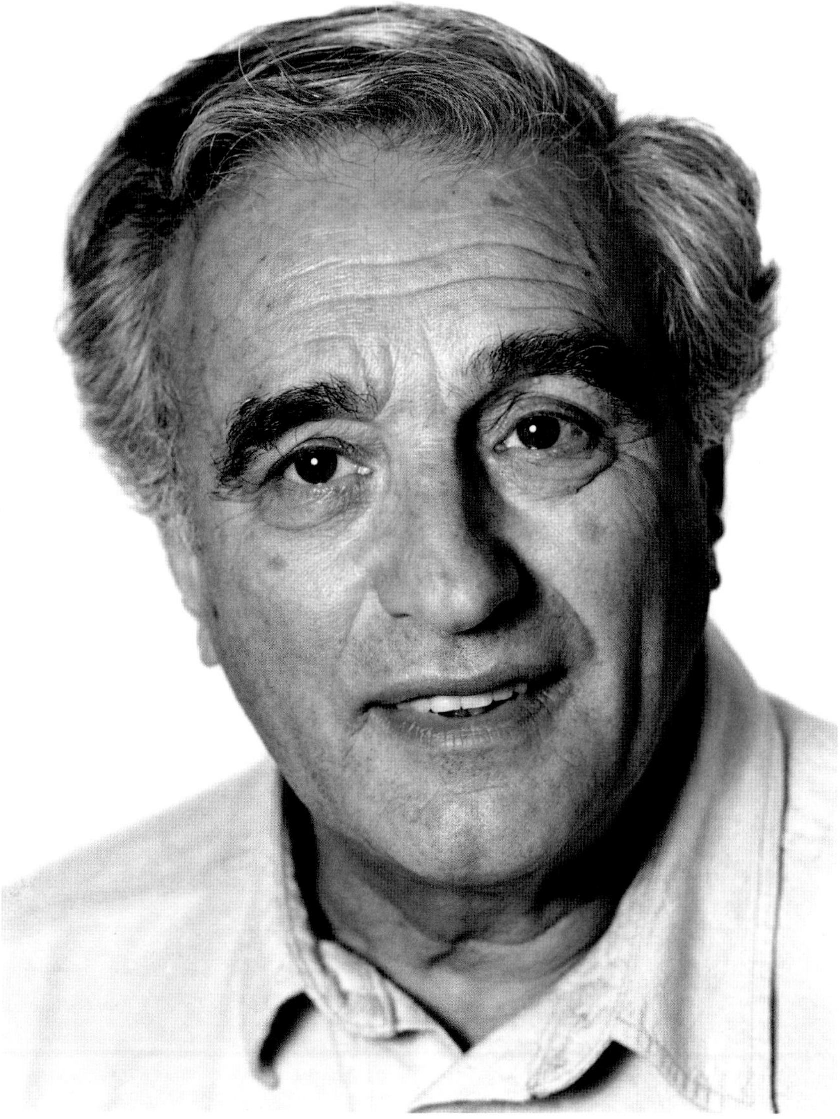

Ich kann nicht klagen. Mir macht's Spaß.

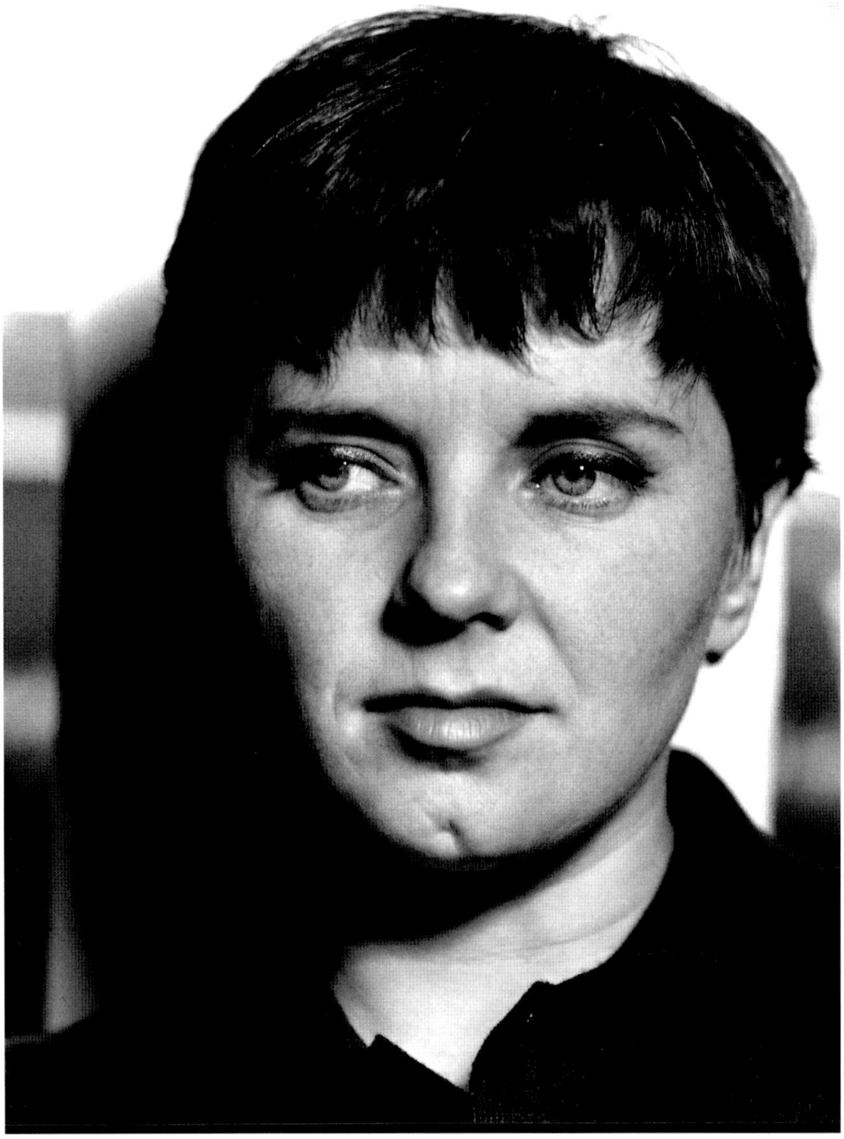

Ruth Drexel

1963

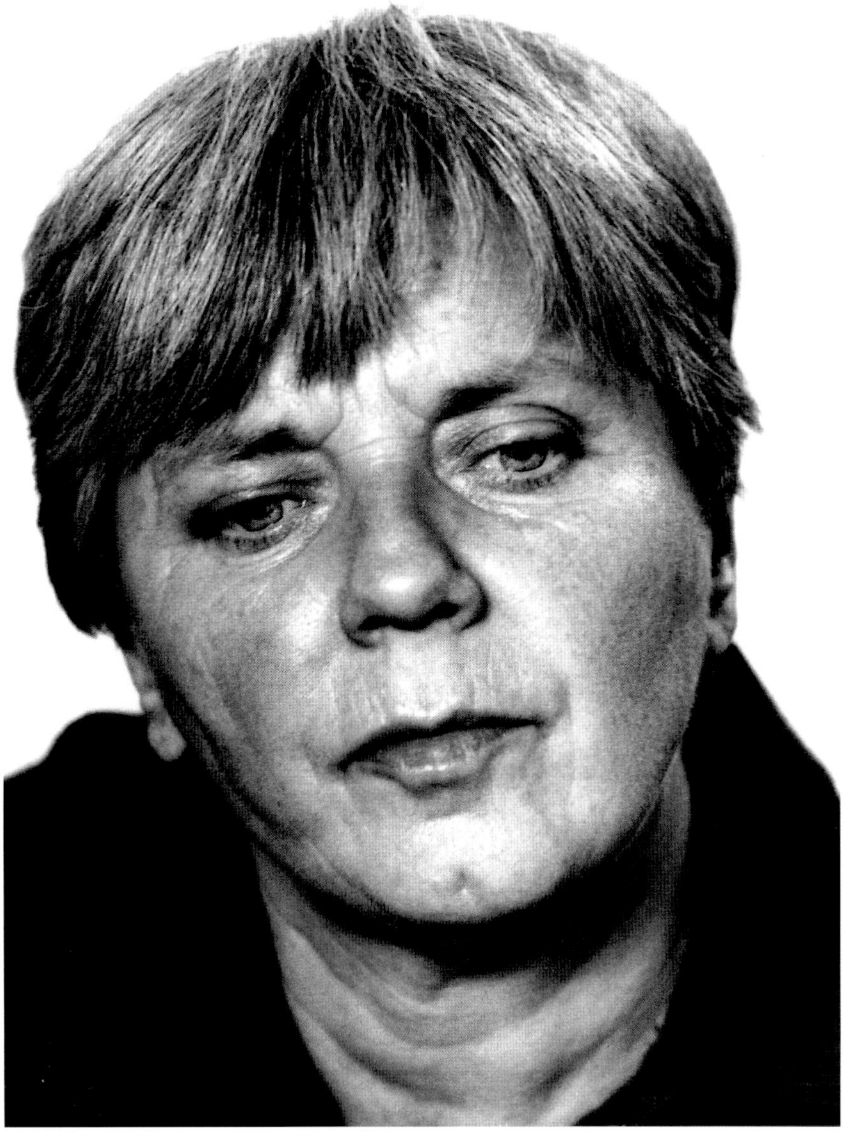

Was soll ich zum Älterwerden sagen? Ich kann auch nichts darüber sagen, dass ein Fluss fließt. Solange ich bei Gesundheit und Verstand bin, unterscheidet sich mein Lebensgefühl wenig von dem in jüngeren Jahren! Immer noch bin ich dabei, mich zu bemühen, die Balance zu halten.

1993

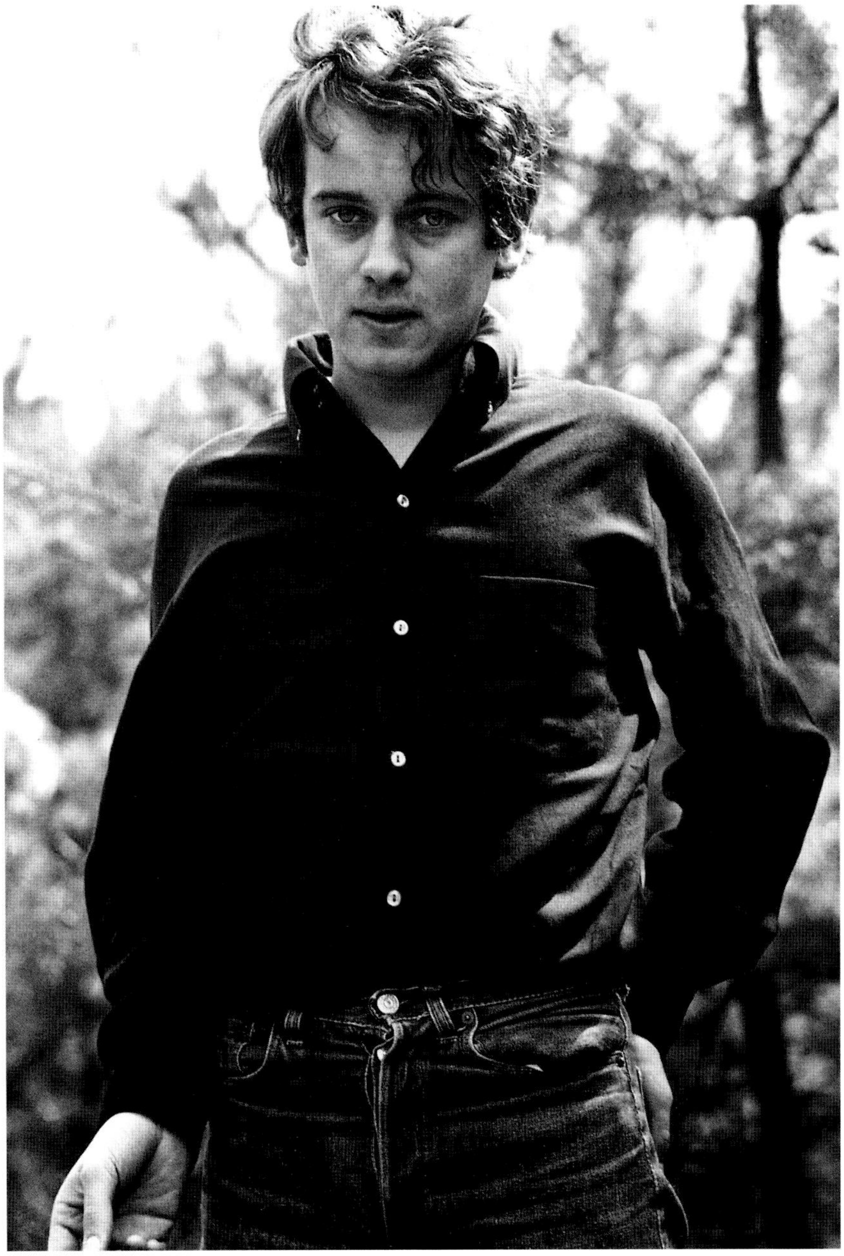

1973

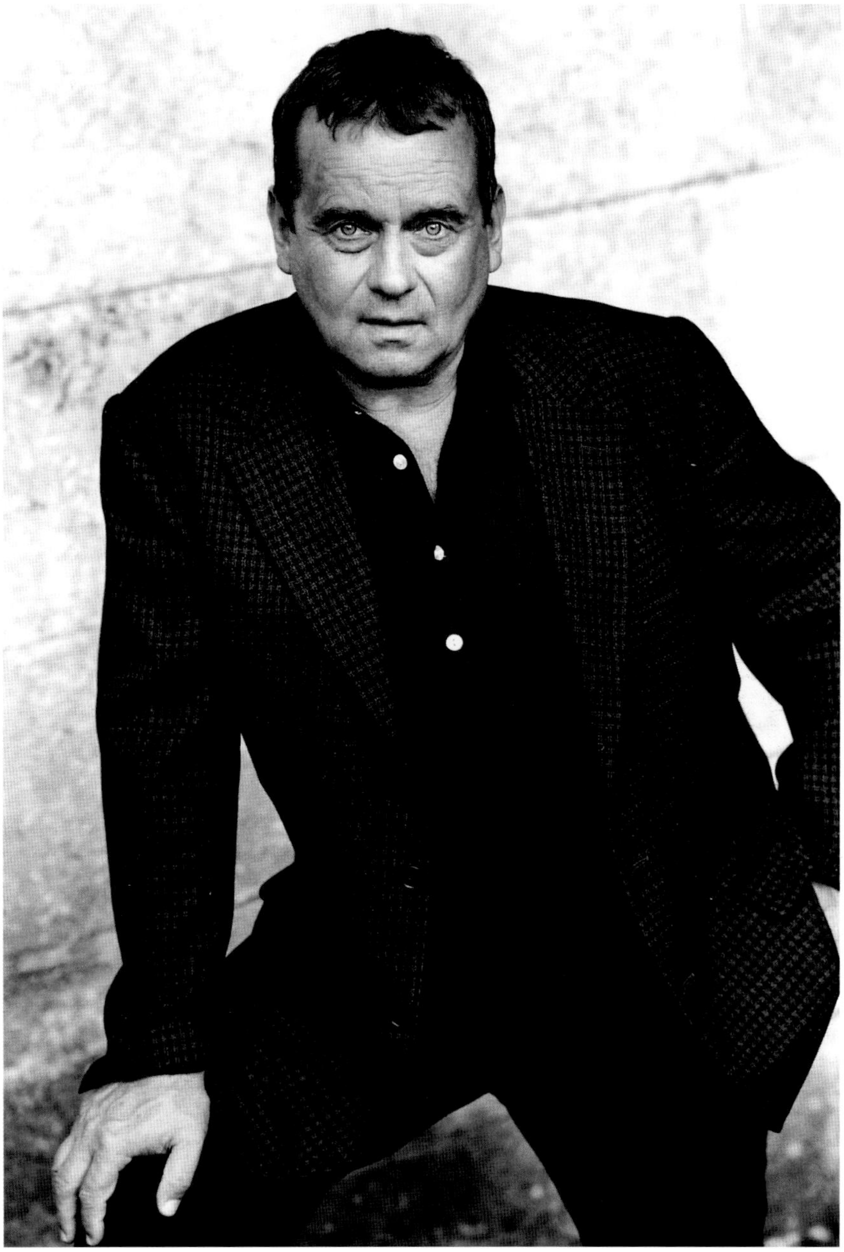

Edwin Noel

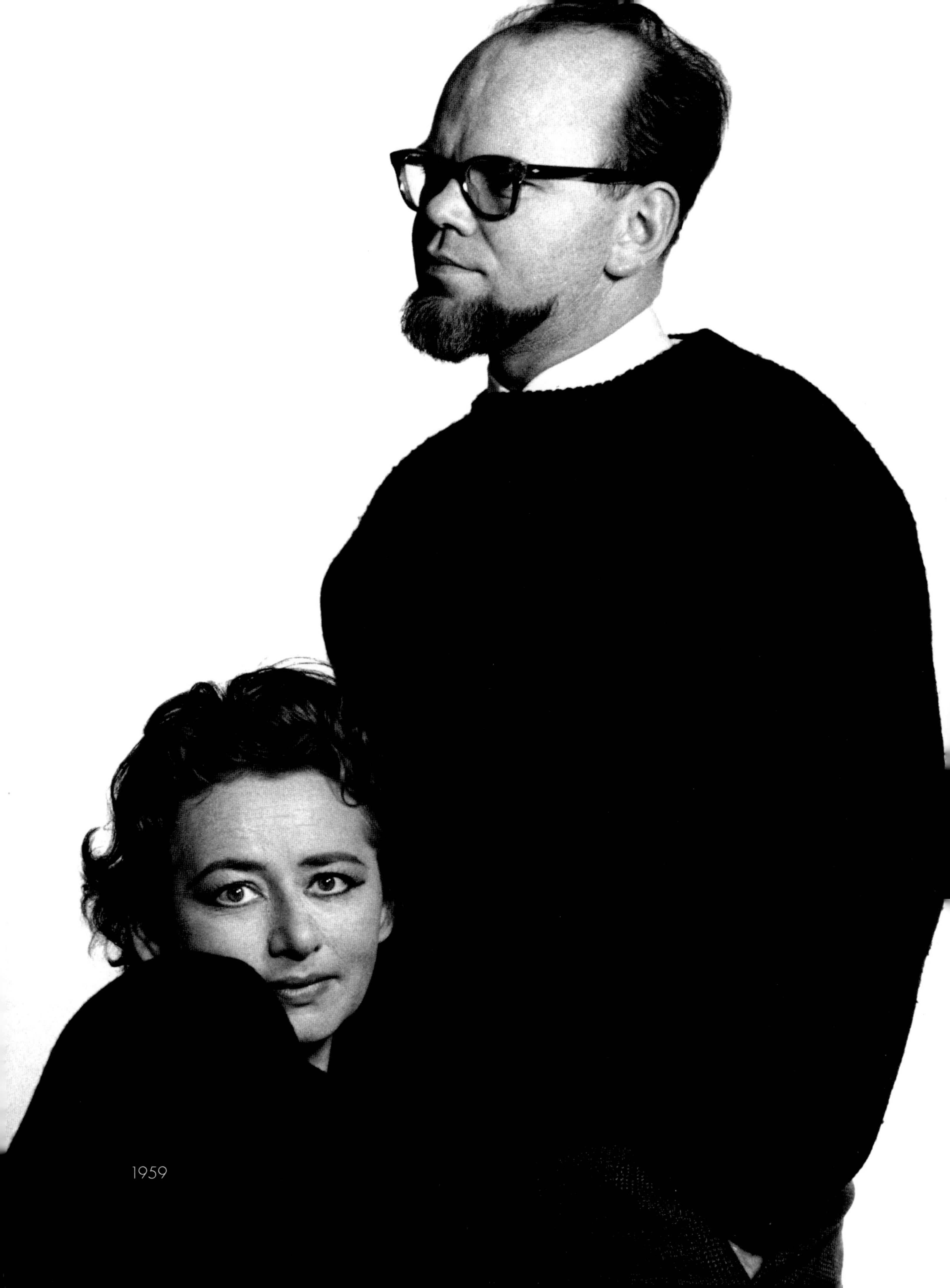

1959

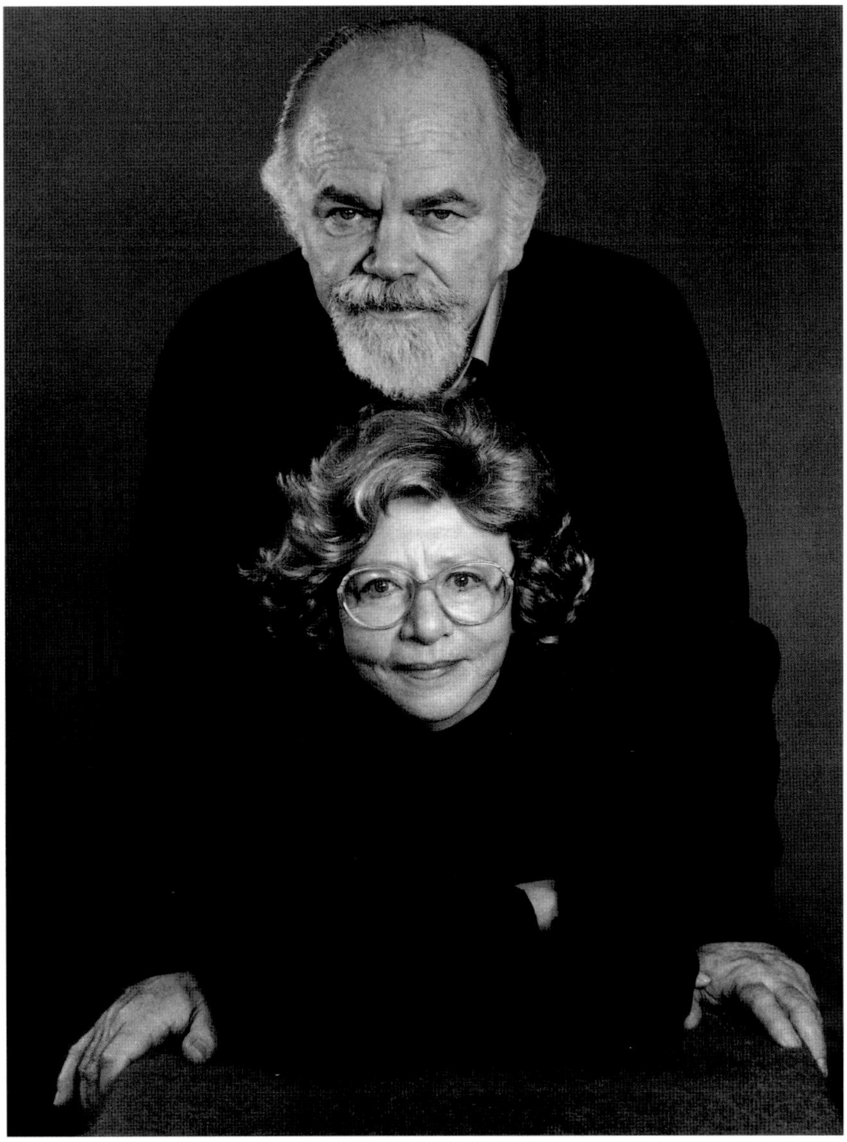

Kai und Lore Lorentz

1988

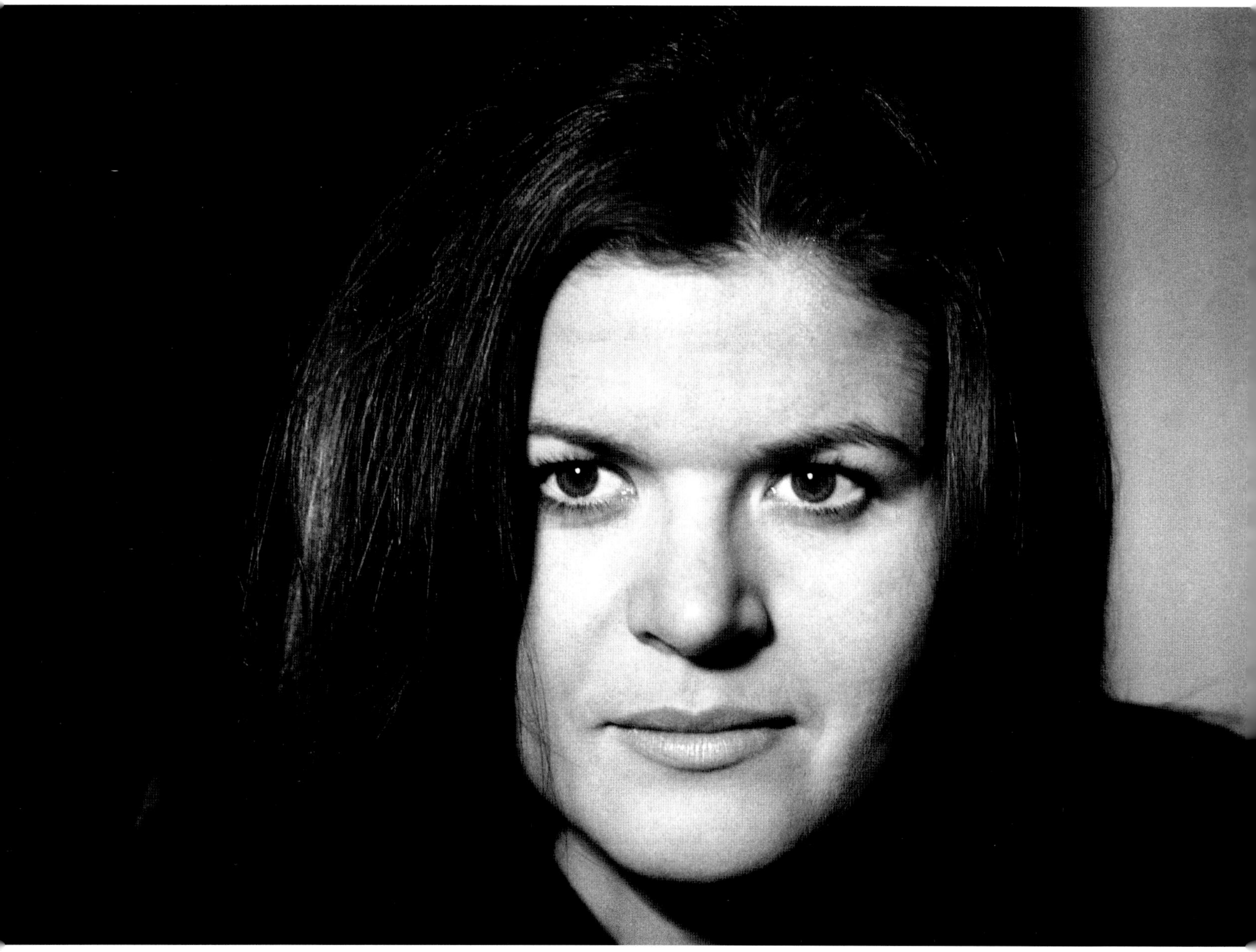

Elisabeth Orth

1966

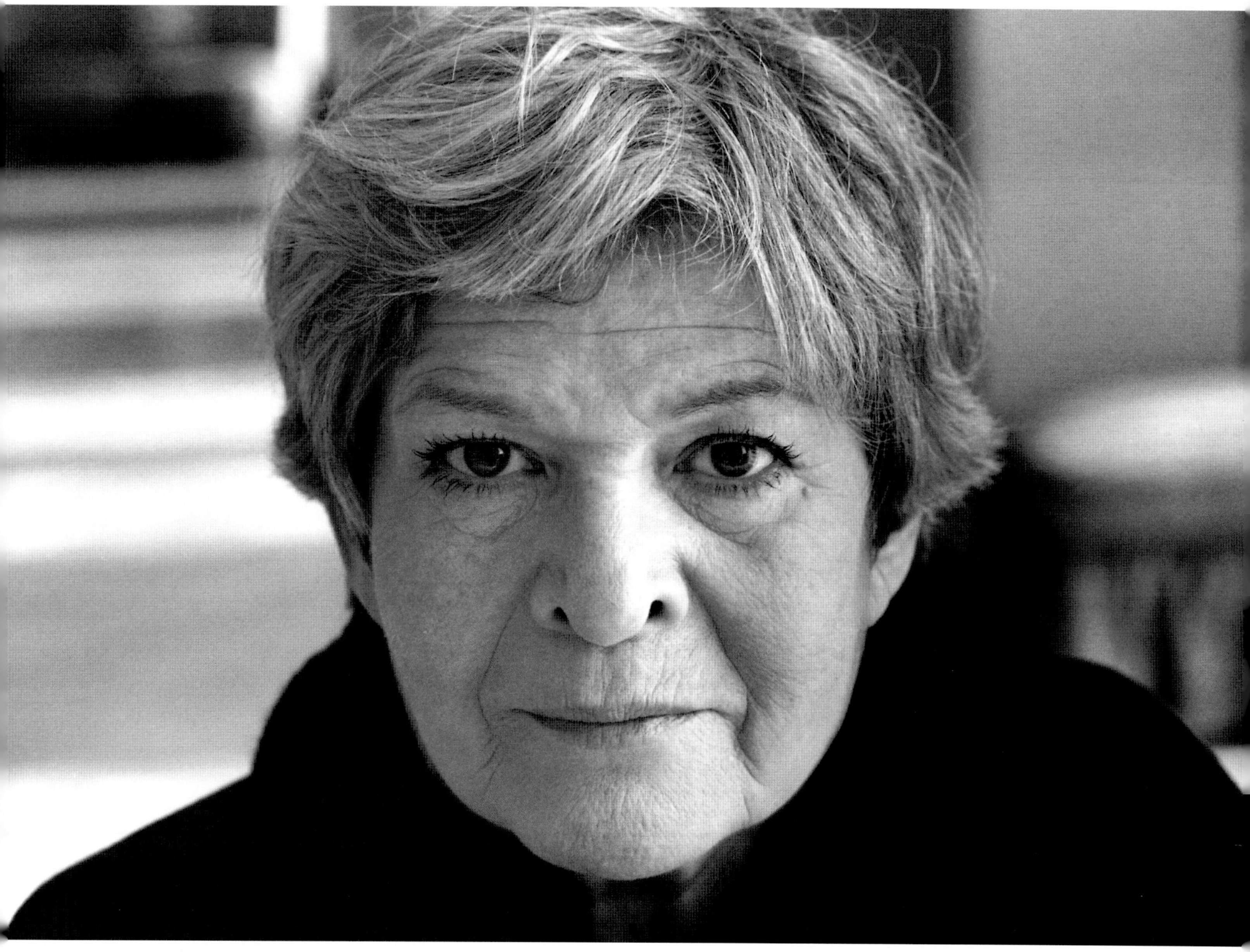

Man verlernt das Fürchten und lernt das Lachen wieder.
So geht es zumindest mir beim Älterwerden.

2000

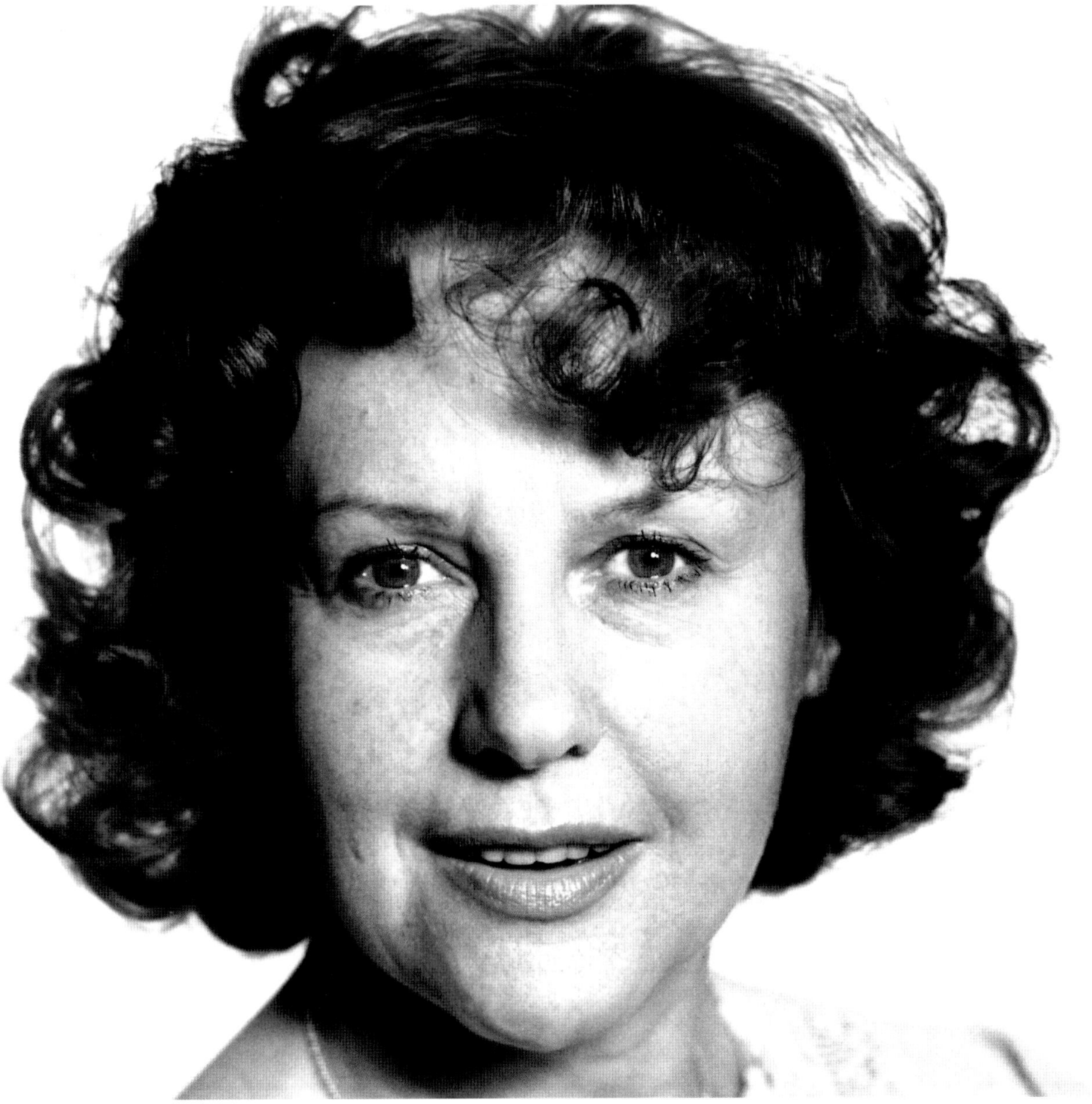

Doris Schade

1978

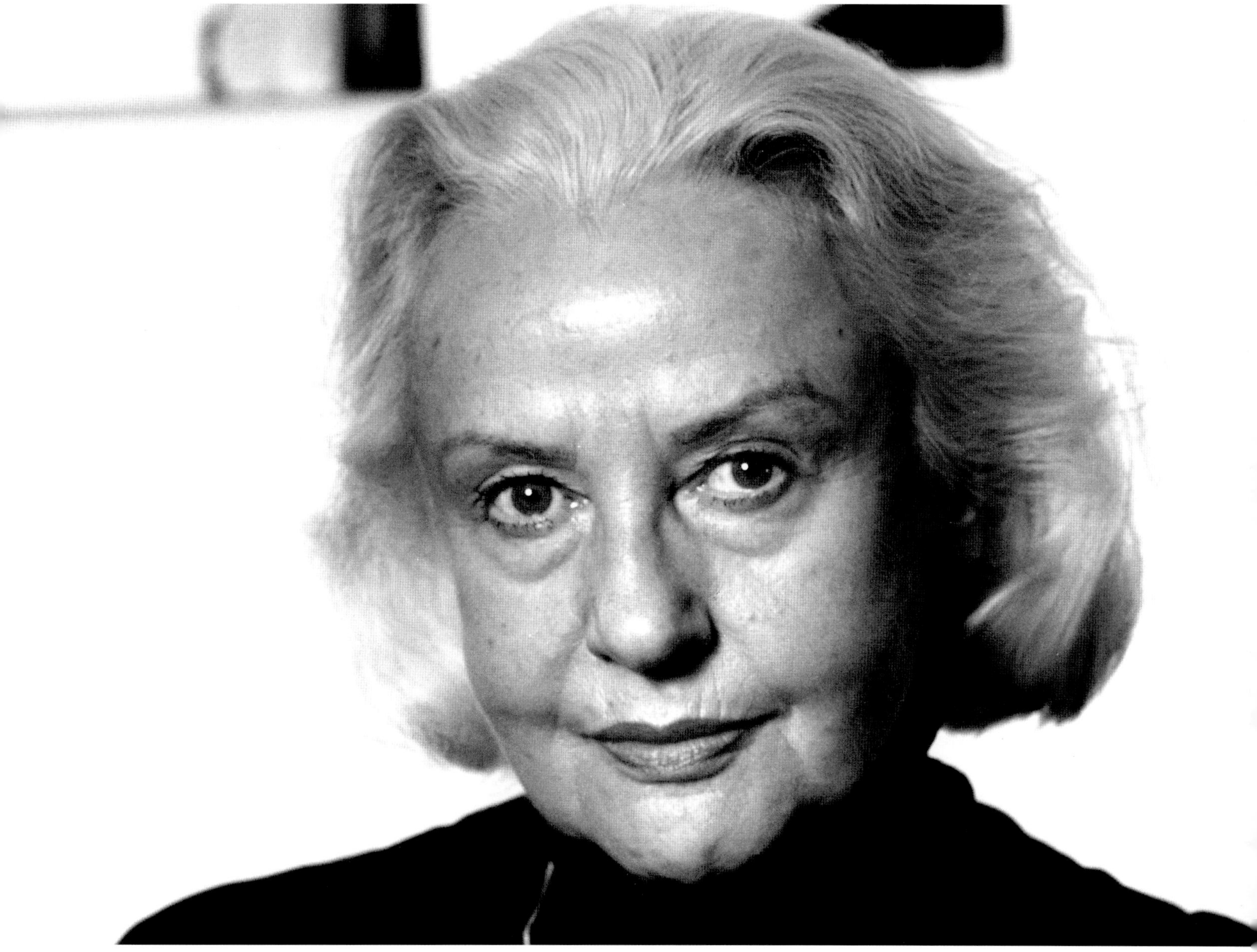

»Es ist doch mein Schnee.« *Japan, Etsujin*
Wenn ich das denke, wird mir der Strohhut leichter.

1998

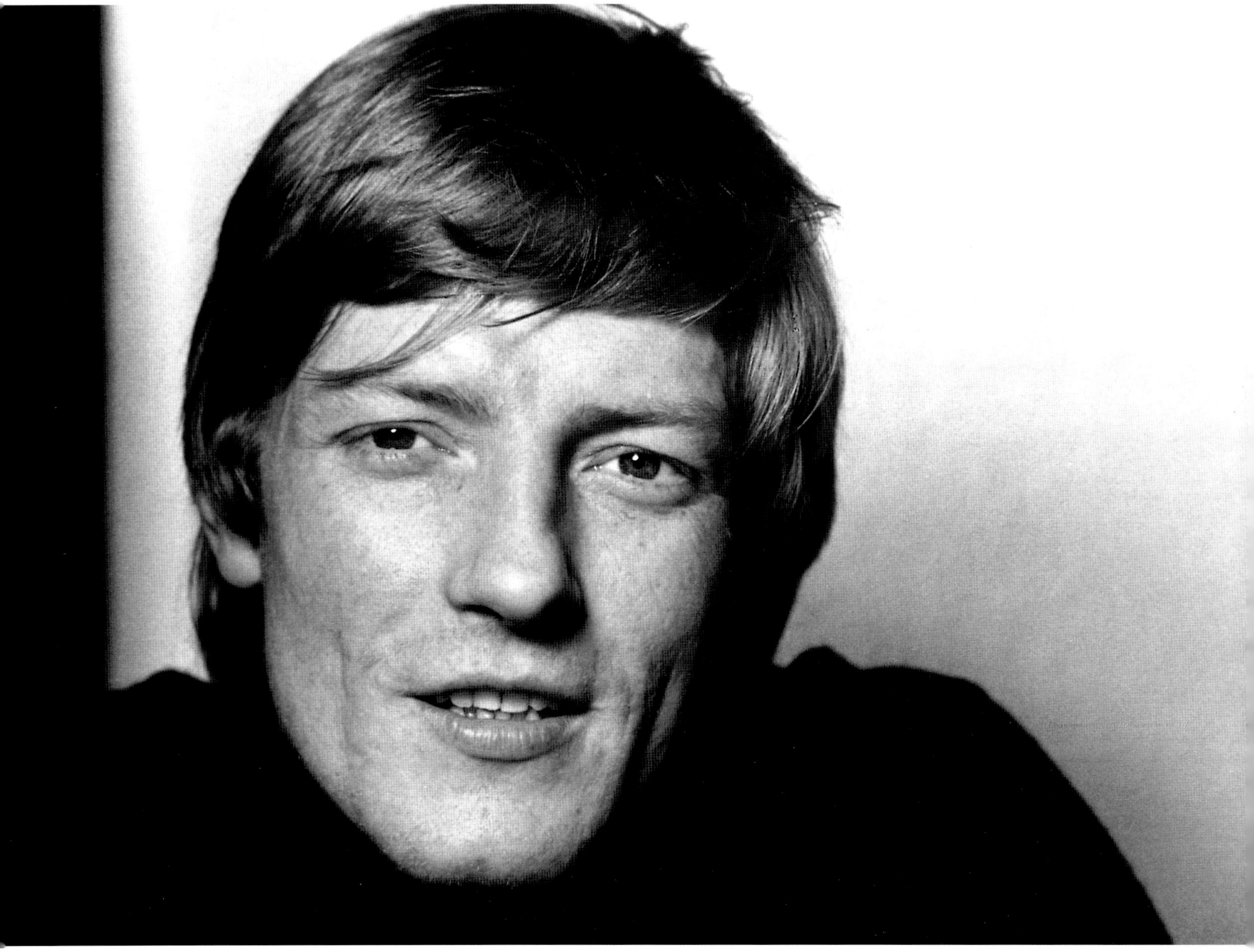

1975

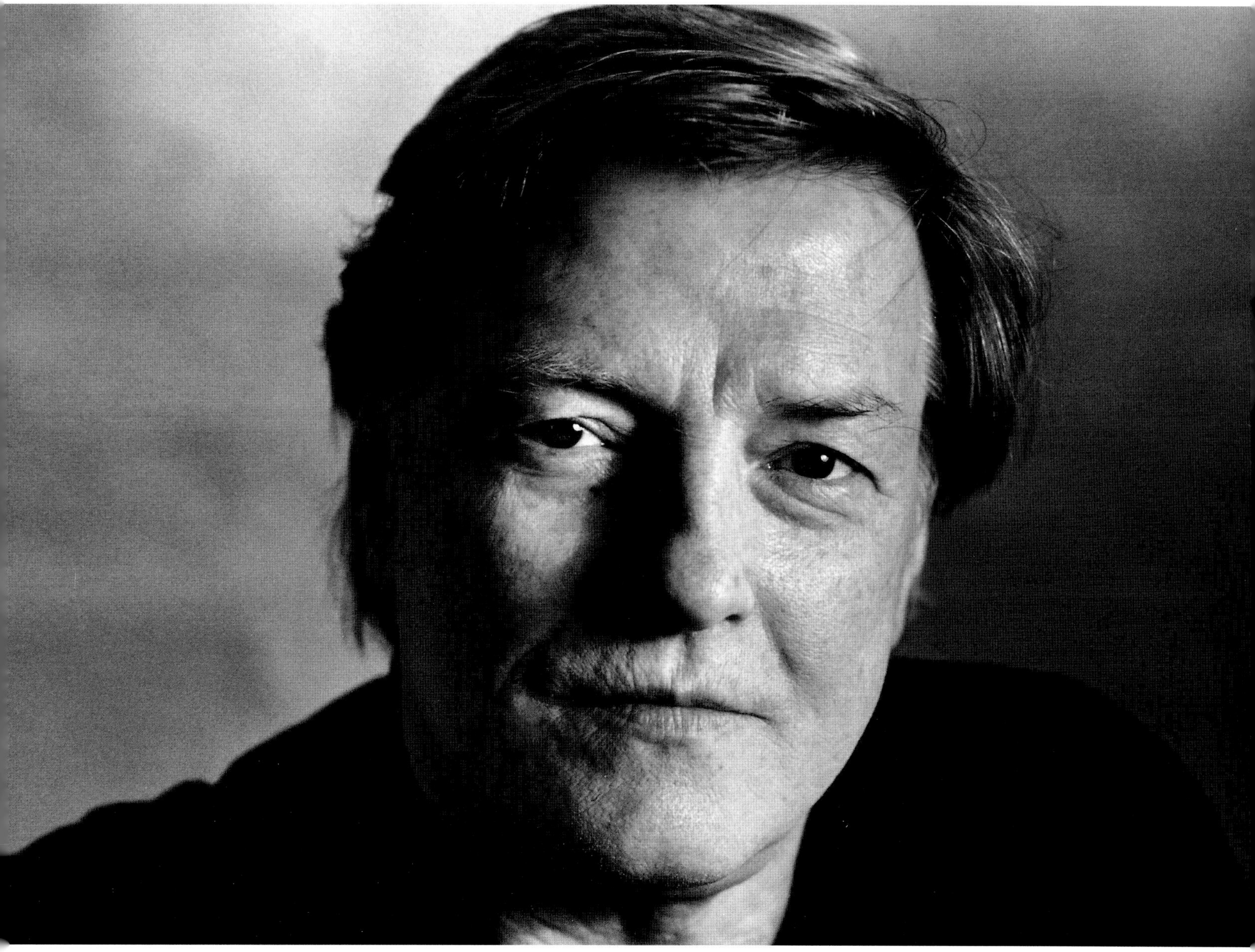

Manfred Zapatka

2000

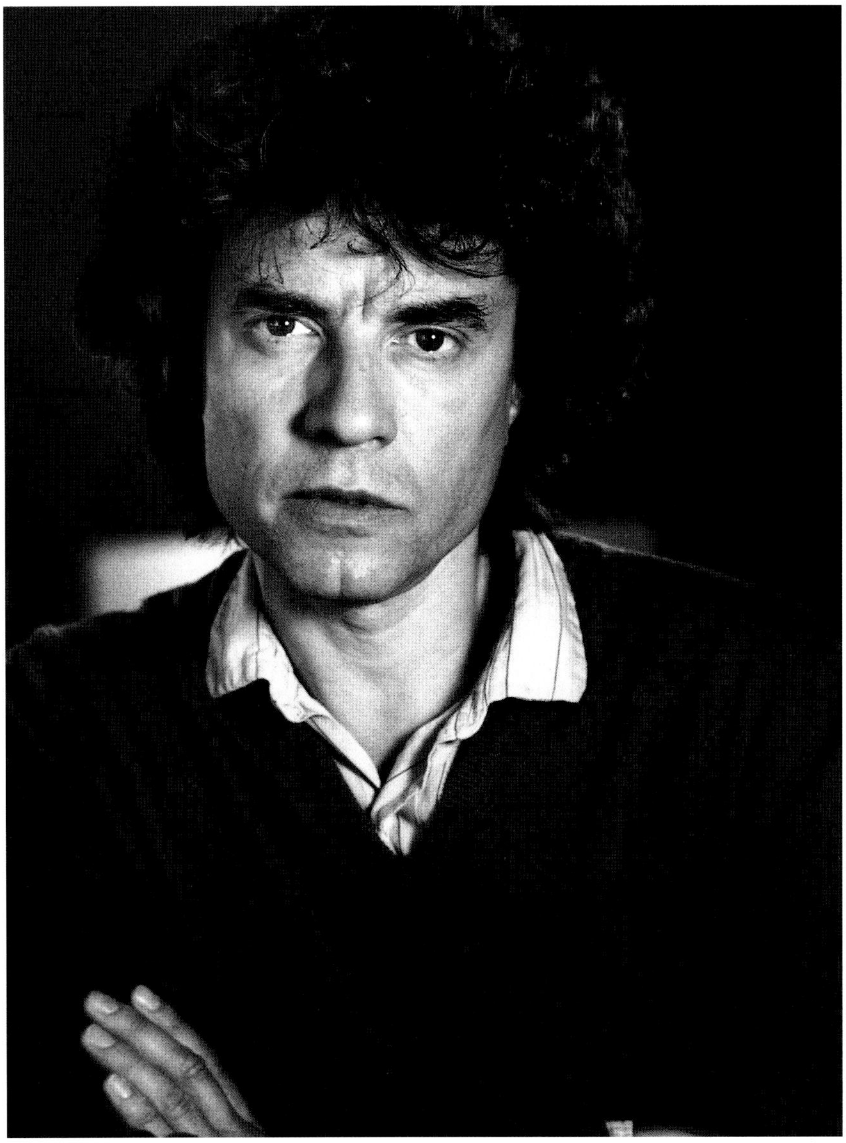

Dieter Dorn

1983

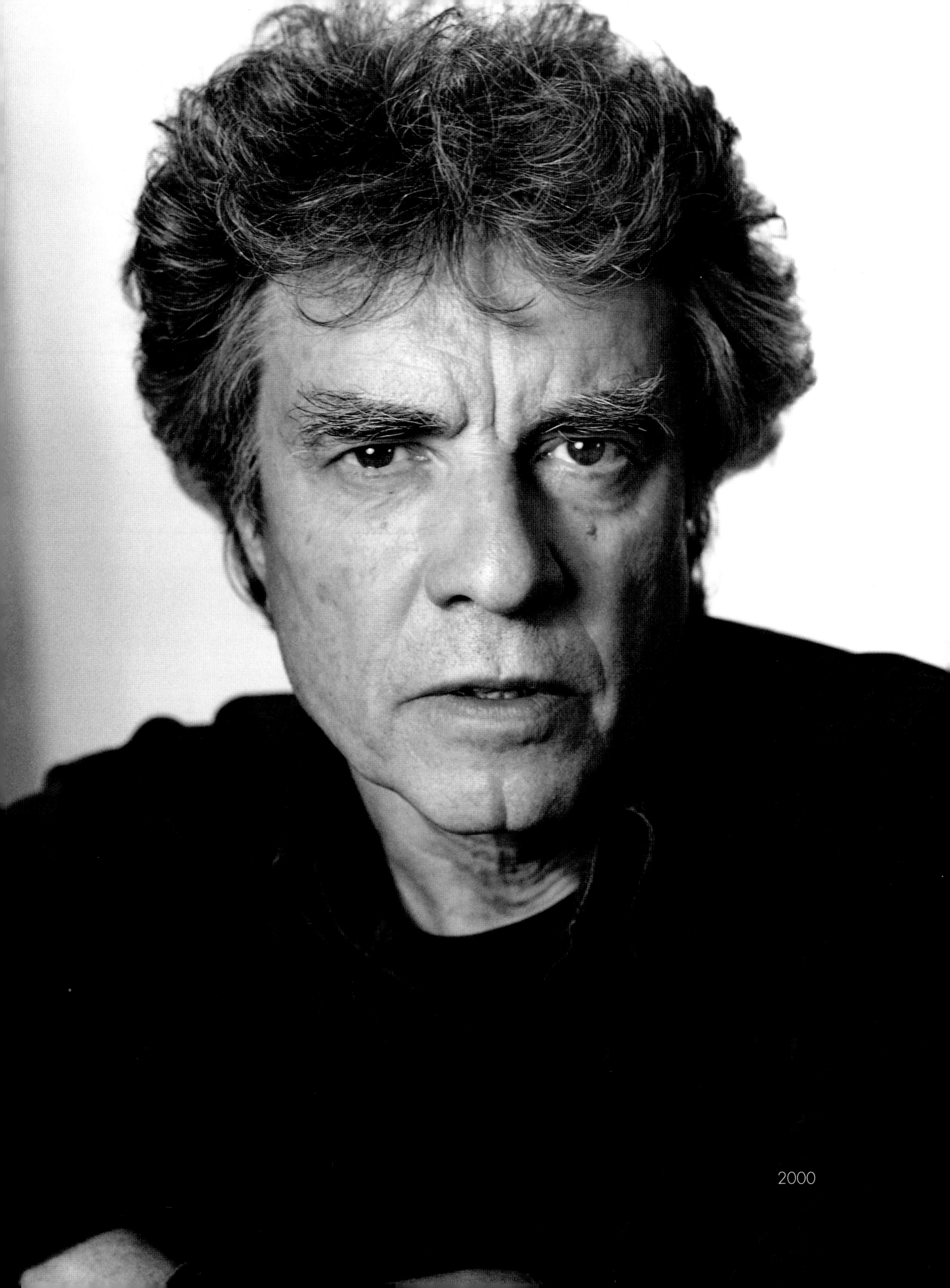

2000

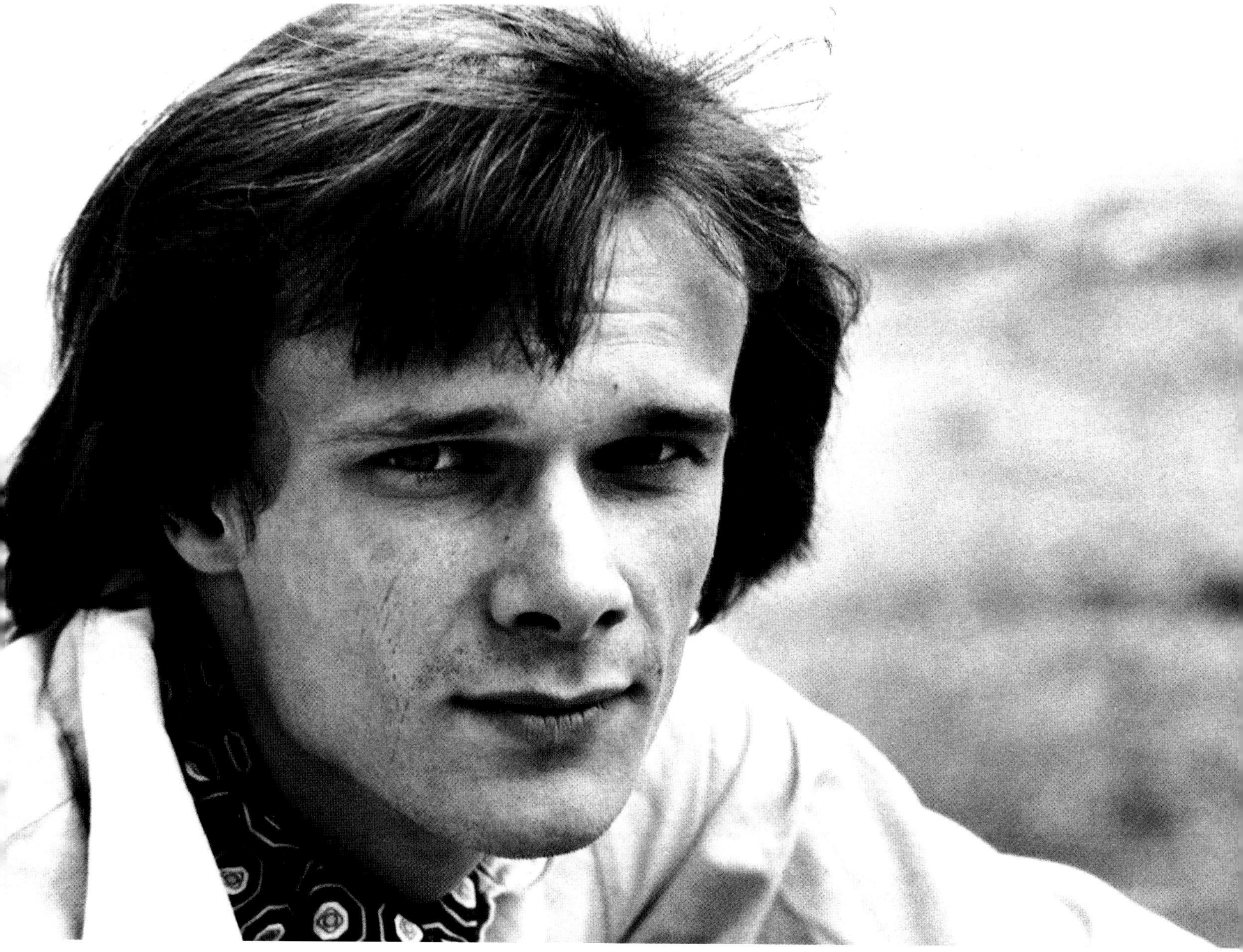

Edgar Selge

1974

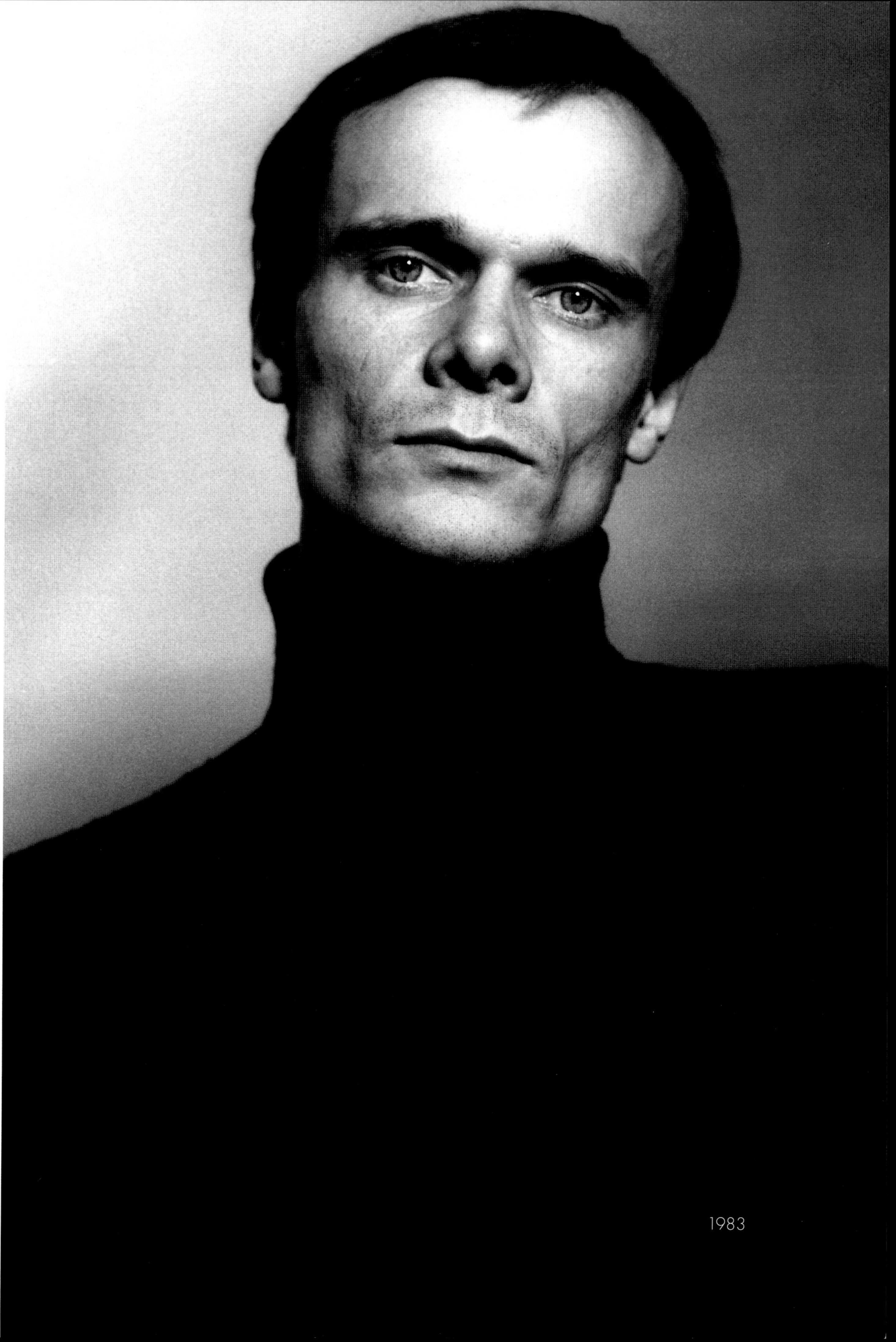
1983

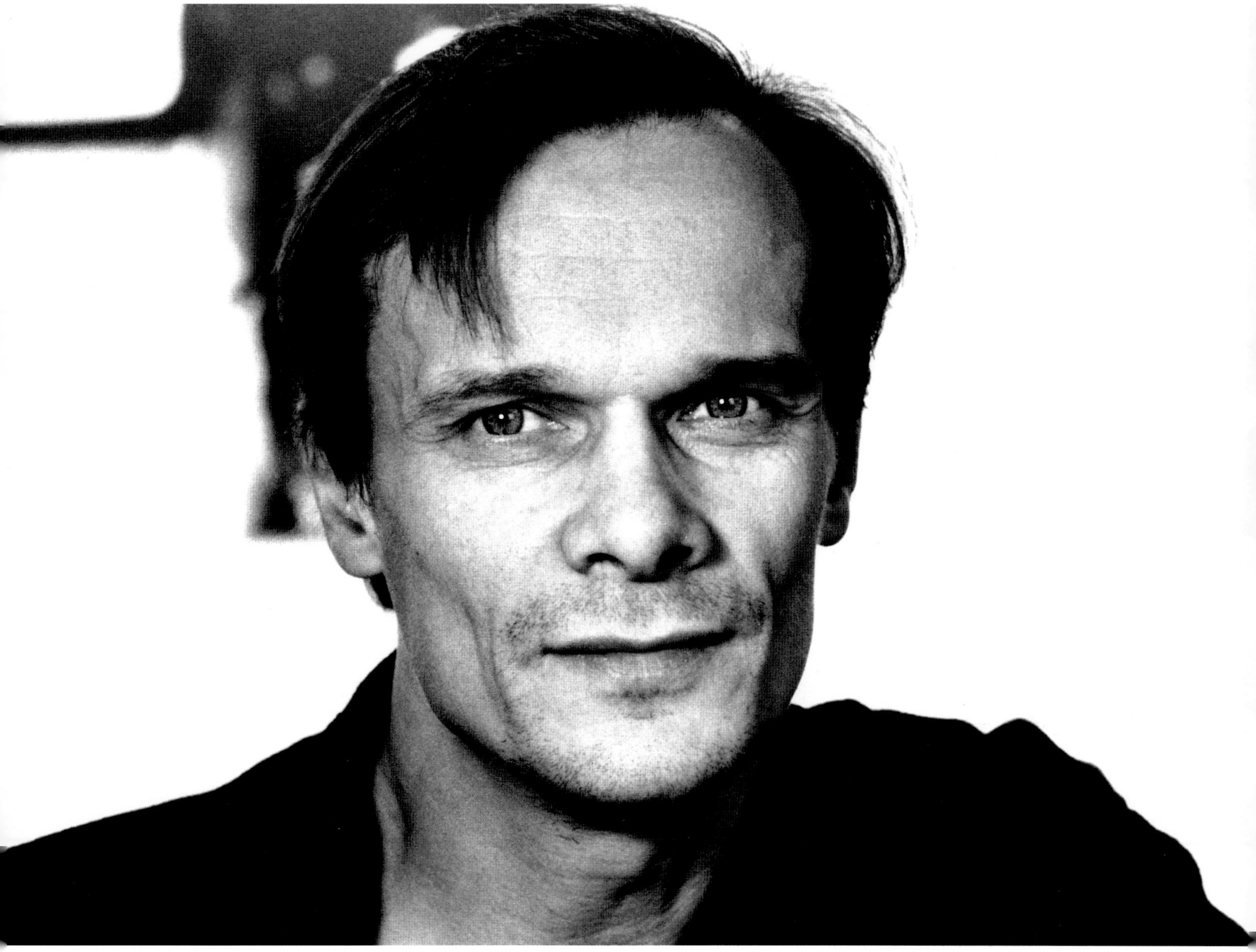

»In jüngern Tagen war ich des Morgens froh,
Des Abends weint ich; jetzt, da ich älter bin,
Beginn ich zweifelnd meinen Tag, doch
Heilig und heiter ist mir sein Ende.« *Hölderlin*

1996

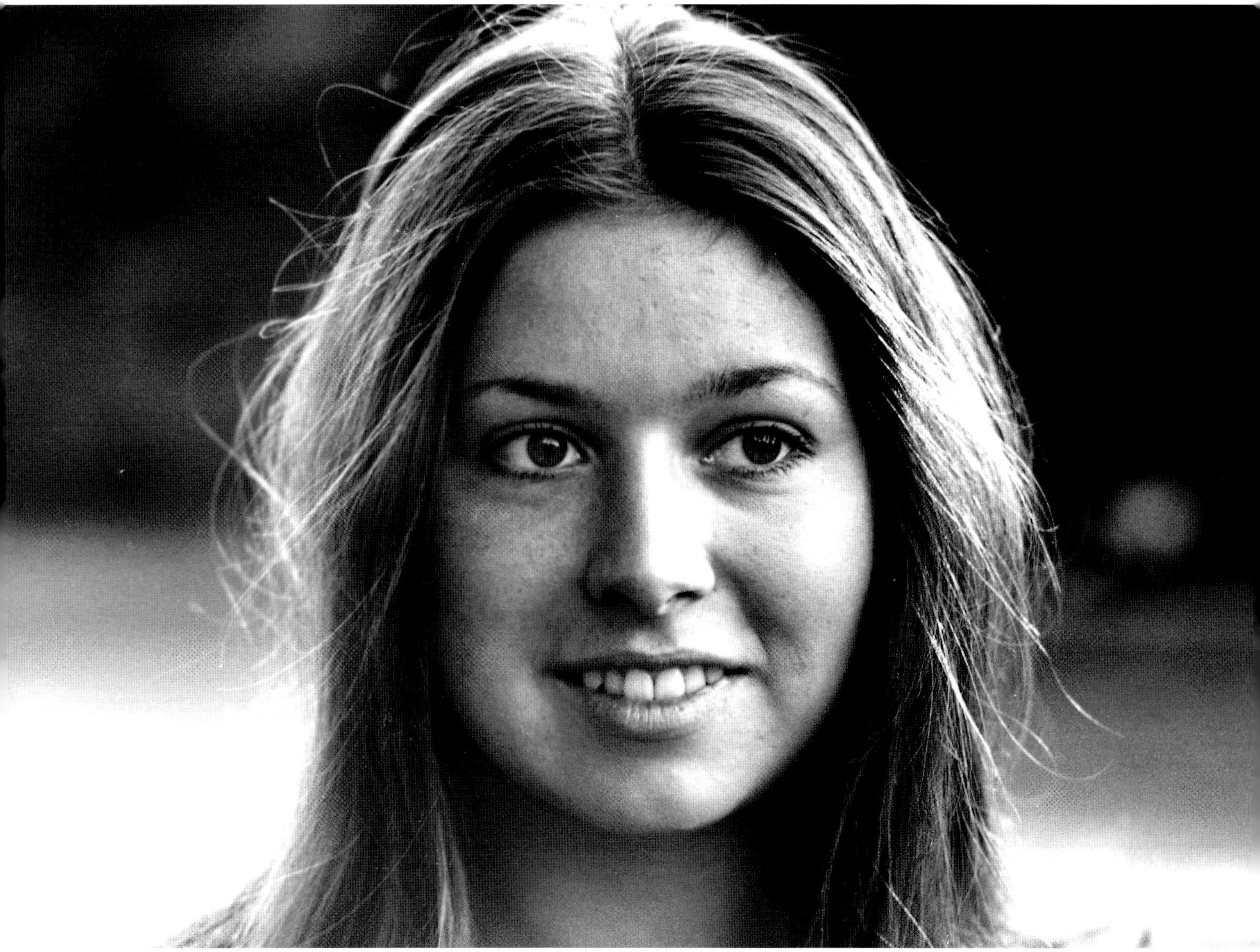

Franziska Walser

1974

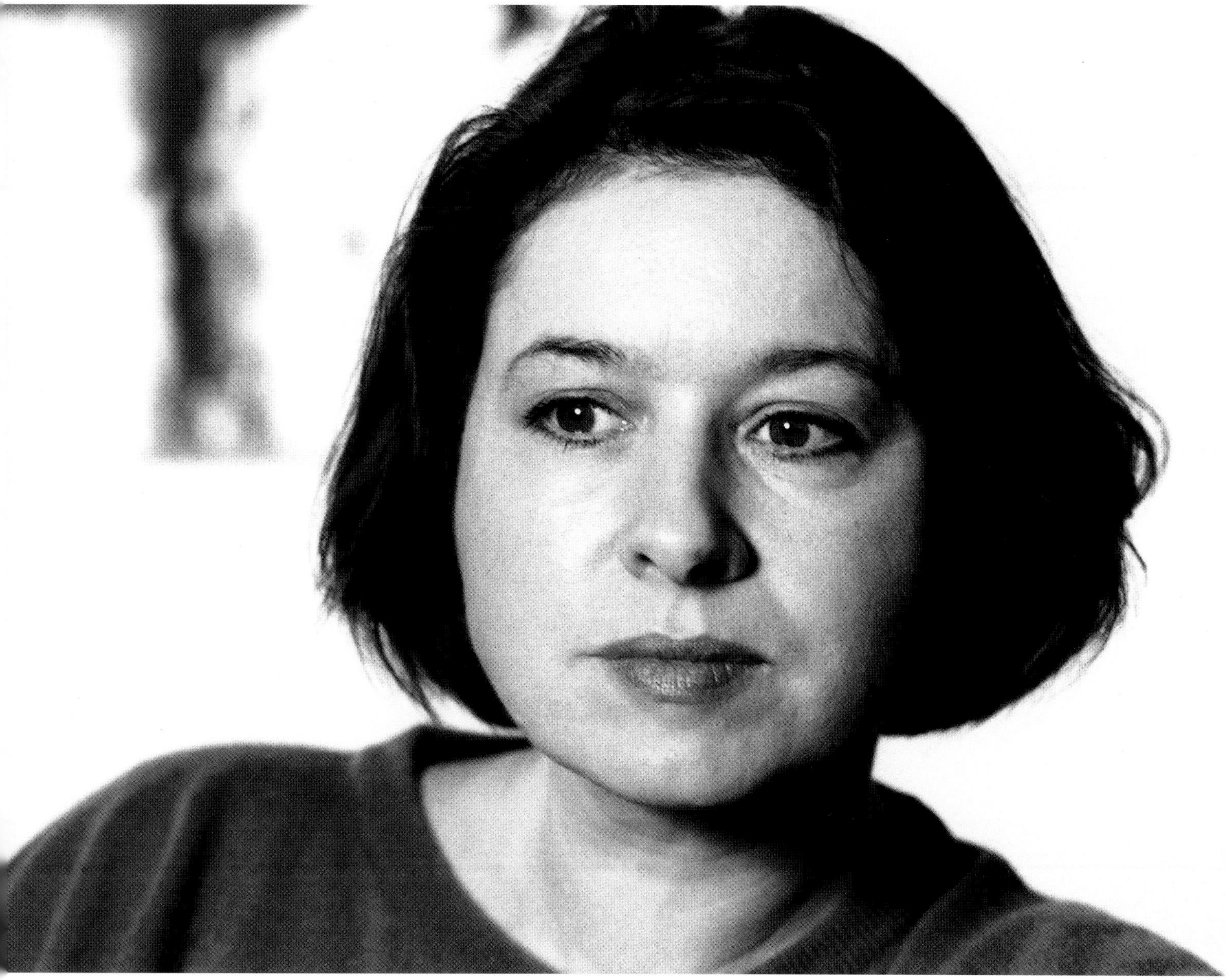

»Ach, das Gespenst des Vergänglichen,
durch den arglos Empfänglichen
geht es, als wär es ein Rauch.

Als die, die wir sind, als die Treibenden,
gelten wir doch bei bleibenden
Kräften als göttlicher Brauch.« *Rilke*

1995

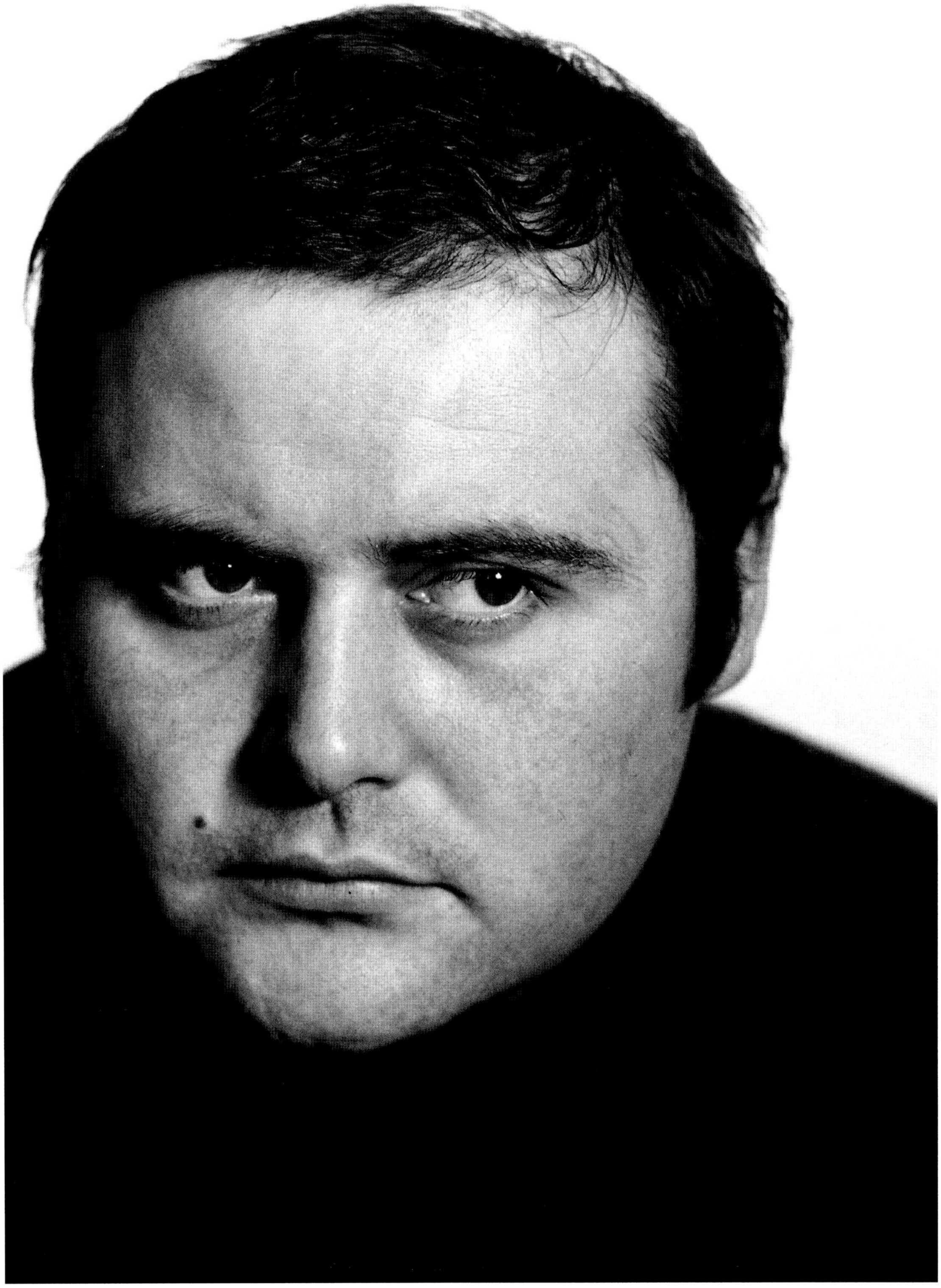

Lambert Hamel

1969

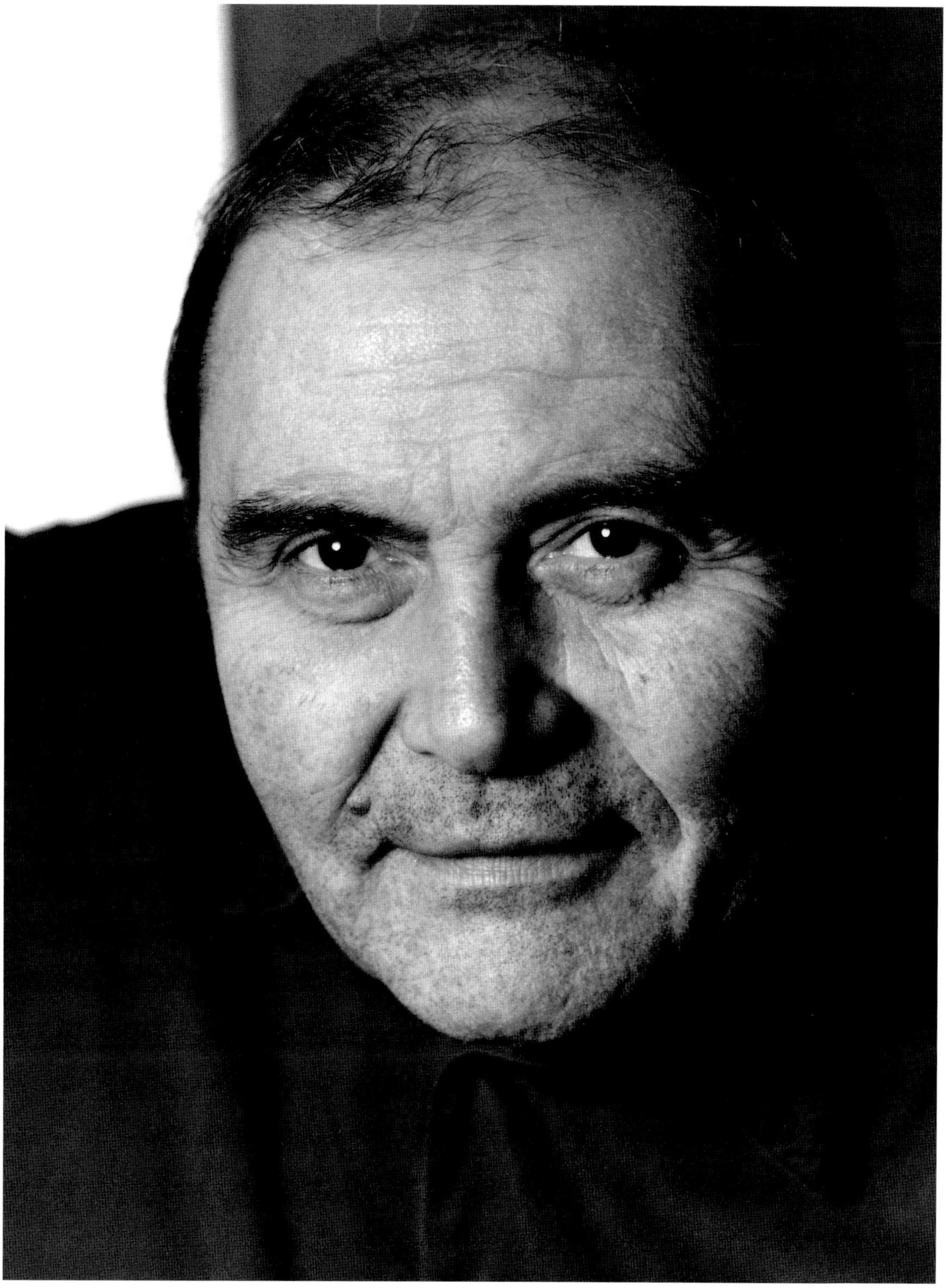

Die Schulter – das Knie – der vierte und fünfte Lendenwirbel – die Eigenmächtigkeit der Augenbrauenhaare – der Urwald aus dem Ohr – ich bin alt.

2000

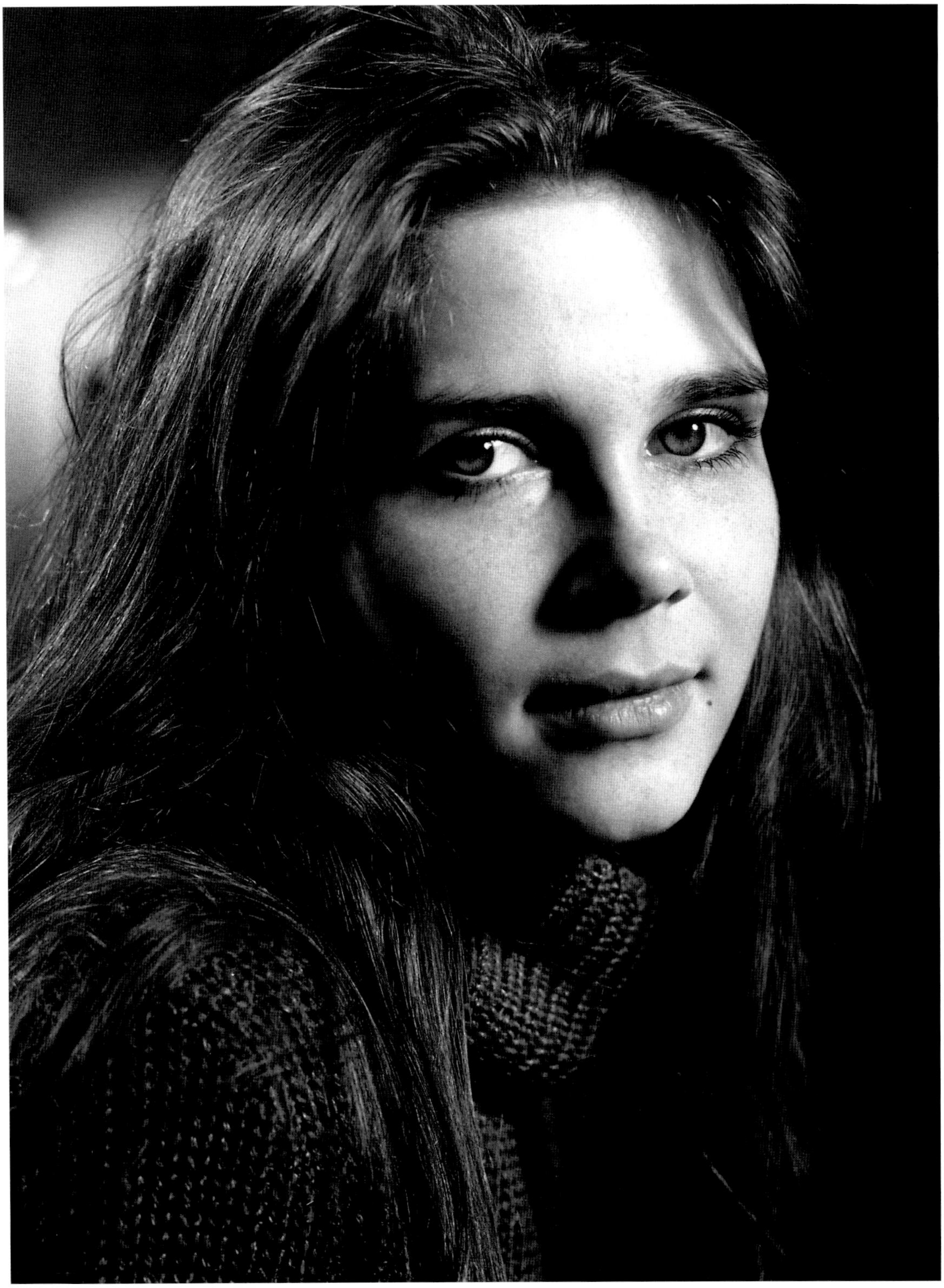

1980

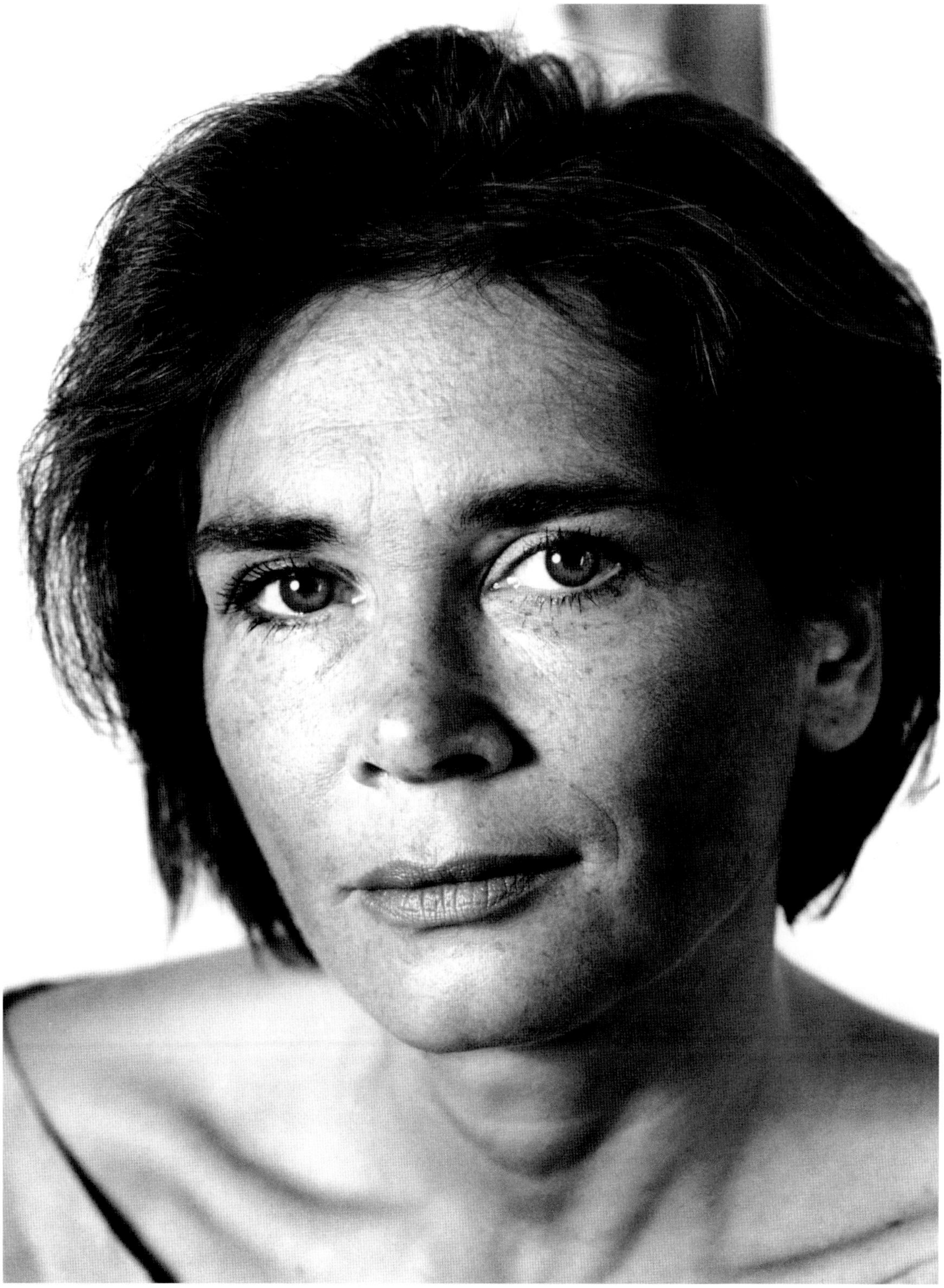

Birgit Doll

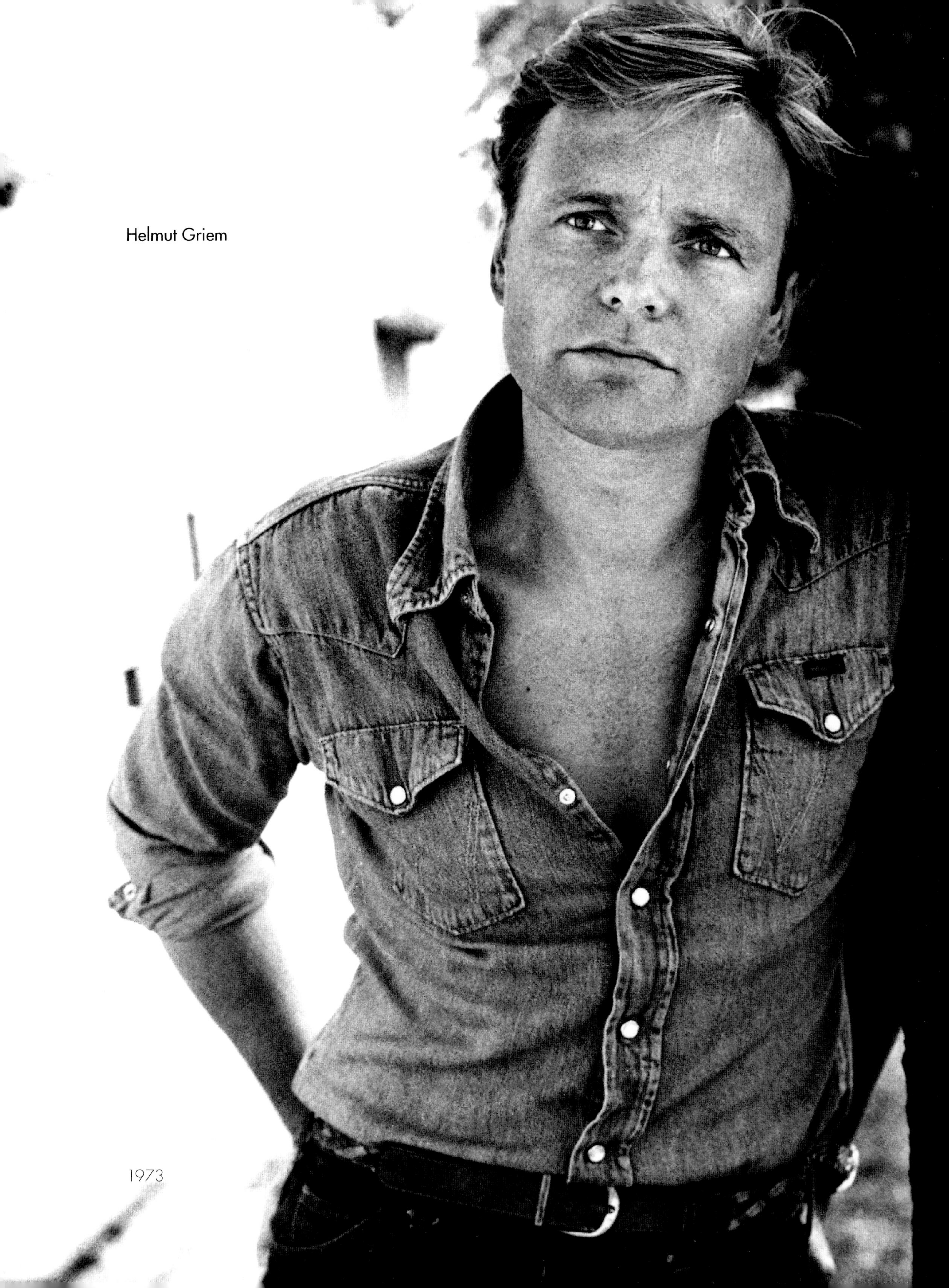

Helmut Griem

1973

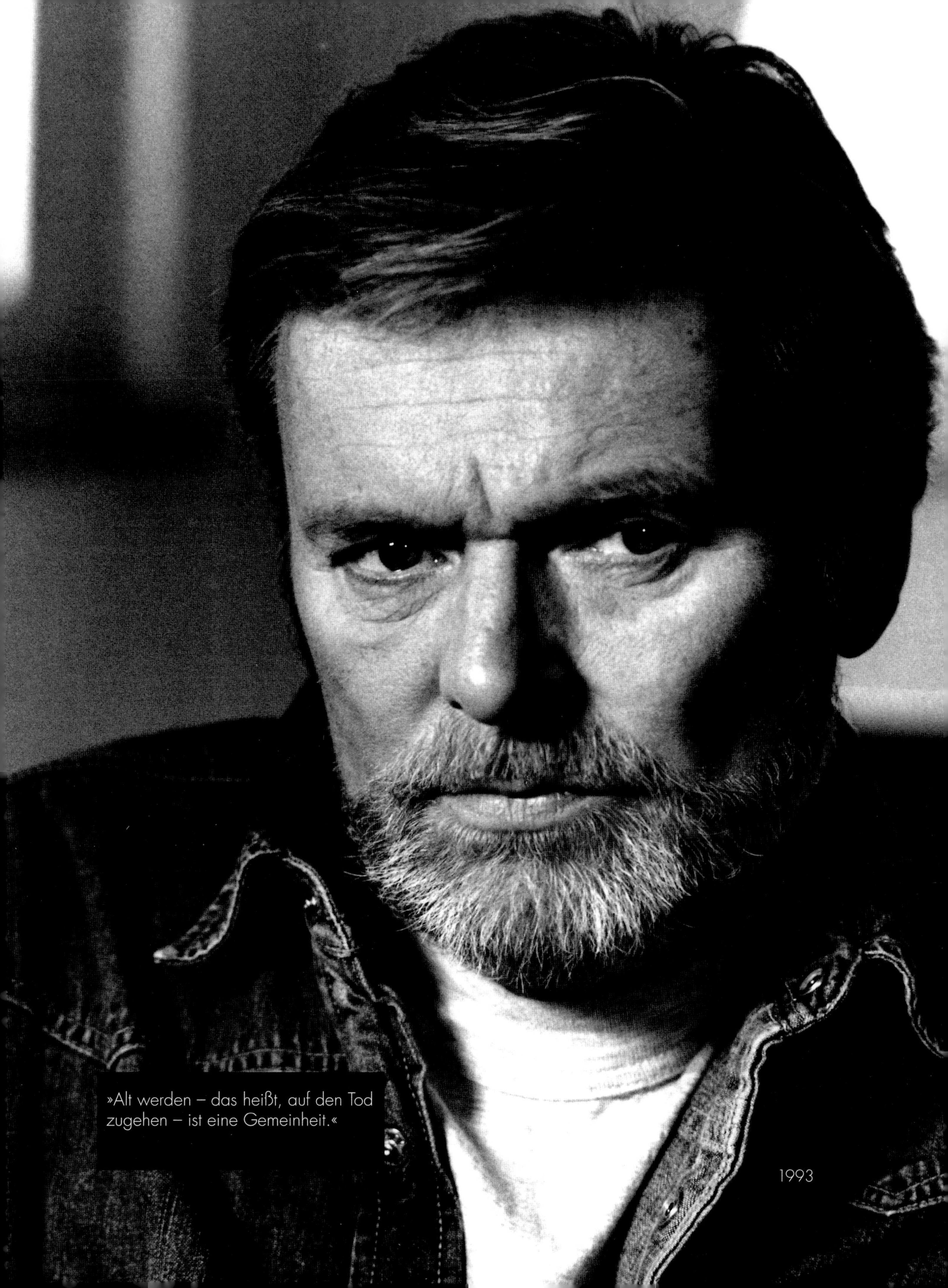

»Alt werden – das heißt, auf den Tod zugehen – ist eine Gemeinheit.«

1993

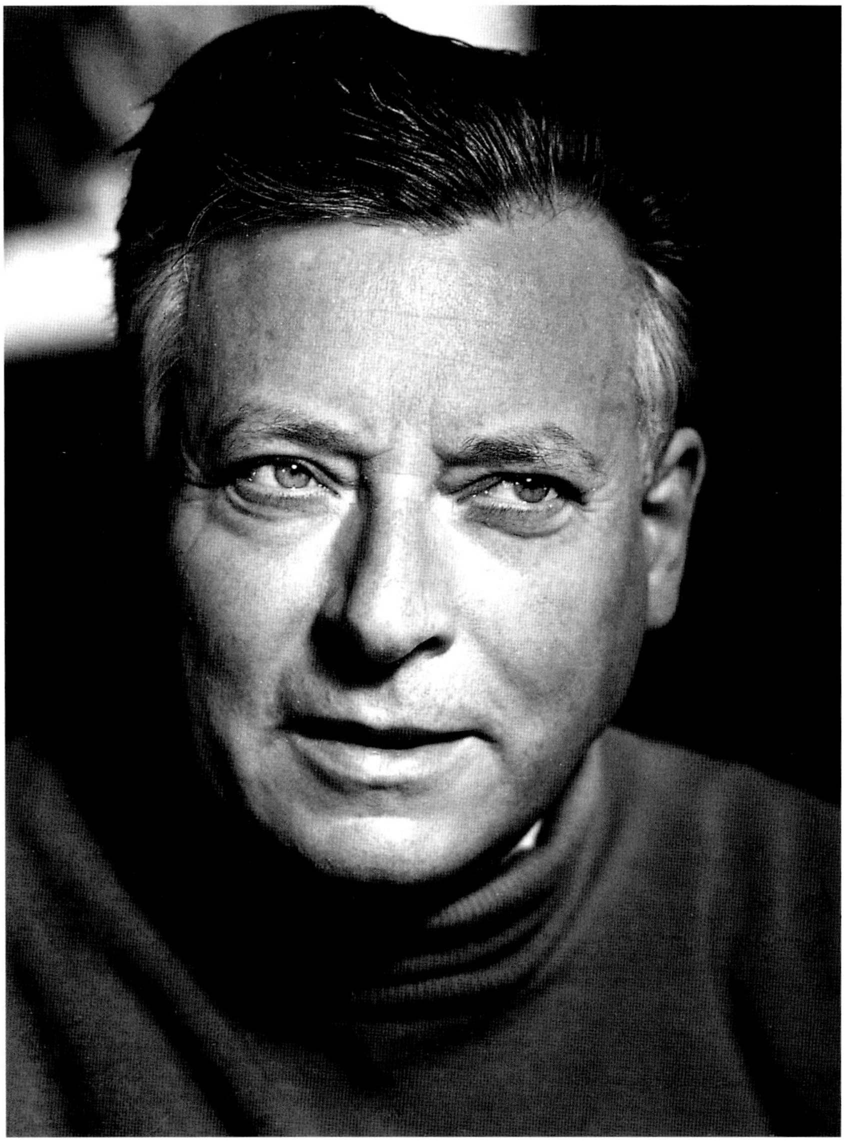

1965

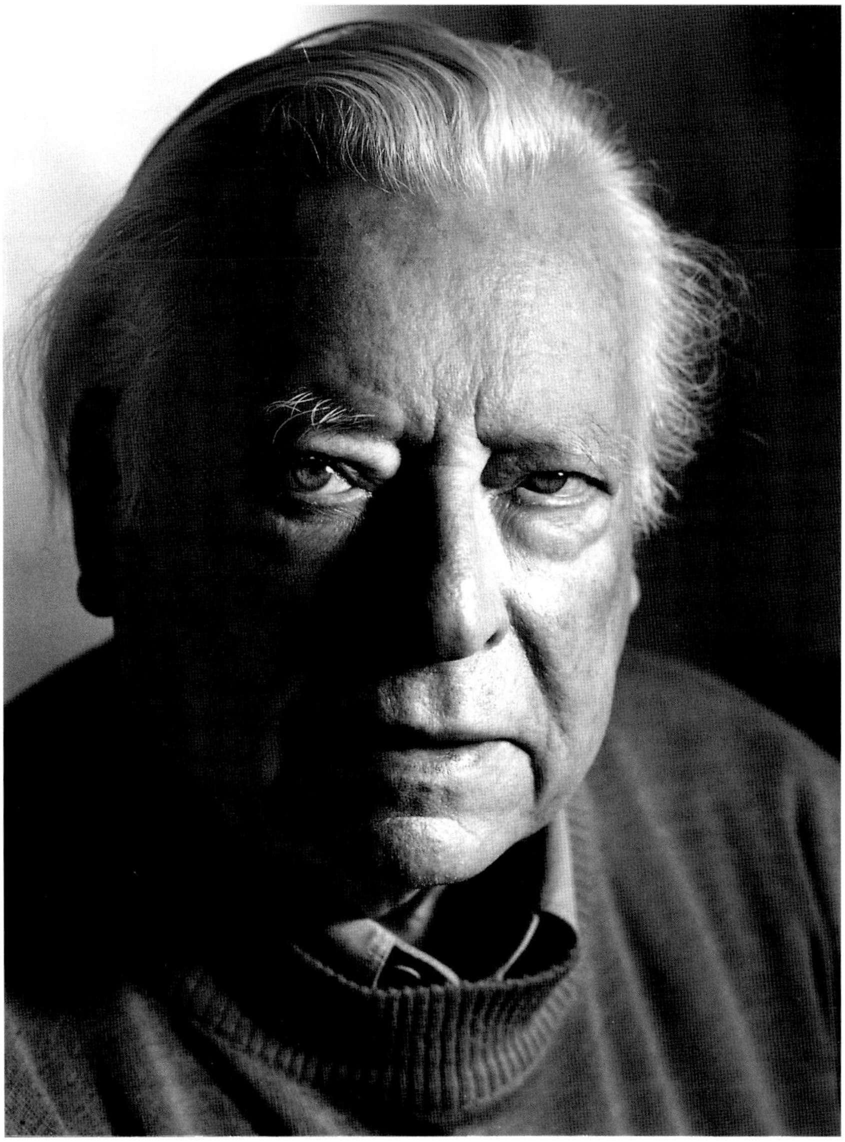

Hans Caninenberg

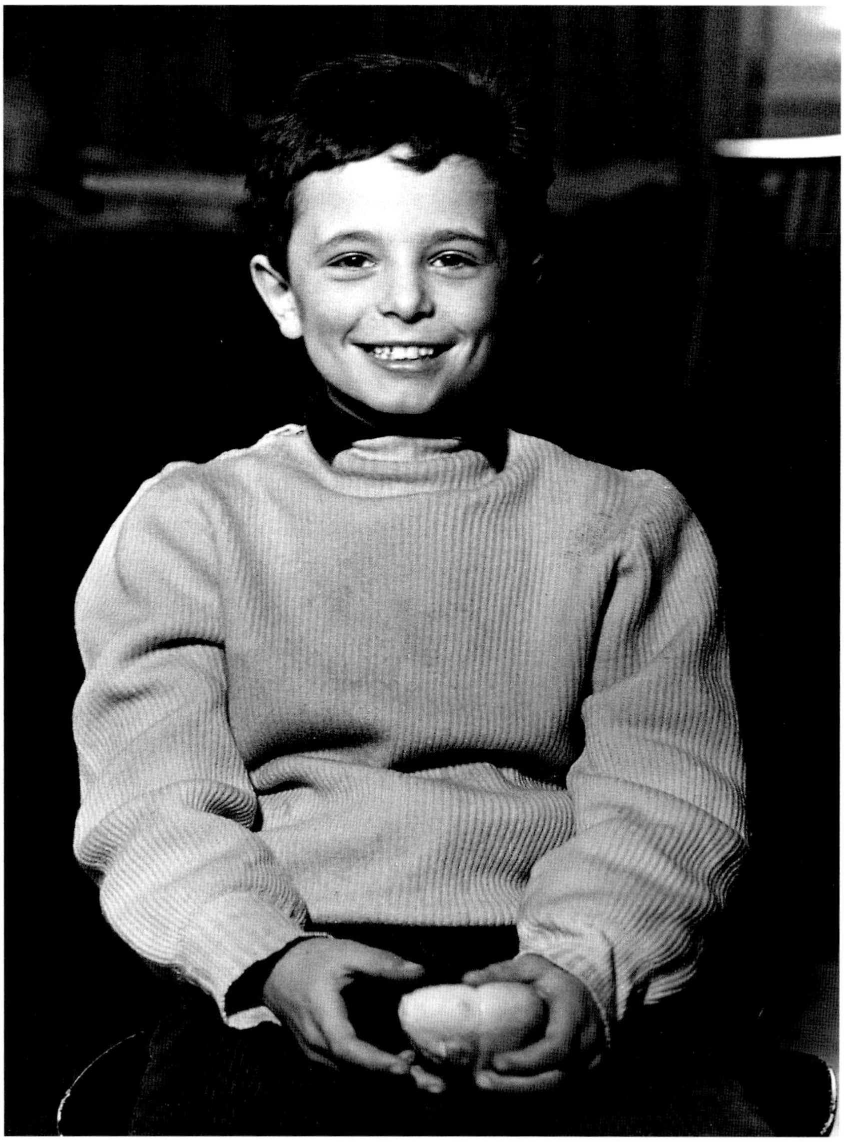

Clemens Eich

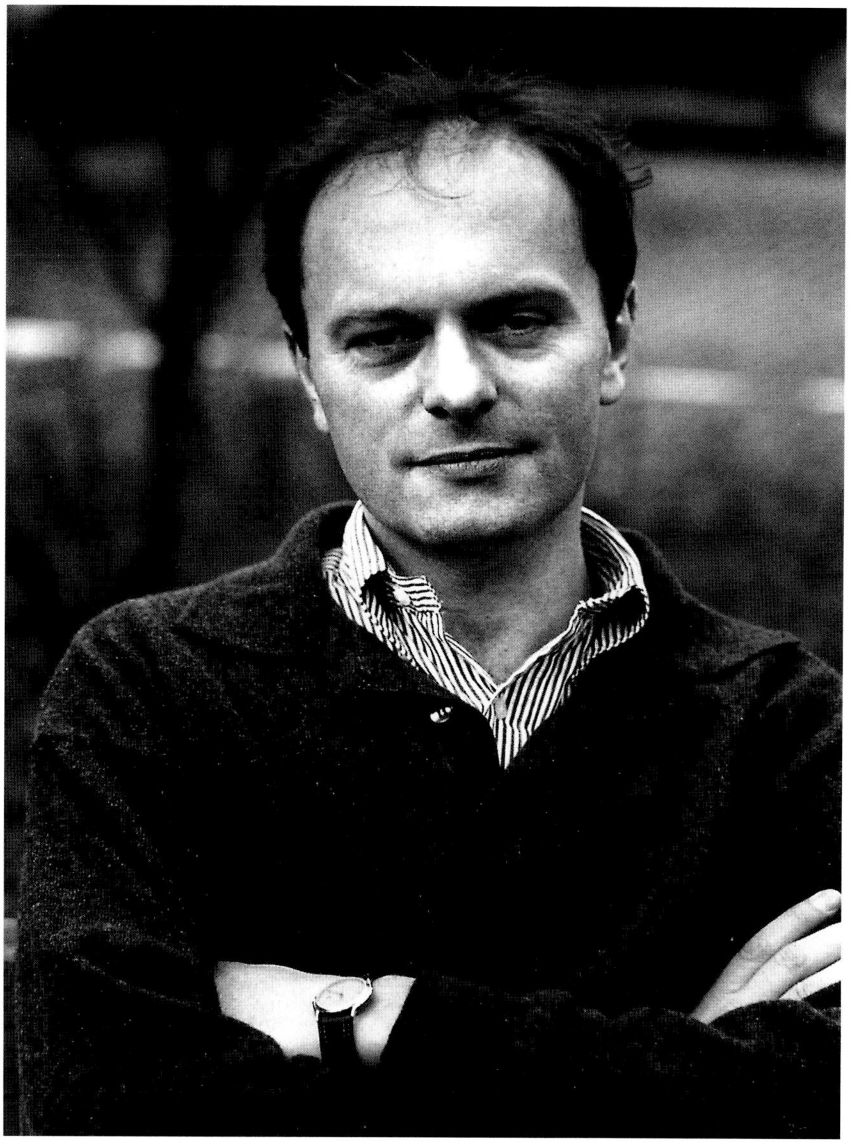

Älter werden, altern. Worte die nach Wahrheit schmecken.
Am Erschreckendsten sind die Fotos. Unbarmherzige Dokumente unseres Verfalls. Und wir schauen sie gern an.

1995

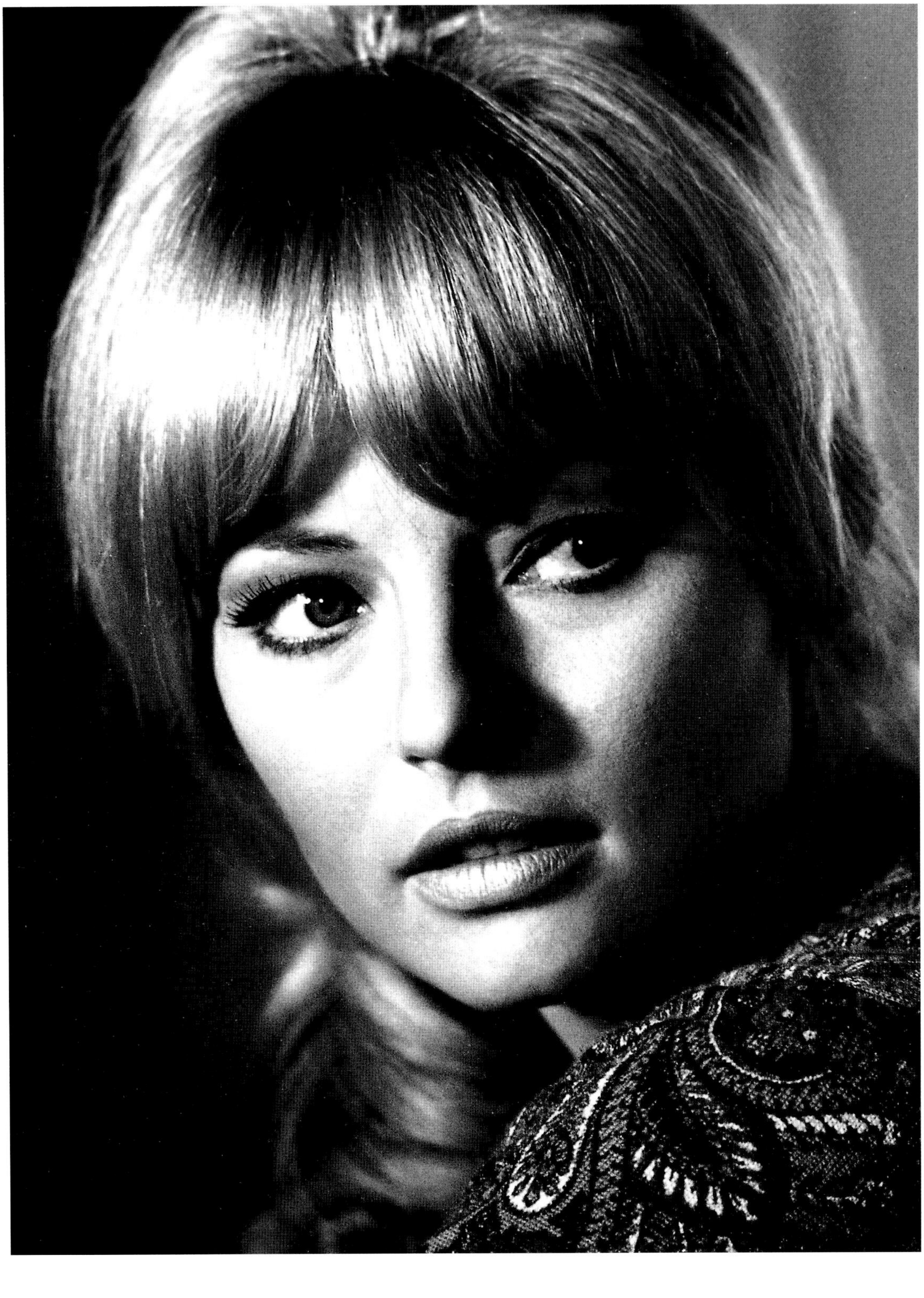

1967

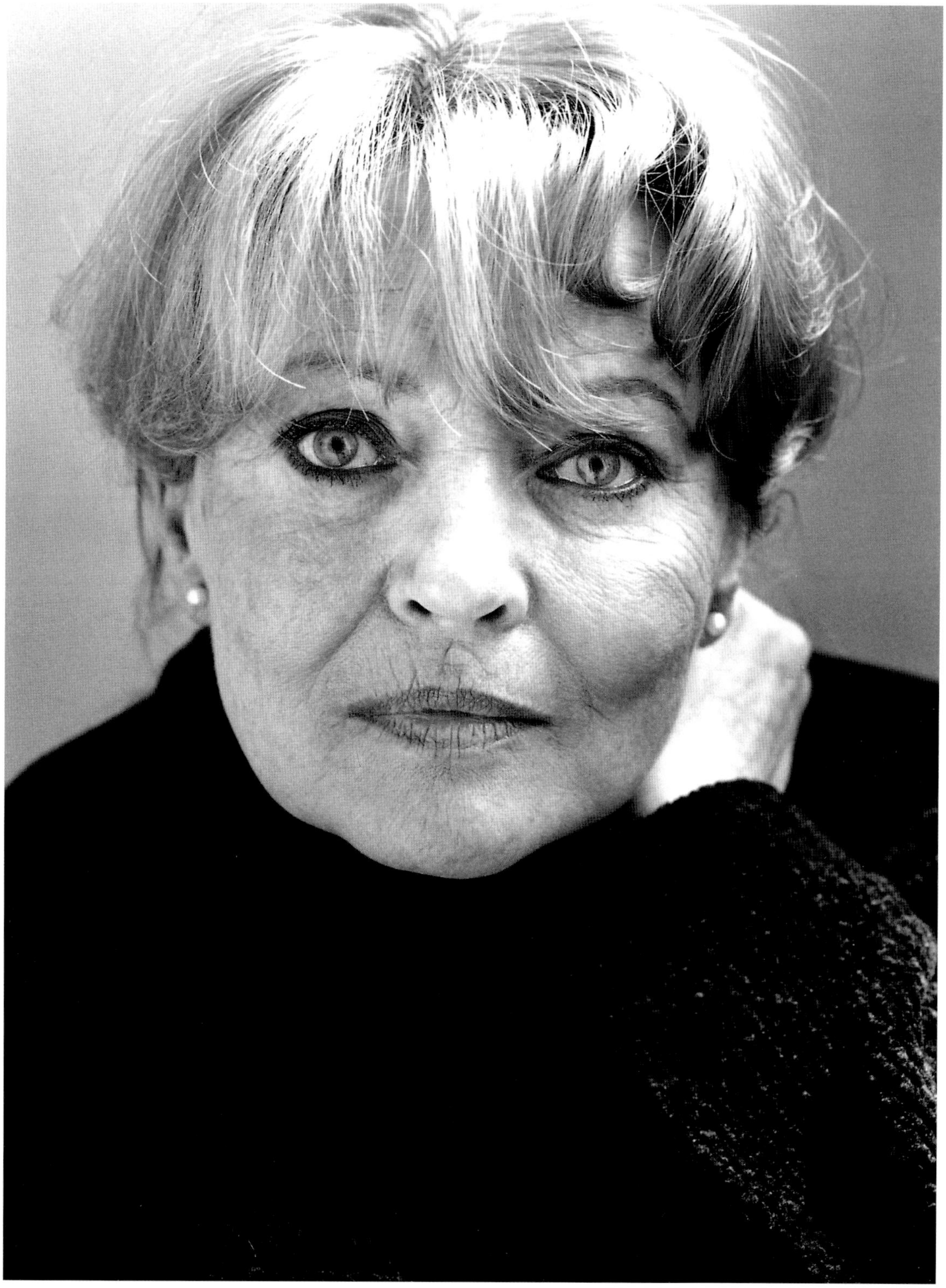

Karin Baal

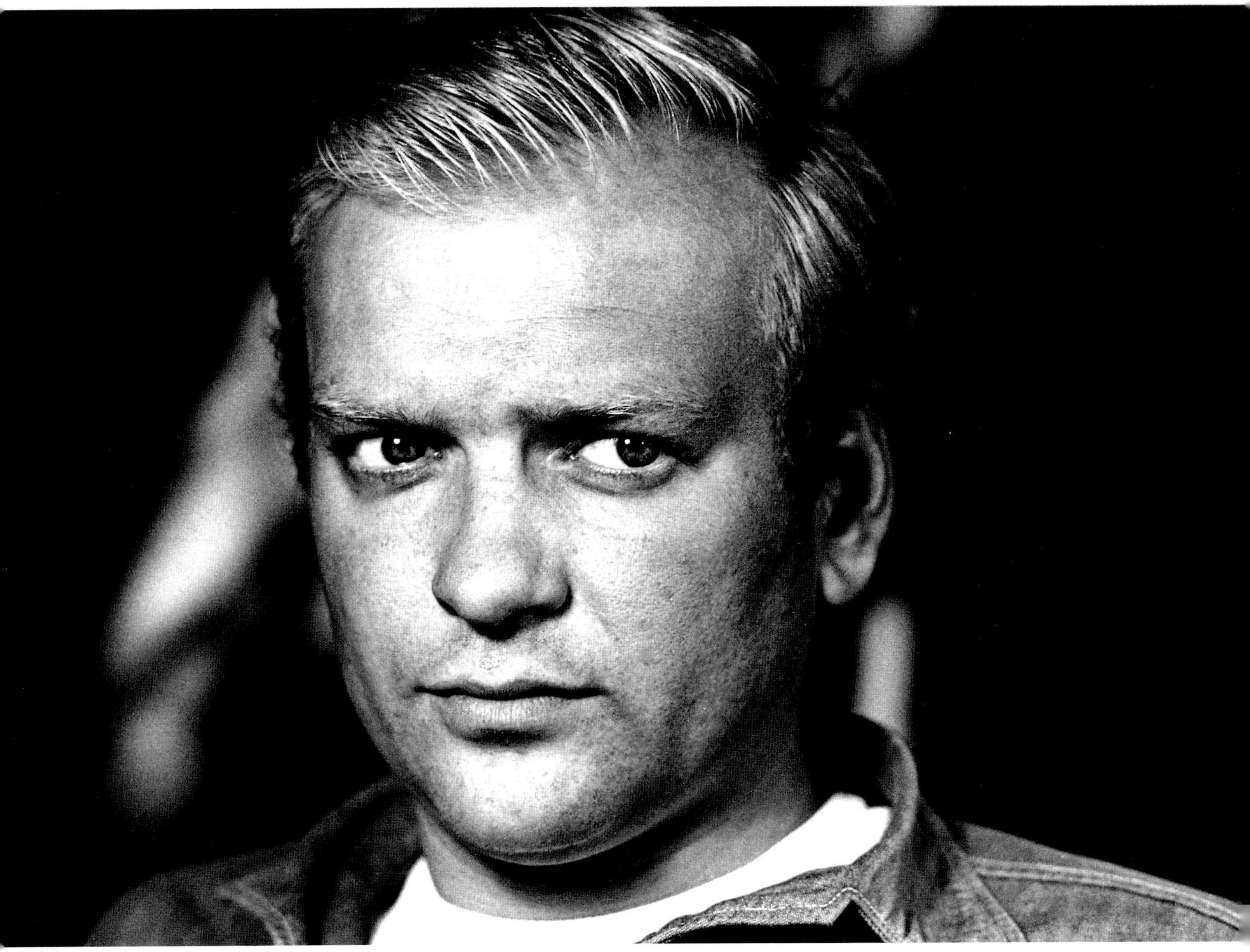

1965

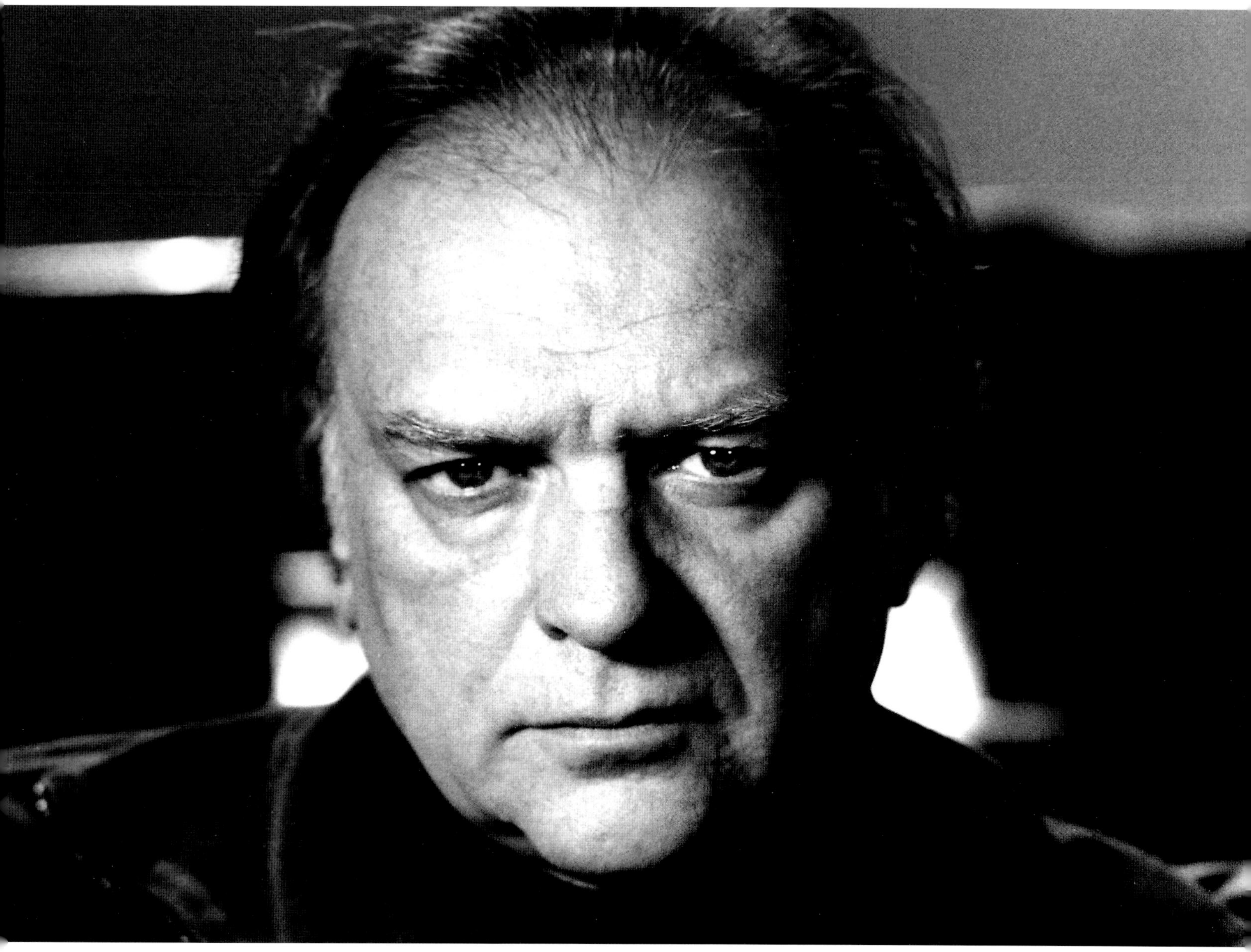

Dieter Kirchlechner

1991

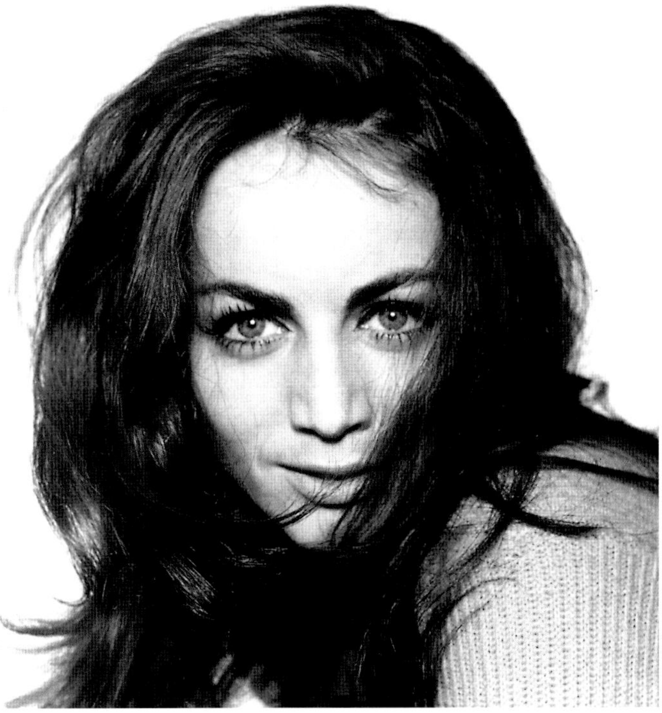

Andrea Jonasson

Ich werde gut mit dem Älterwerden fertig, denn innerlich fühle ich mich gut und stark und somit oft jünger. Ich versuche, meine Gefühle nicht zu unterdrücken, und spüre, dass ich Emotionen wie eine 20-jährige haben kann. Was kümmern mich da ein paar Falten.

1964

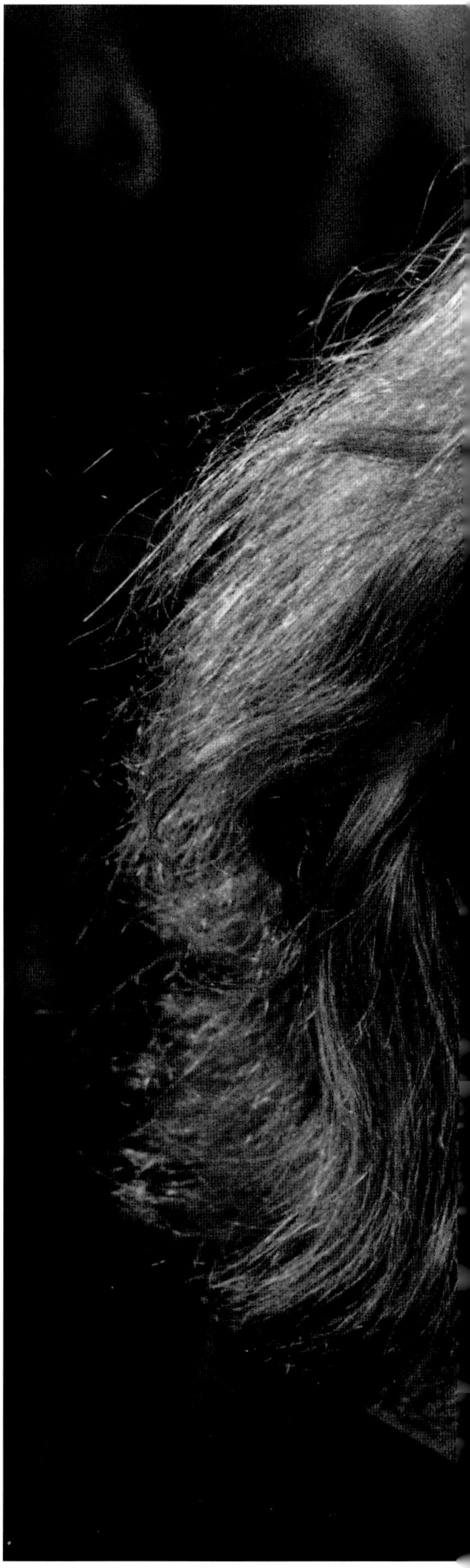

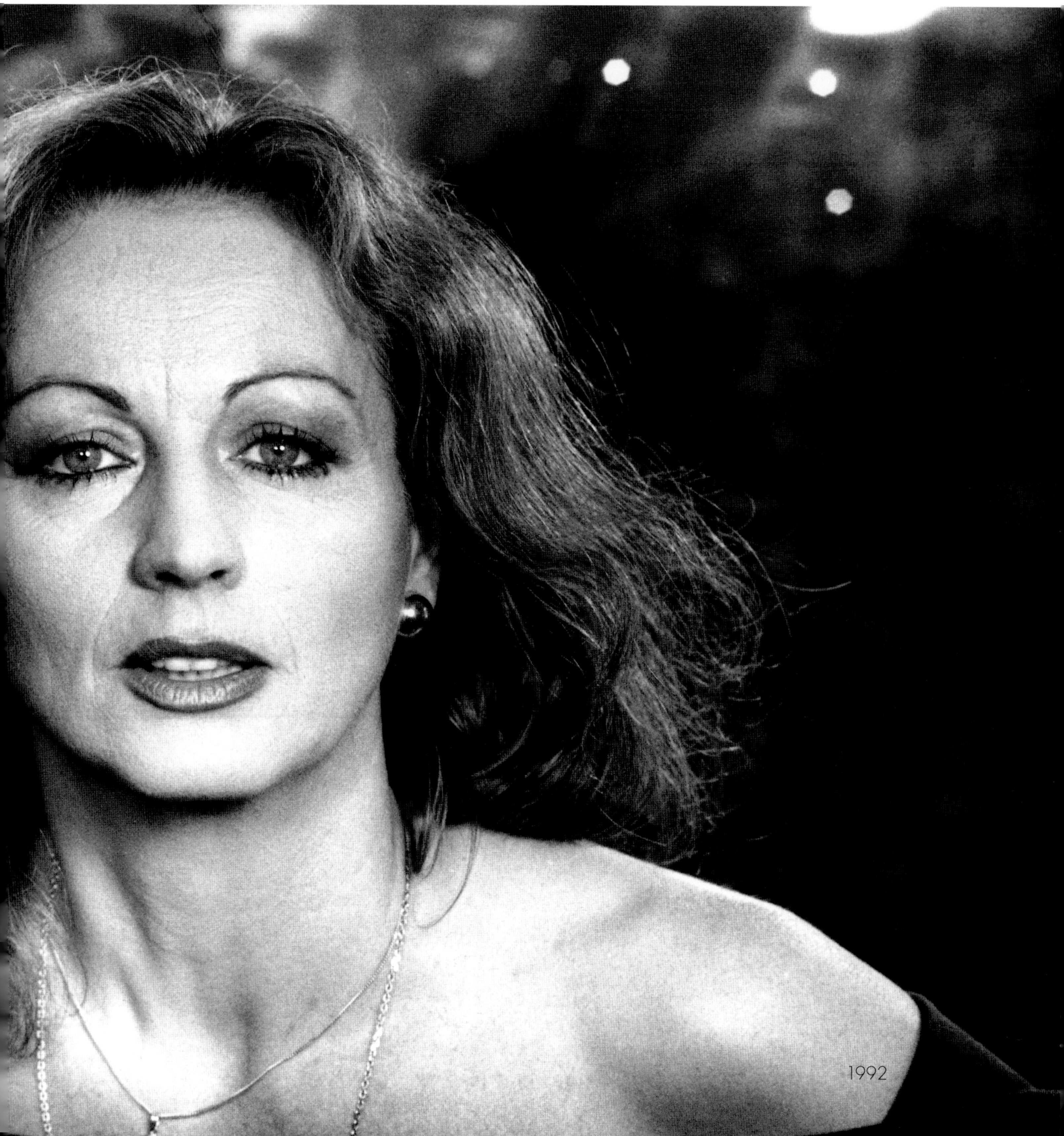

1992

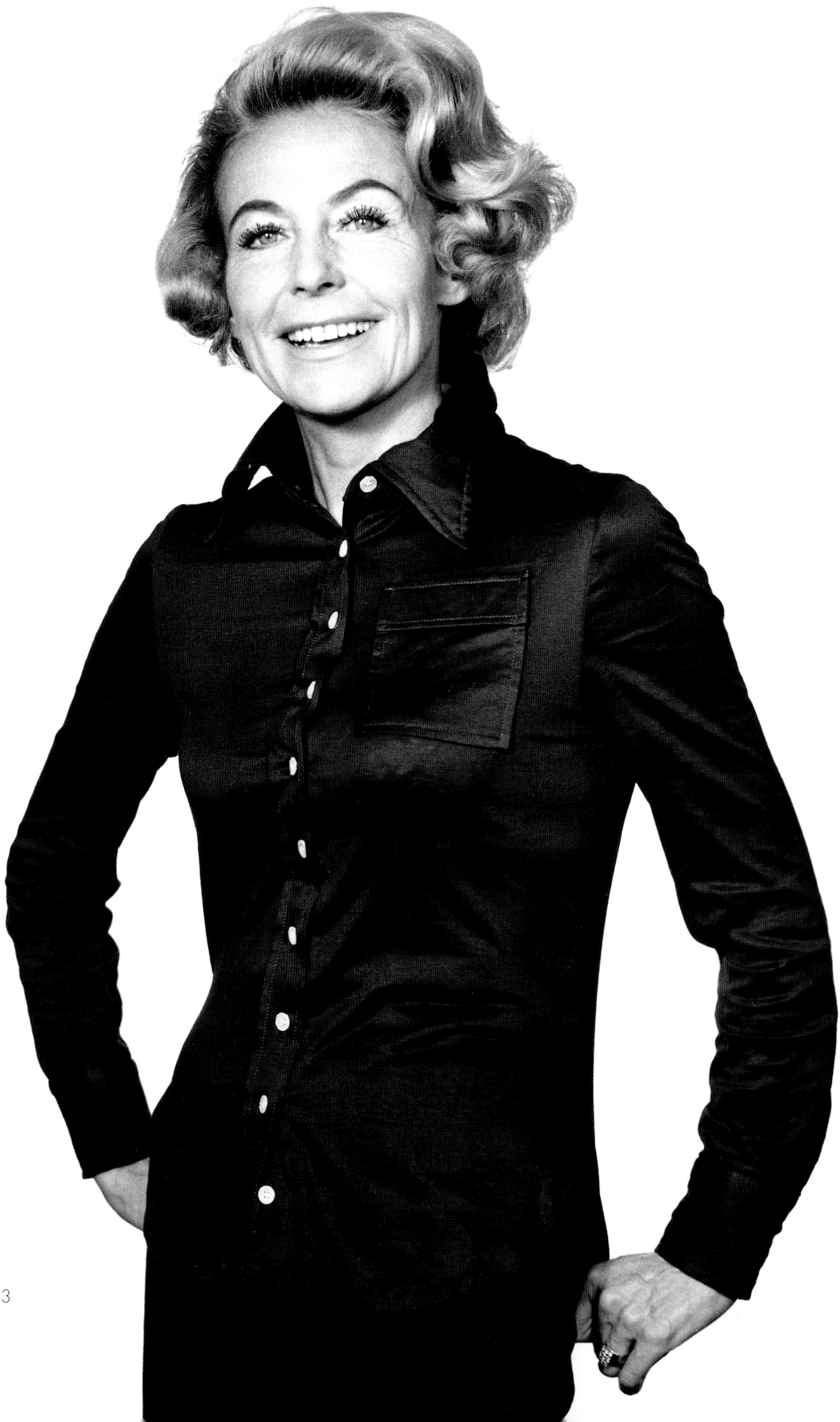

1973

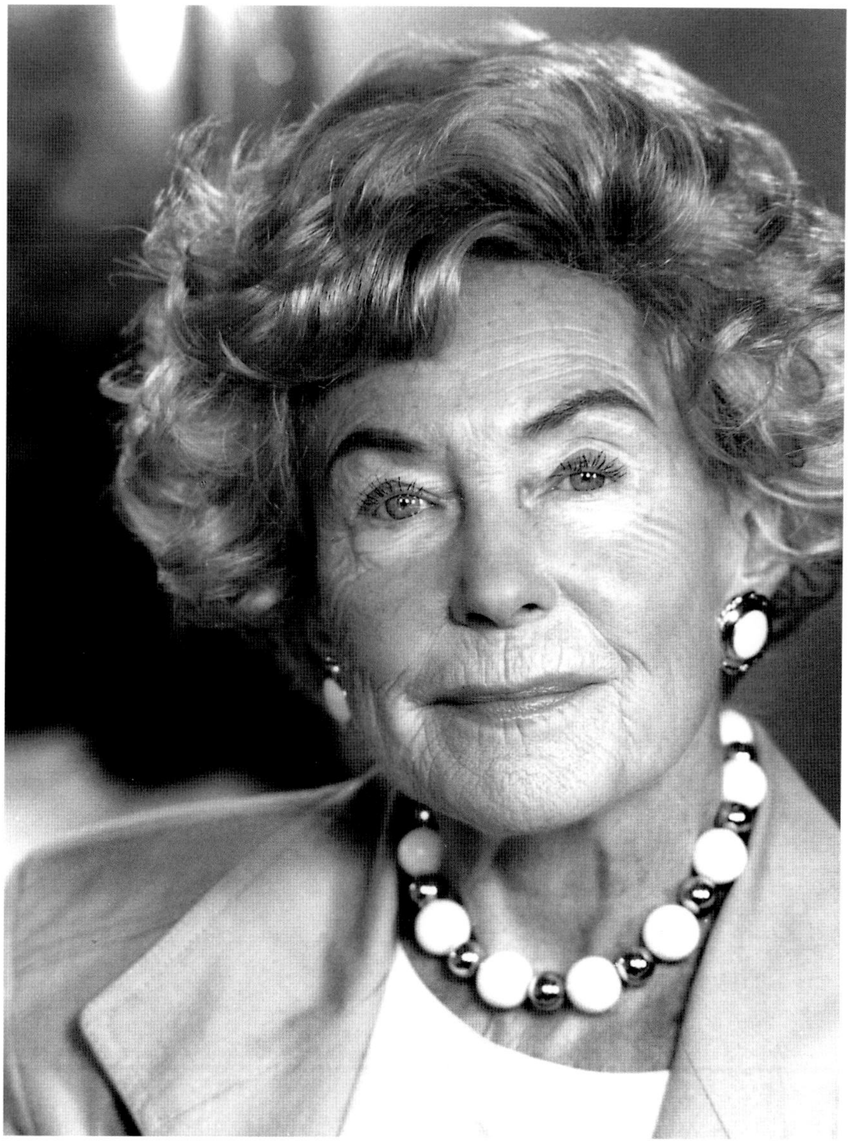

Carola Höhn

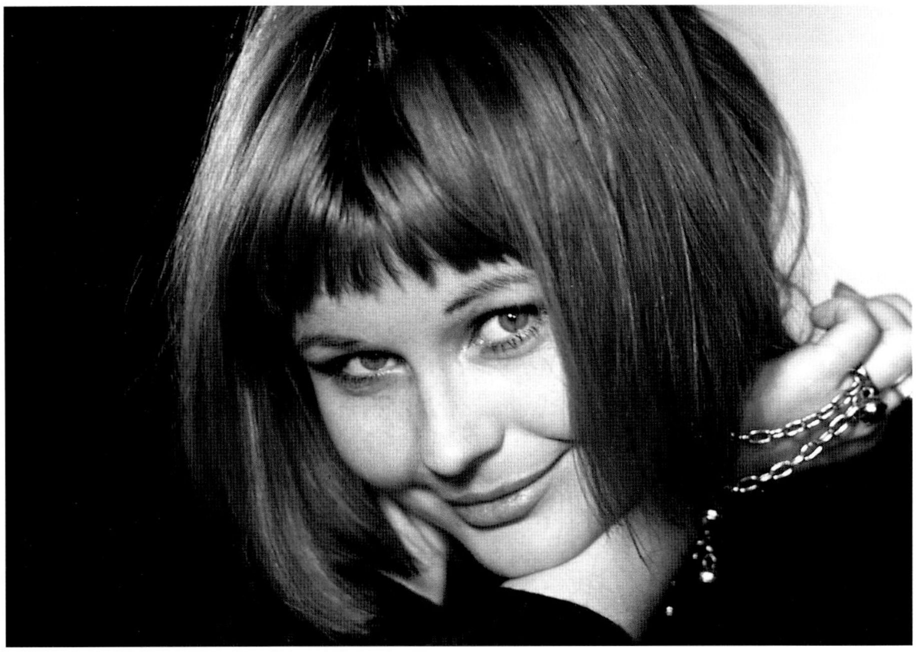

Johanna Liebeneiner

1969

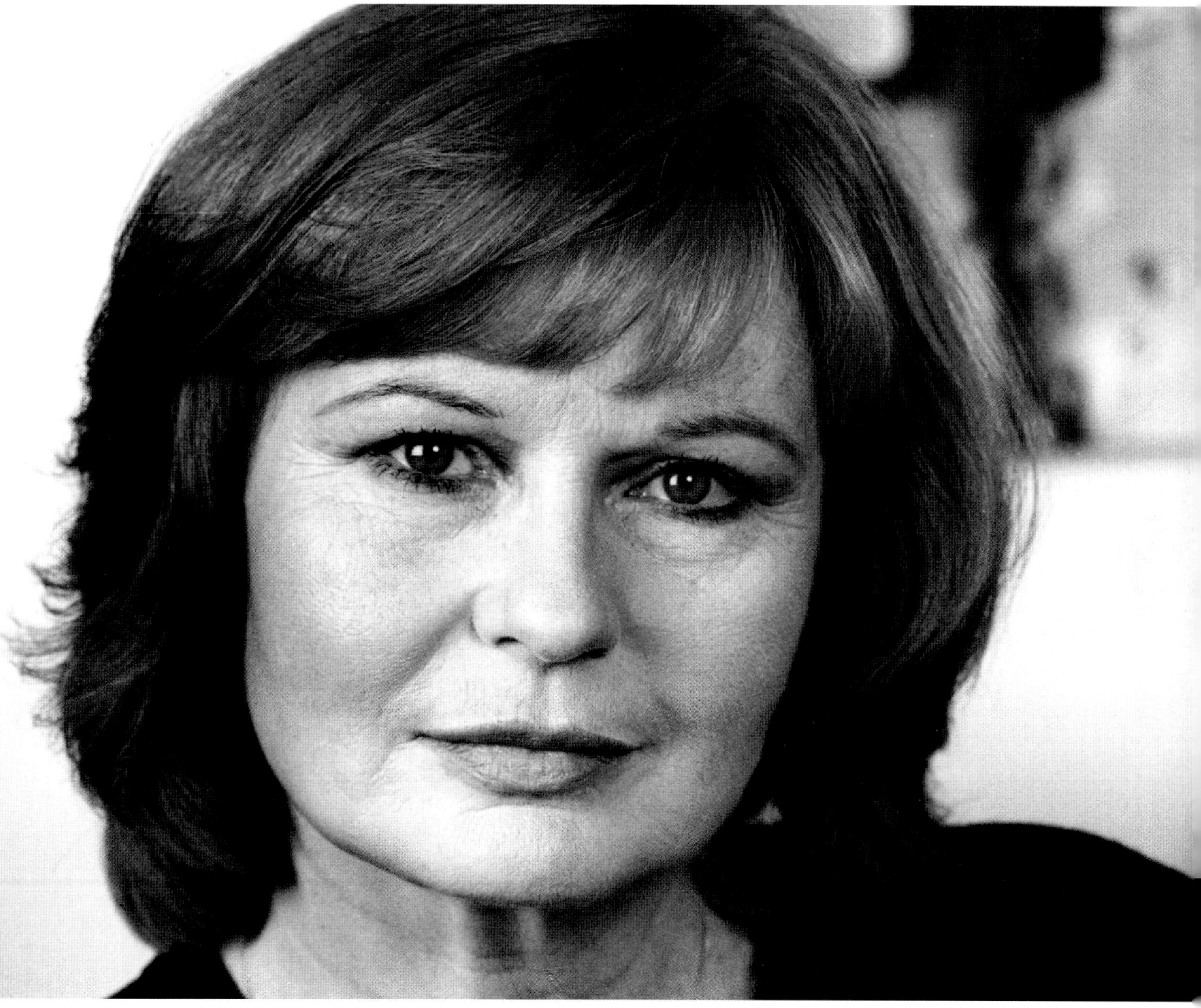

Mit vierzig überlegte ich mir eines Tages:
»In den Tiefen des Spiegels lauert das Alter. Und das Verhängnisvolle daran ist, dass es mich überrumpeln wird.« *Simone de Beauvoir*
Es hat mich überrumpelt. Oft halte ich bestürzt vor diesem unglaublichen Ding inne, das mir als Gesicht dient.

1998

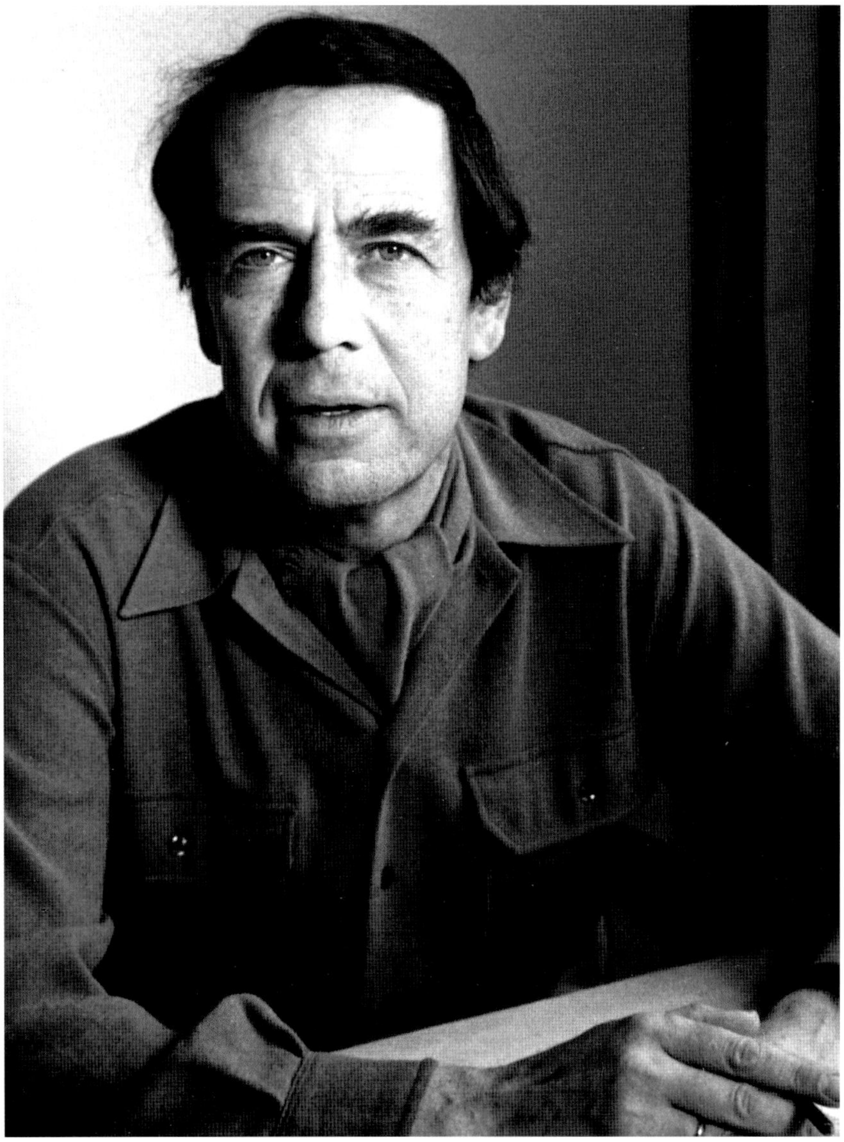

Reinhard Baumgart

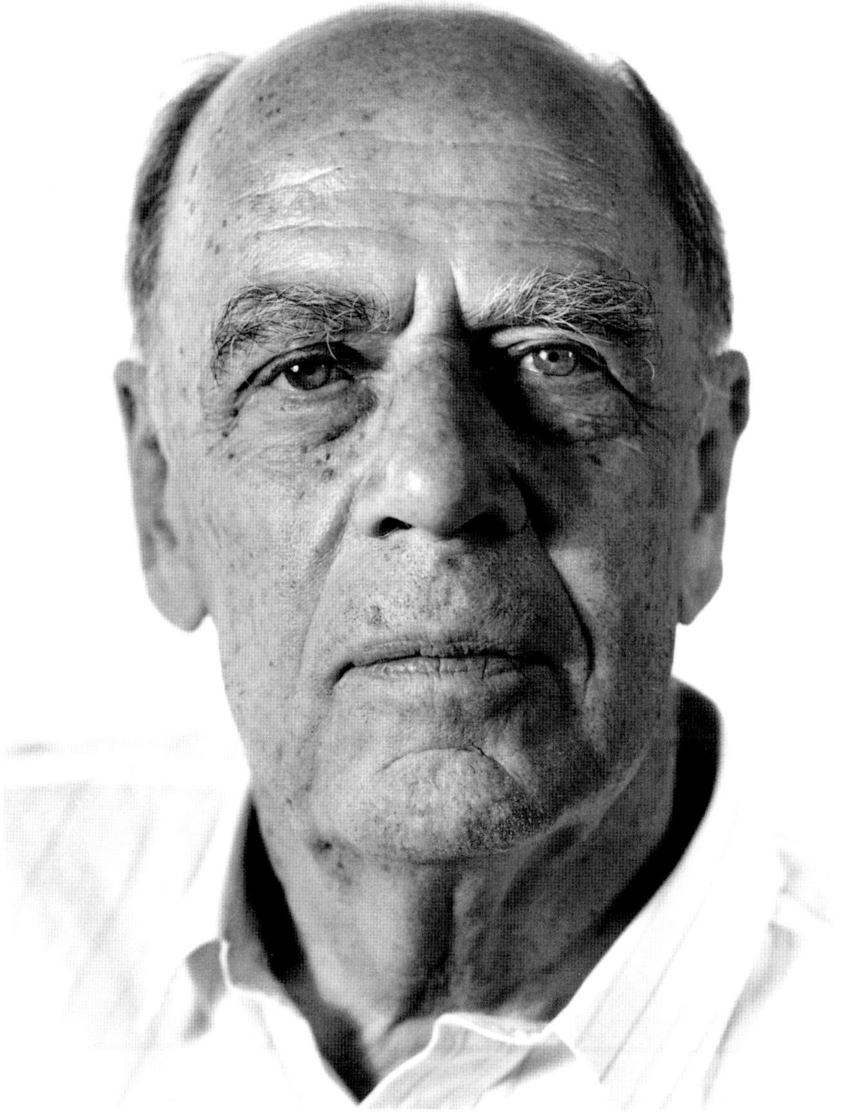

Wenn ich meine jungen, die fast ein Vierteljahrhundert alten Fotos ansehe, so zieht mich nichts dahin zurück, in diese Ahnungslosigkeit. Absurderweise habe ich mich damals älter, ratloser, müder gefühlt als heute. Nun, im Alter ist alles entschieden, die vorausliegende Wegstrecke überschaubar, die zurückgelegte erst recht. Zwar lässt alles allmählich nach – die Knie, die Augen, die Ohren, doch bleibt das in Grenzen. So kann der Gewinn an Bewusstsein, an Einblick ins eigene Leben eine wahre Lust sein.

2000

Elfriede Jelinek
1974

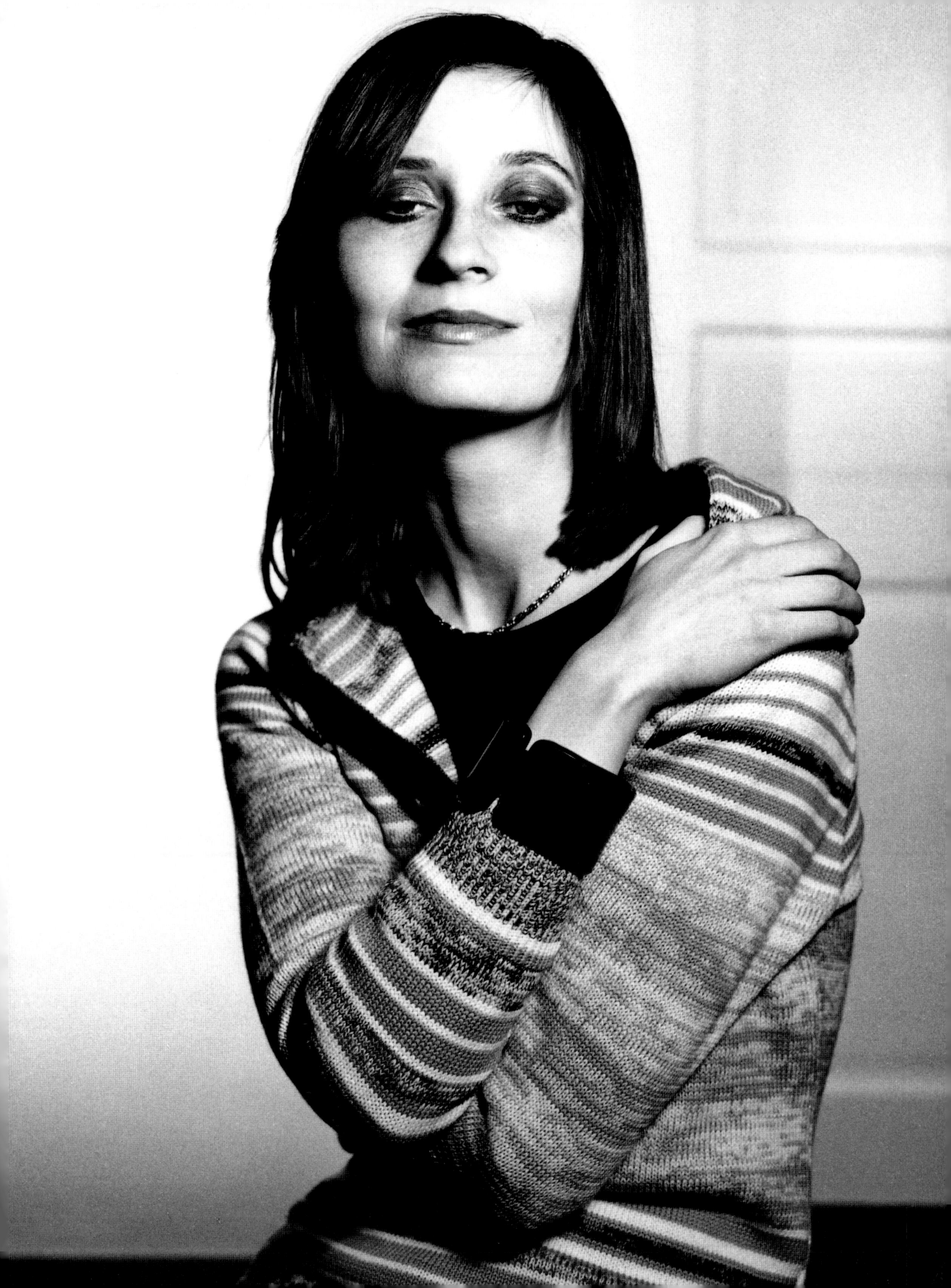

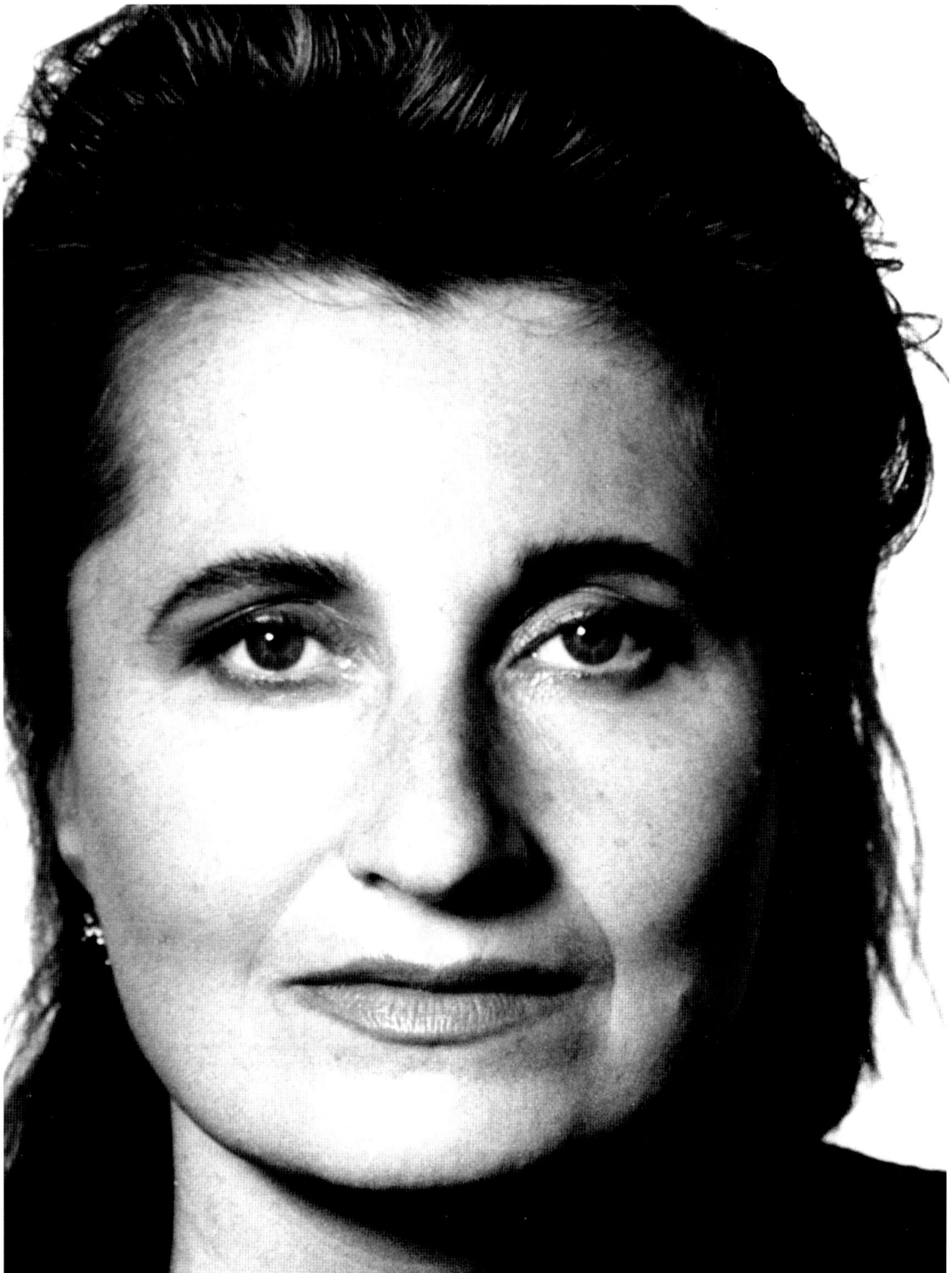

1988

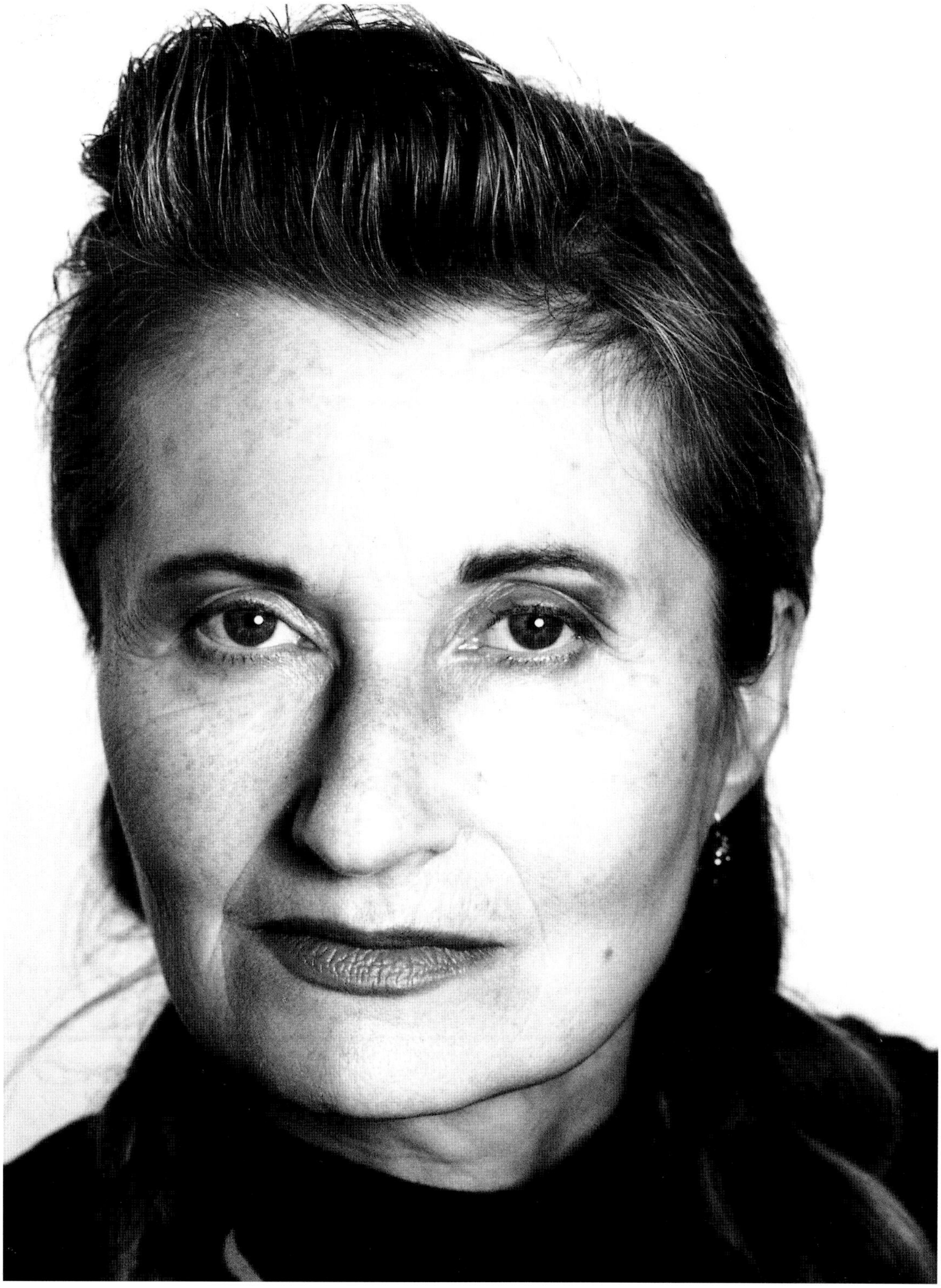

Älter werden ist das nackte Grauen – aber man muss es ertragen, sonst wäre man tot.

2000

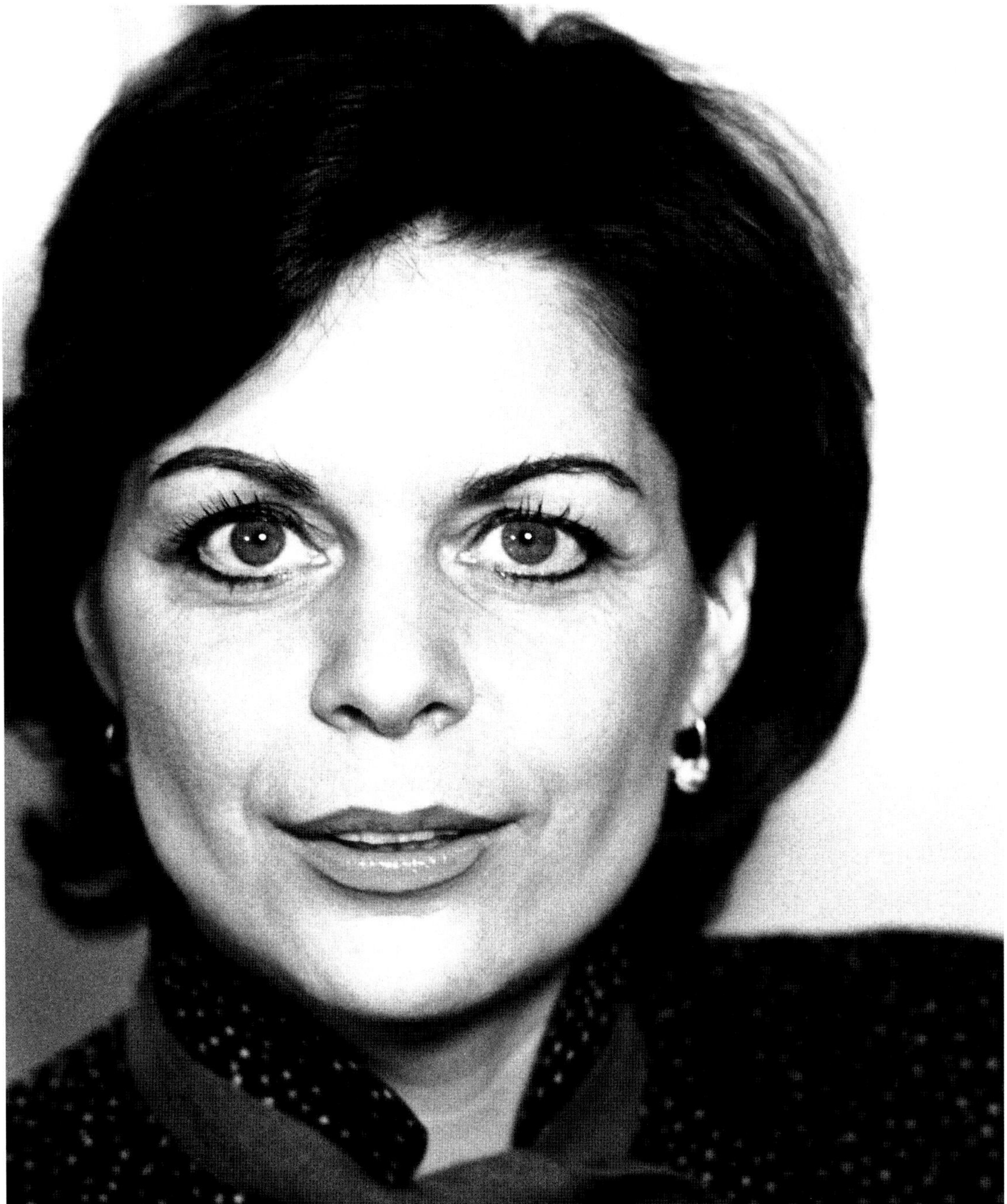

Barbara Bronnen

1979

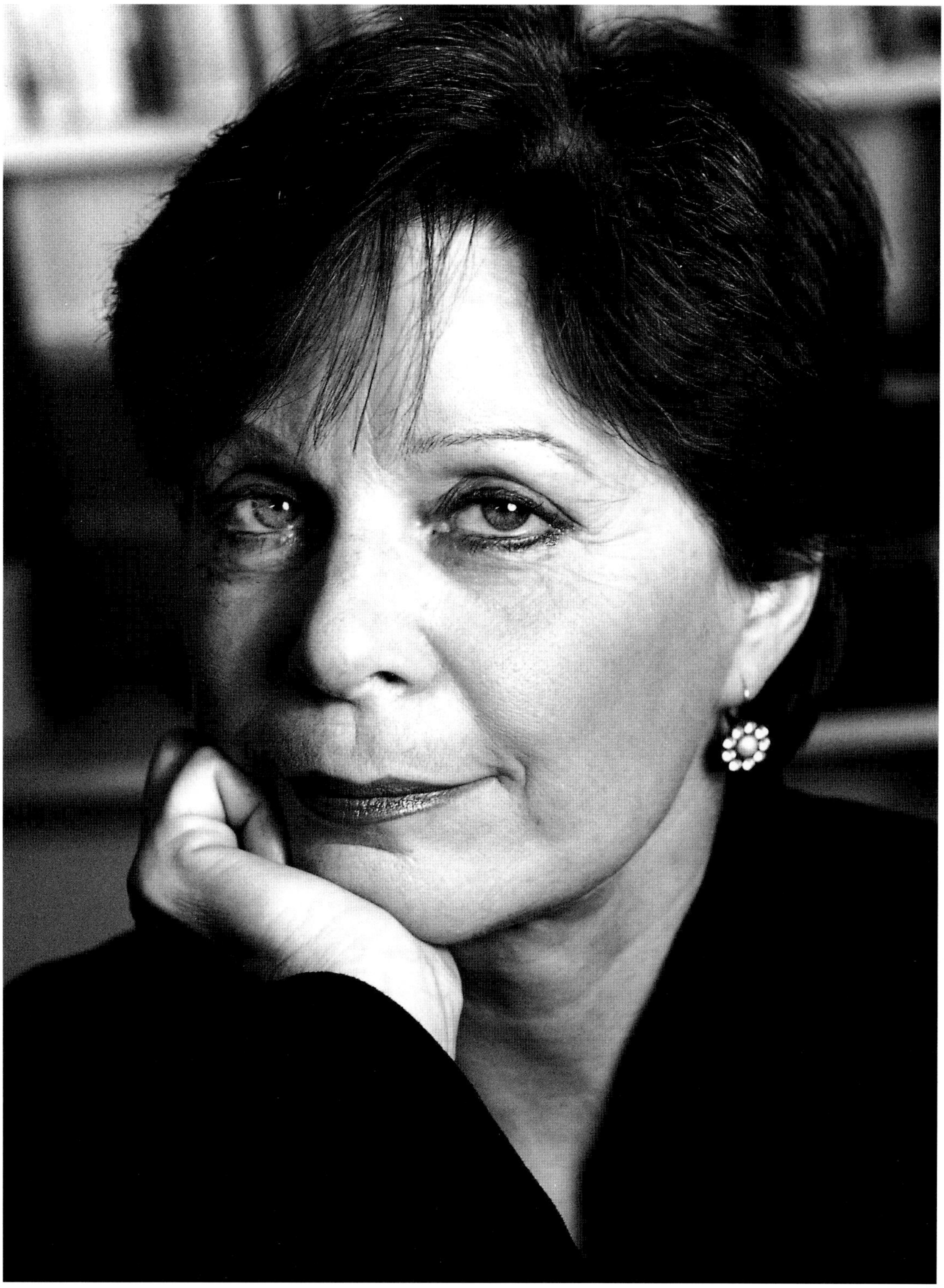

Heute habe ich eine größere Ruhe und Kraft – ich lebe mehr im Gleichgewicht.
Die Arbeit des Schreibens gibt mir die Möglichkeit, mich immer wieder zu stellen. Das stählt.
Und was Familie, Freunde und die Liebe betrifft, habe ich Glück gehabt.

2000

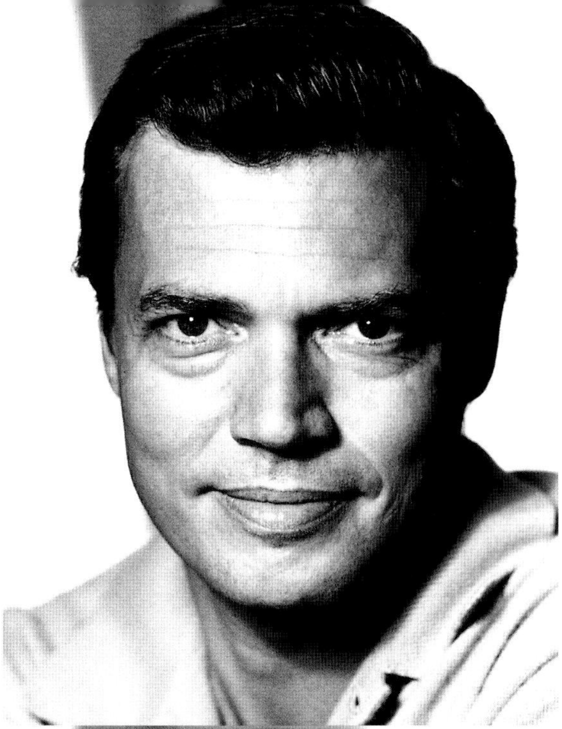

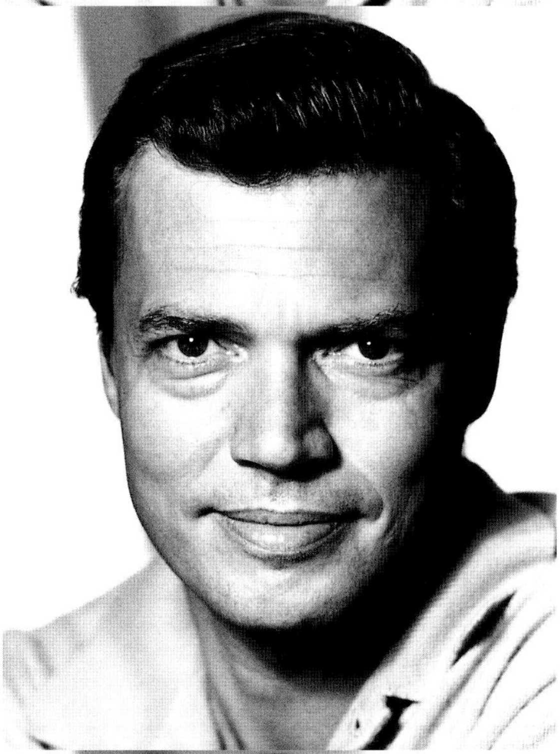

Karlheinz Böhm

Das Altern ist der natürlichste Prozess im Leben eines Menschen. Solange die Natur dem Menschen die Kraft lässt, sollte er so aktiv als möglich weiterarbeiten. Der Gedanke an ›Ruhestand‹ oder das Handeln in diesem Sinne fördern den Alterungsprozess erschreckend. Geistig bewusst und kreativ bis zum letzten Atemzug zu leben, wer das tut, wird keine Angst vor dem Tode haben.

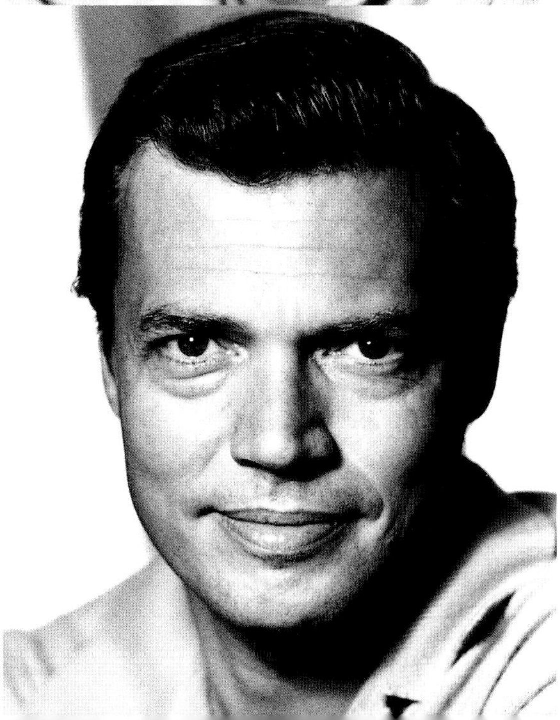

1968

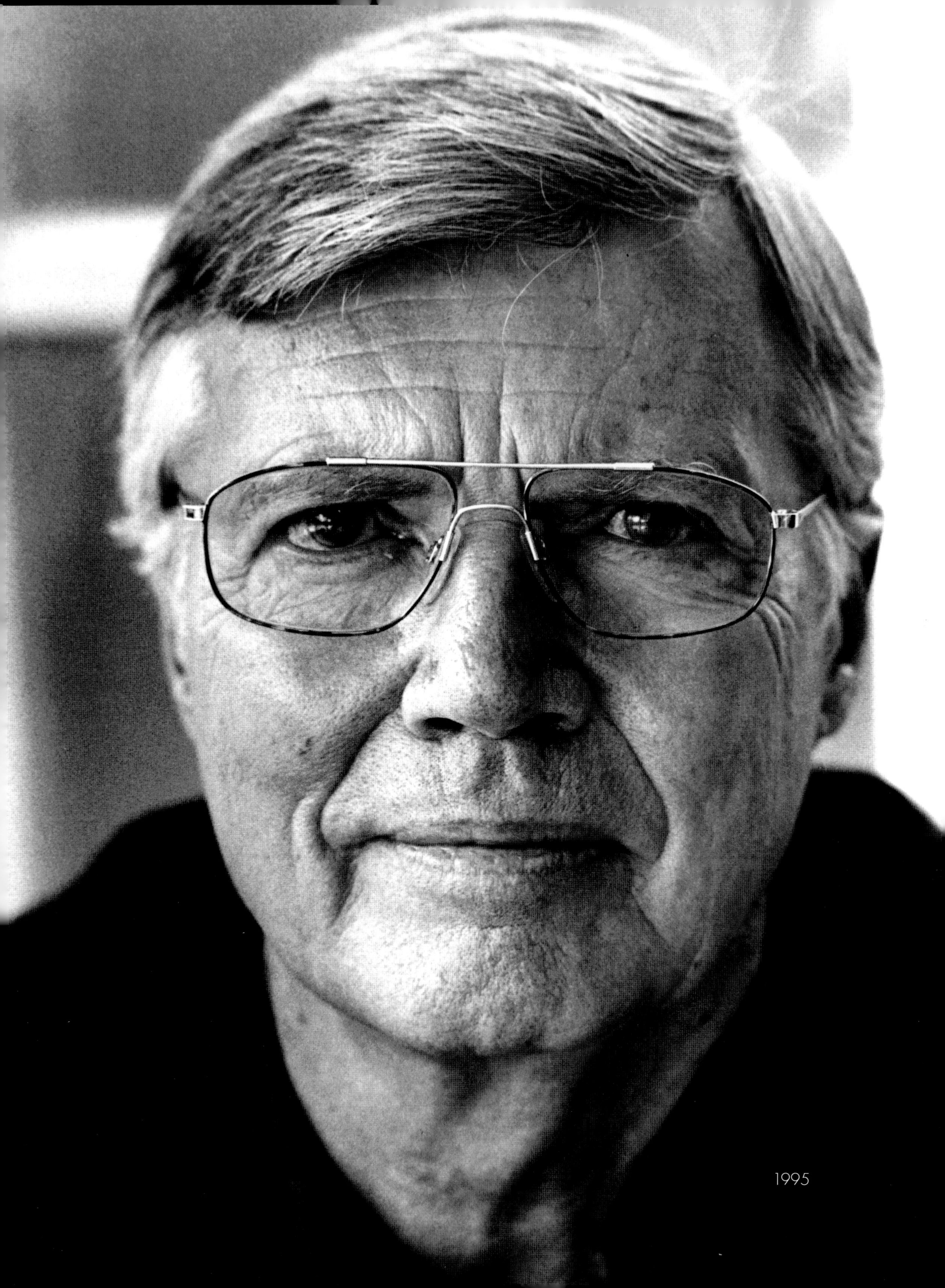

1995

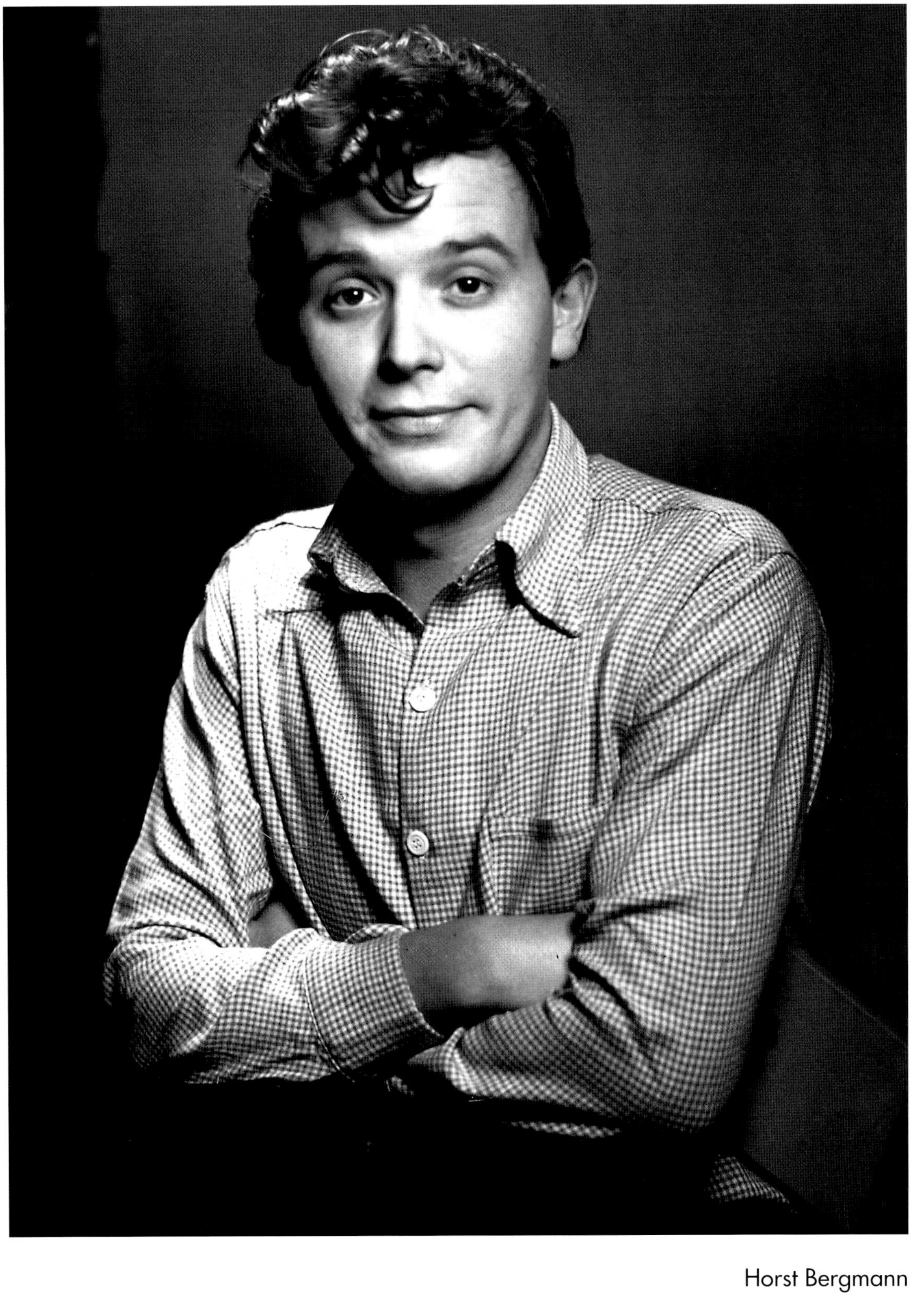

Horst Bergmann

1953

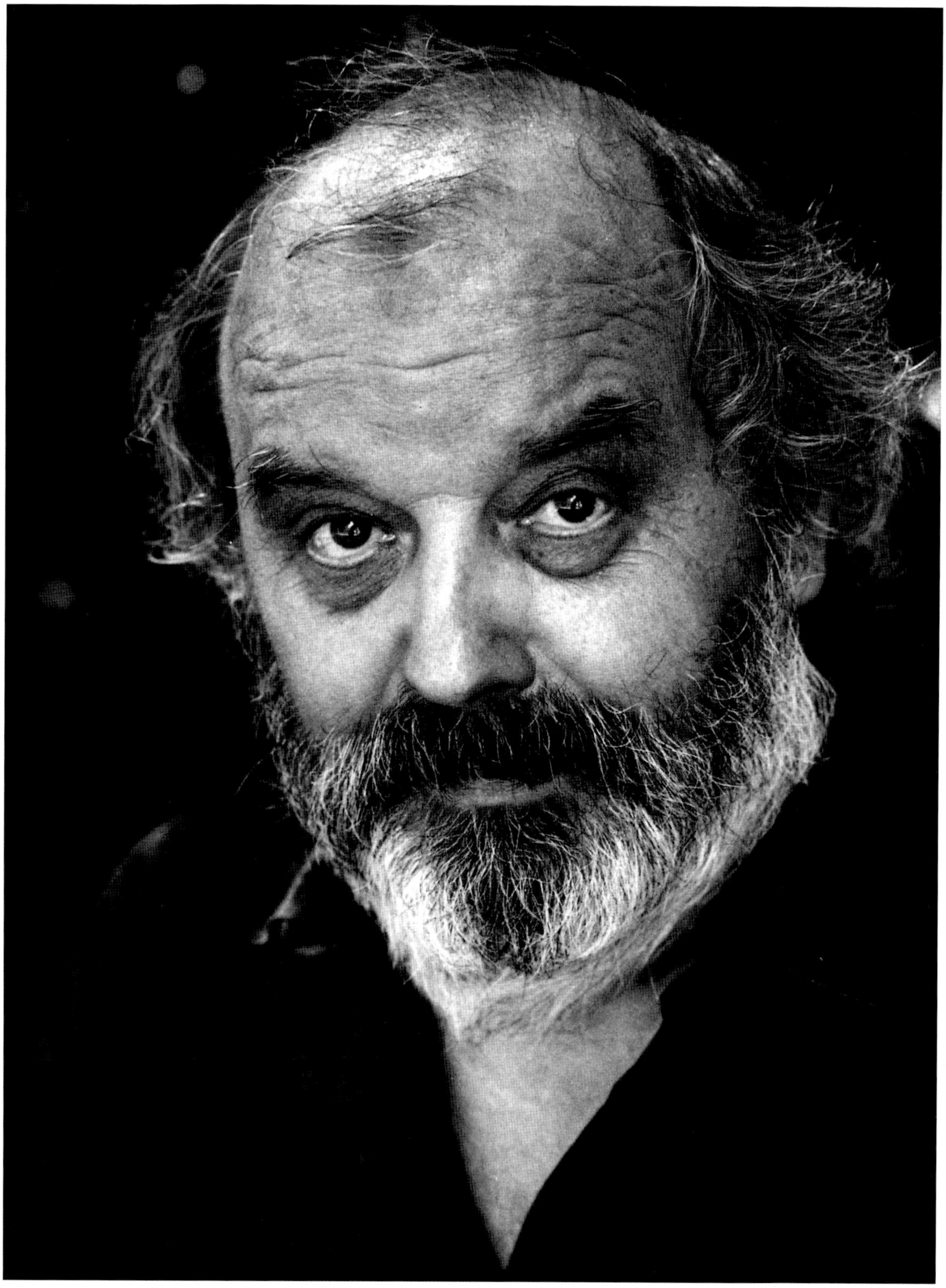

Wenn im Alter die Augen der Jugend noch erkennbar sind,
kann nicht alles falsch gewesen sein.

1995

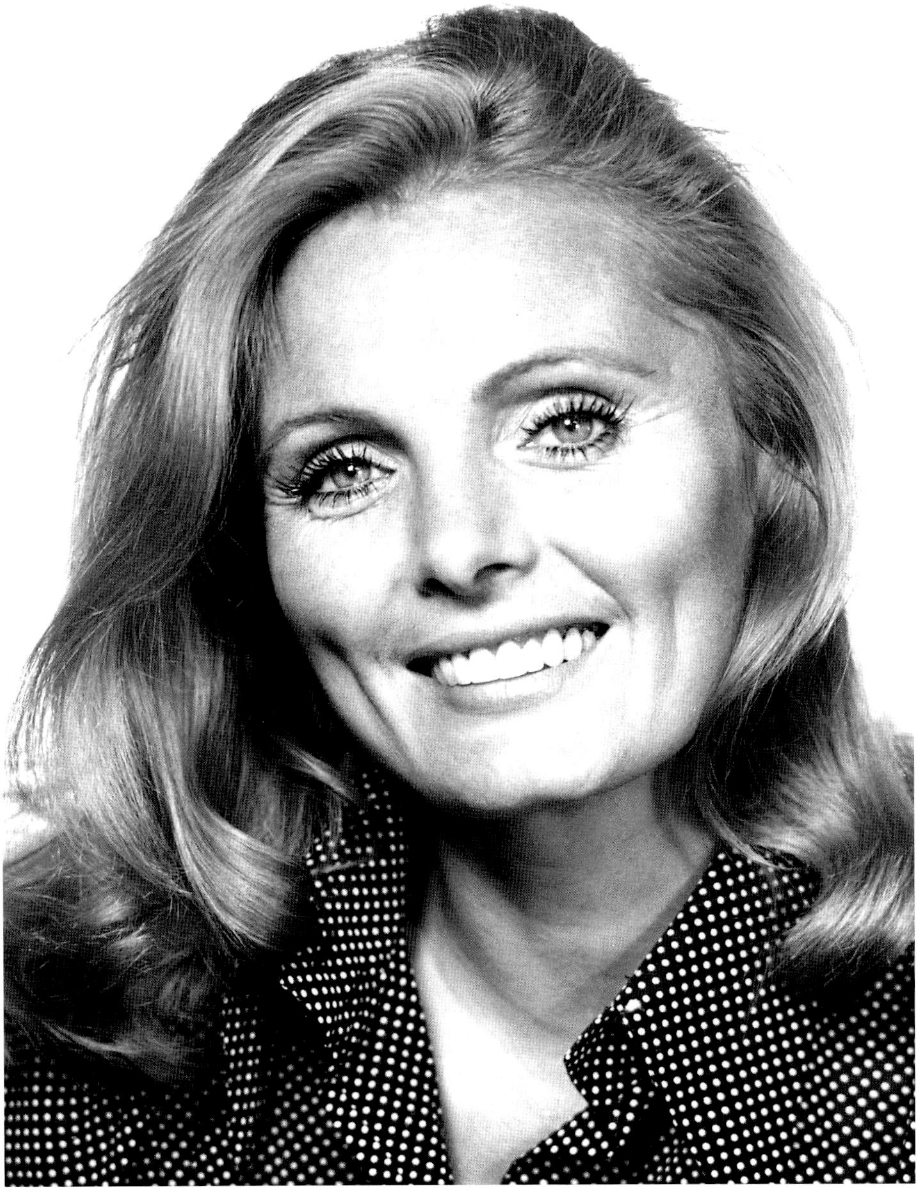

Ruth Maria Kubitschek

1970

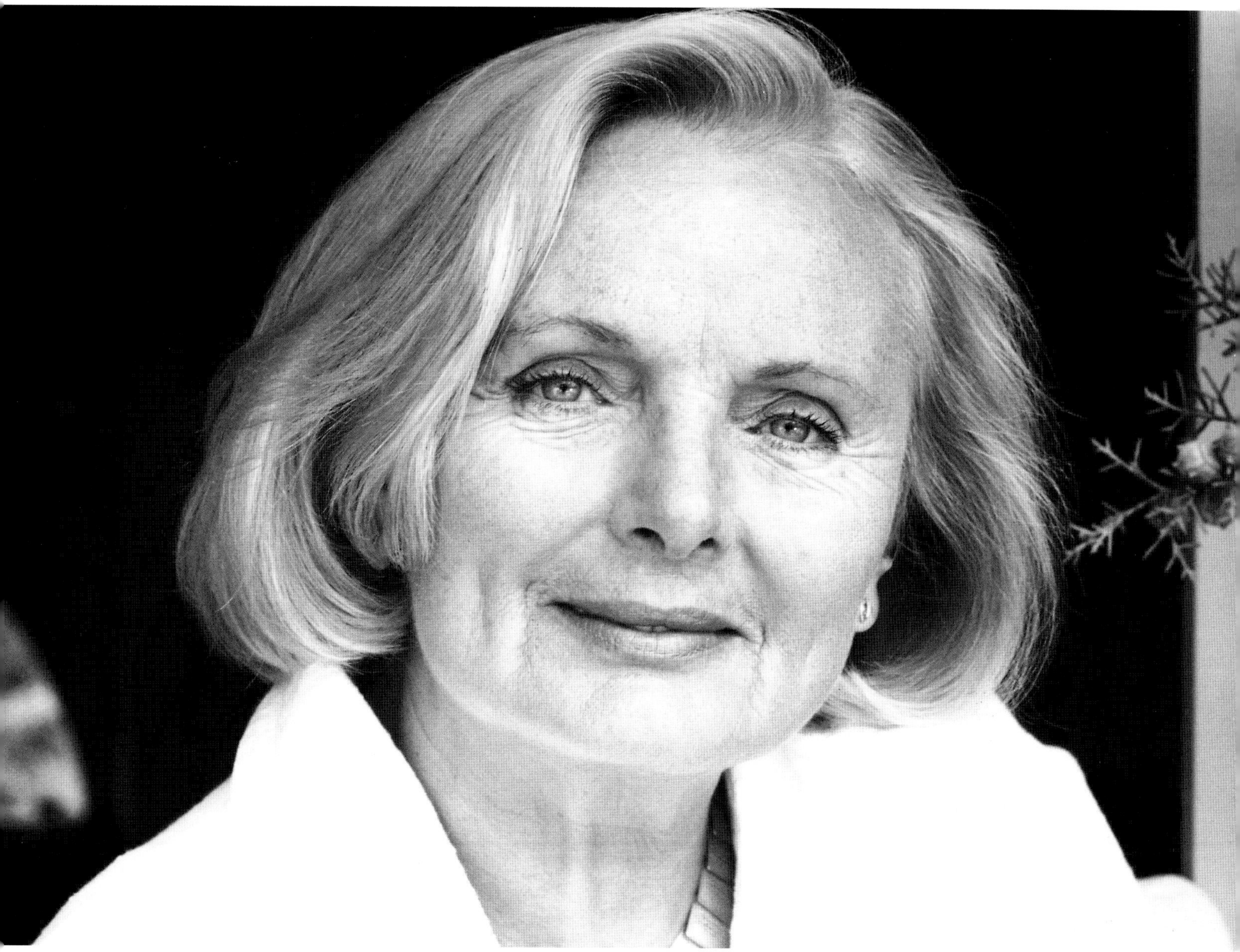

Älterwerden ist ein fortwährender Prozess loszulassen – alles, was man festhalten möchte. Es ist ein Reifeprozess zur Weisheit und inneren Heiterkeit. Ich empfinde mein Älterwerden als Wachstum in mein Seelenbewusstsein, und es macht mir Spaß.

2000

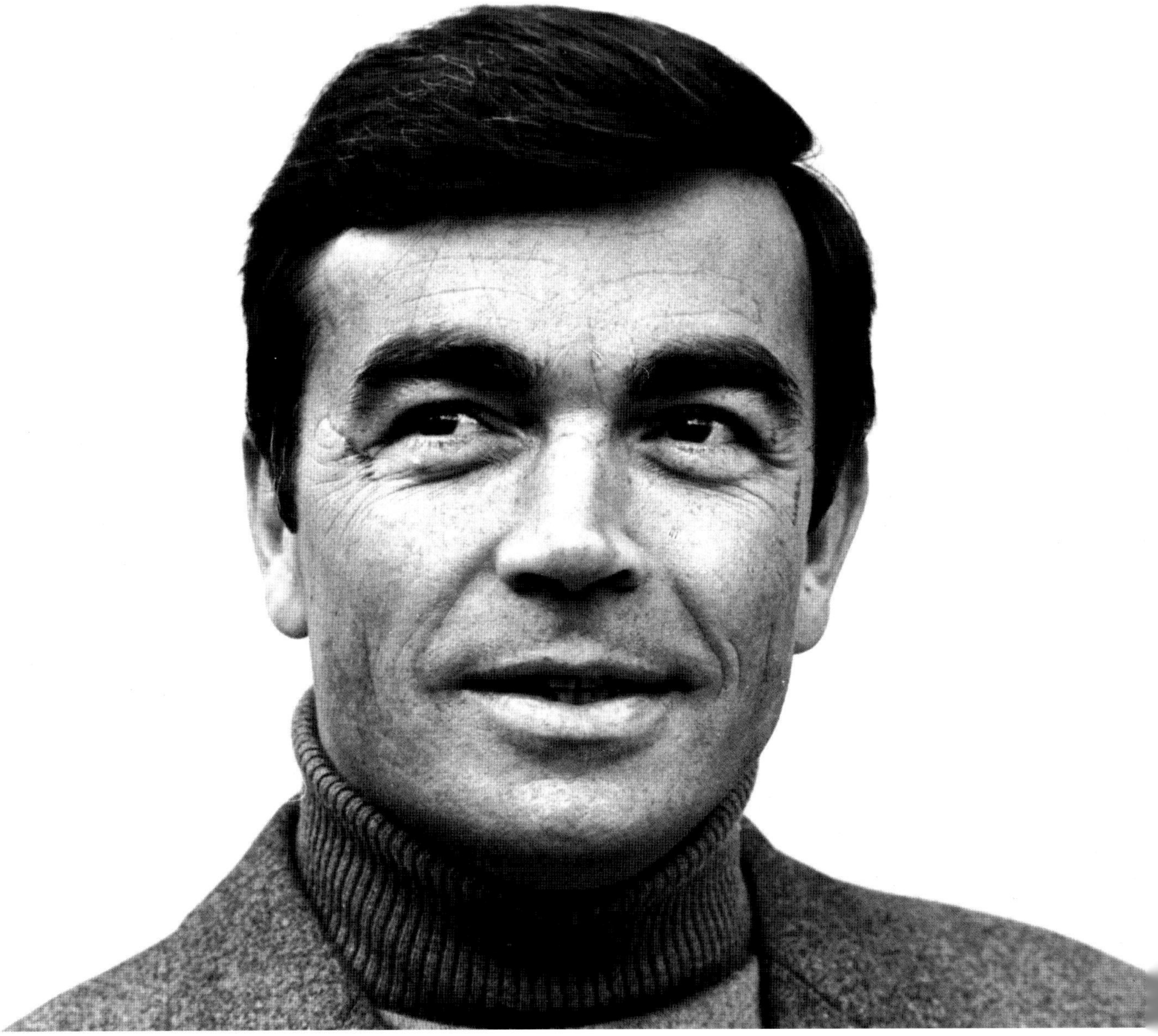

Claus Biederstädt

1967

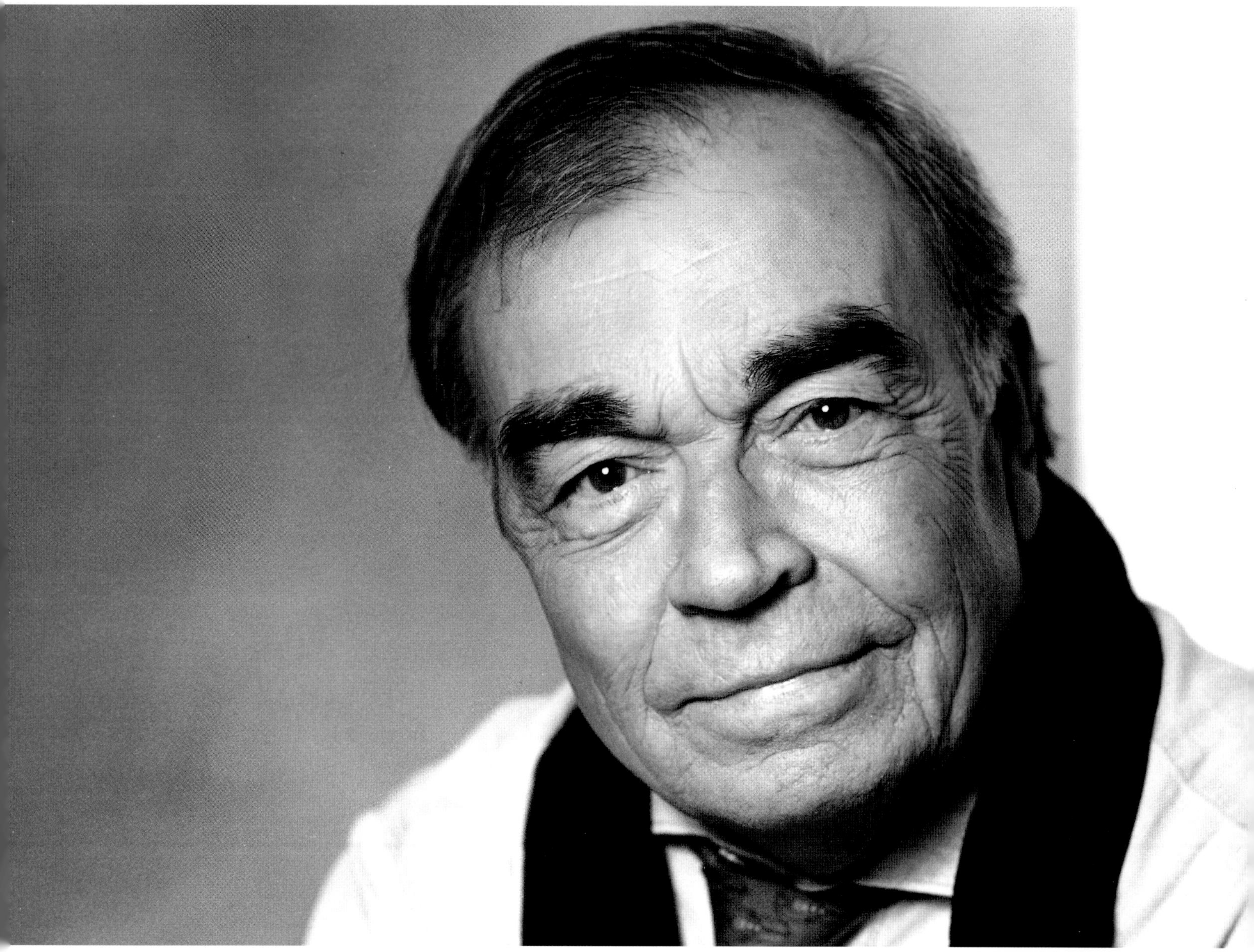

»Jugend ist etwas Wunderbares – ein Jammer, dass man sie an Kinder verschenkt.« *G. B. Shaw*

2000

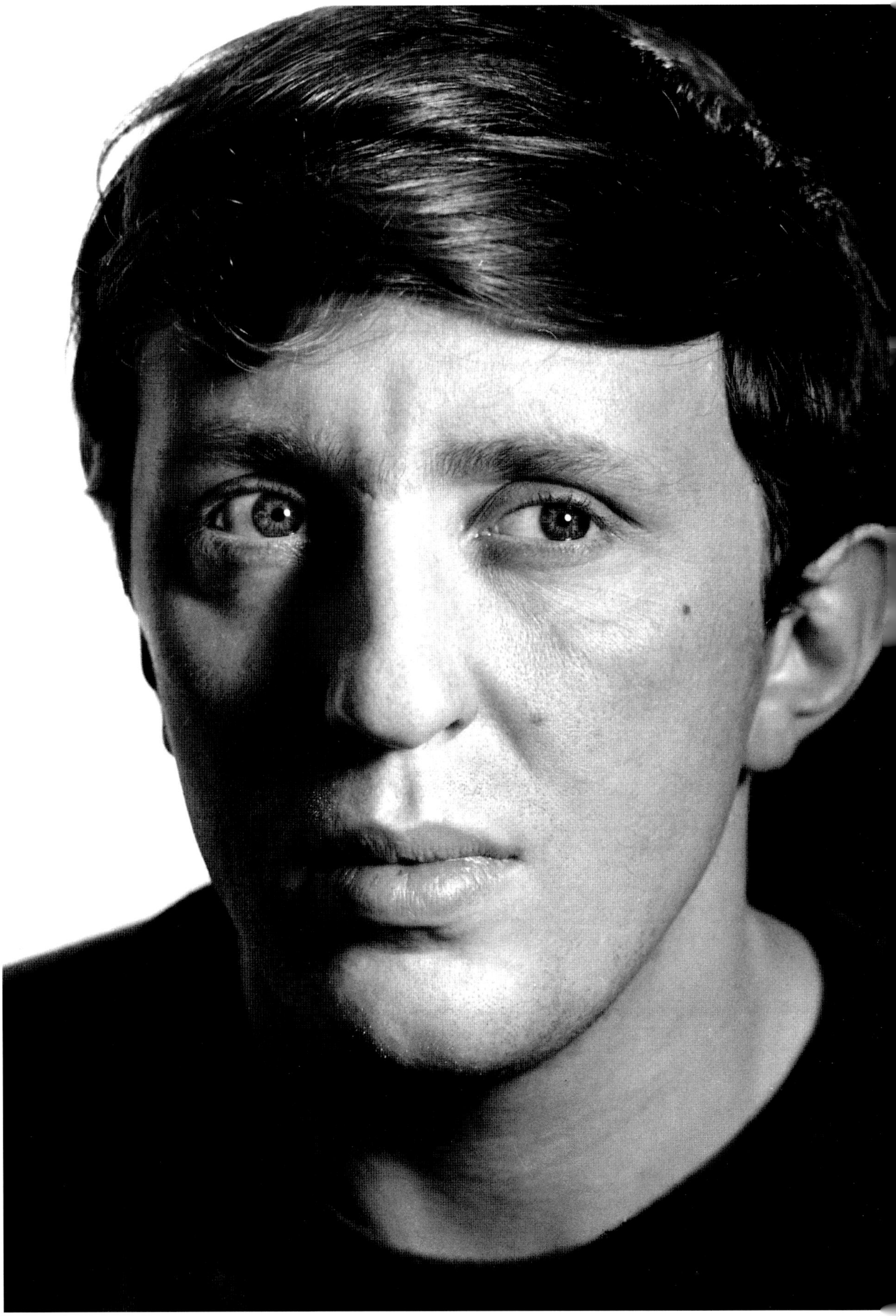

1968

Vadim Glowna

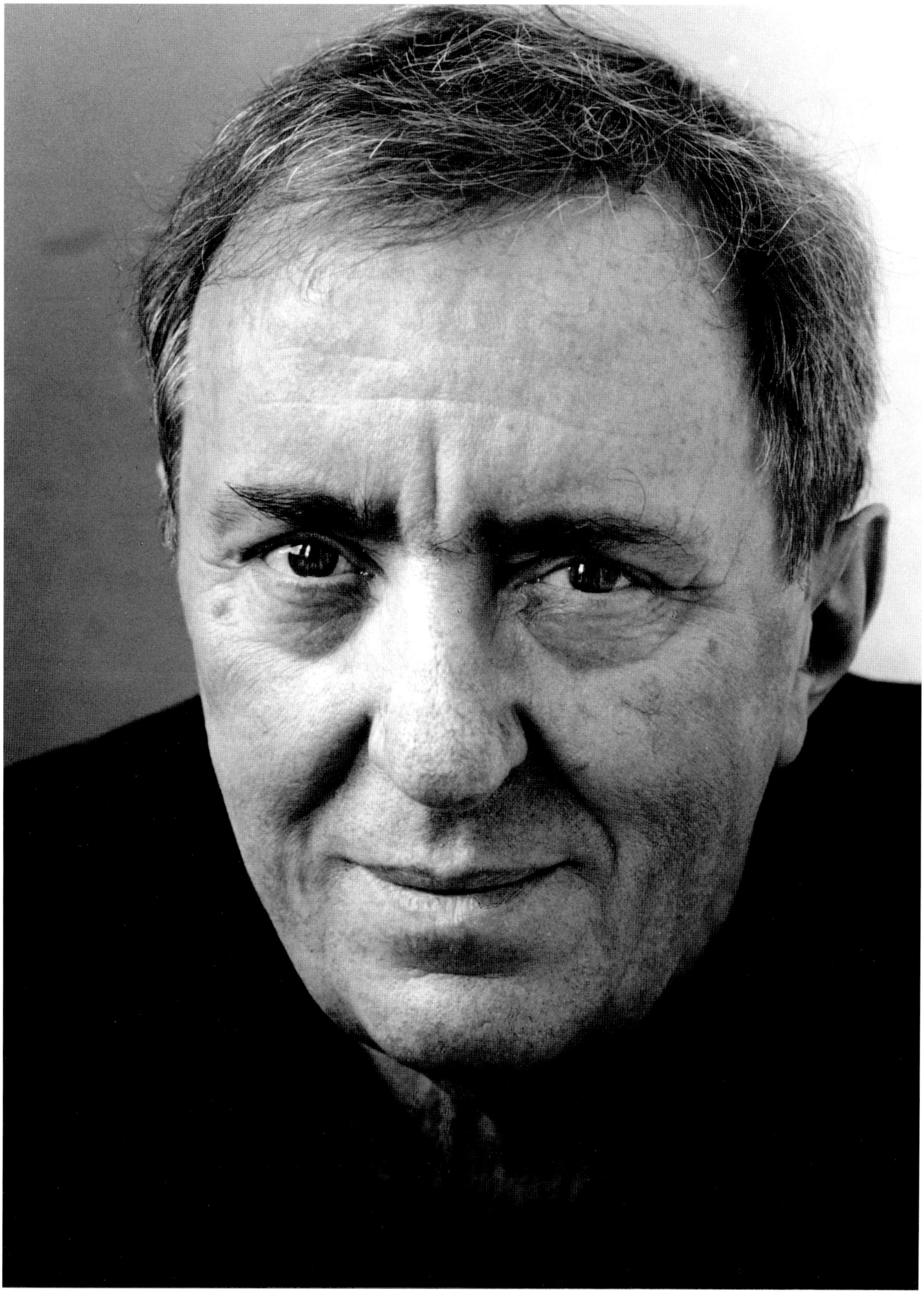

2000

Wenn Spuren im Gesicht eine Landschaft ergeben, dann zeugt es von einem gelebten Leben.

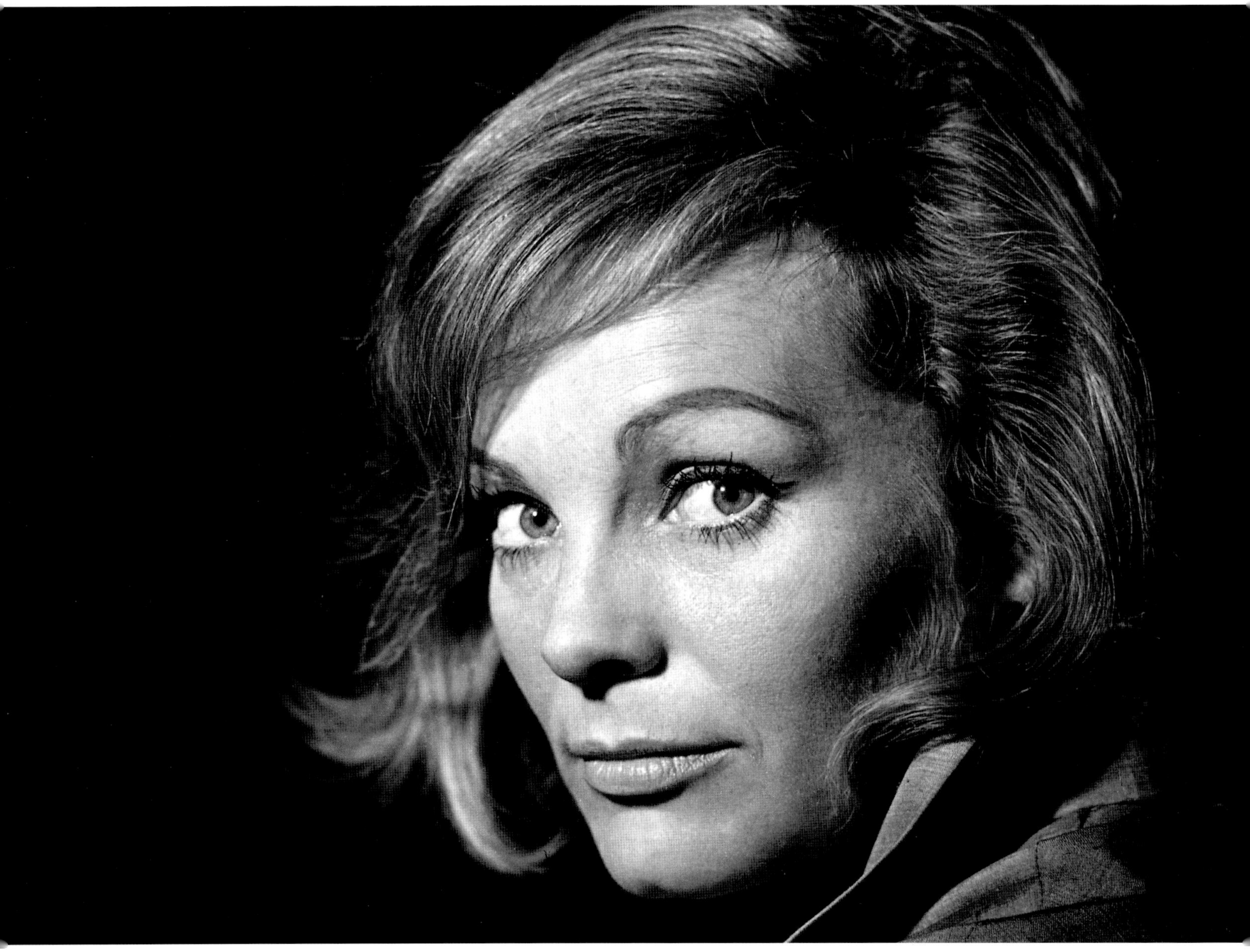

1963

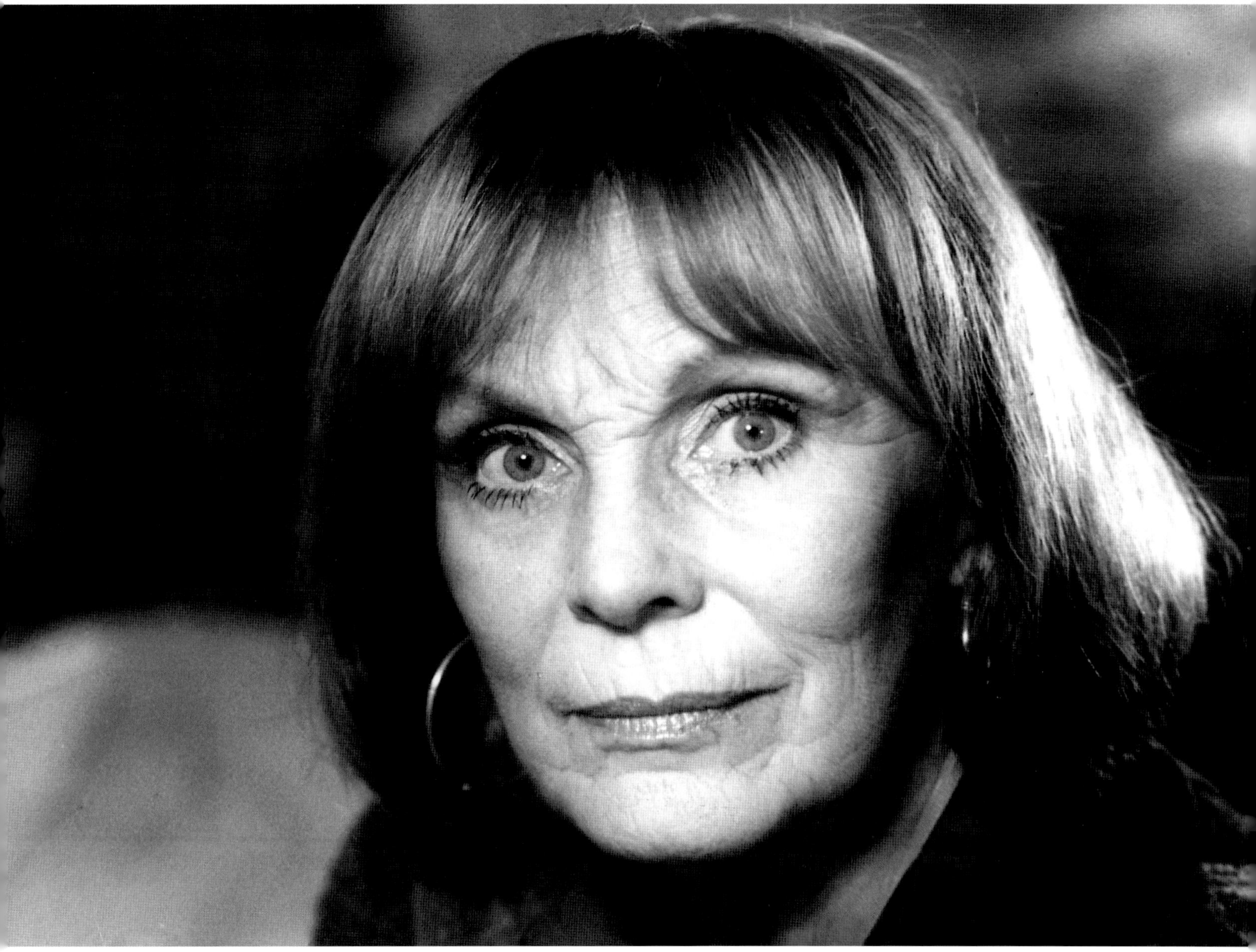

Eva Pflug

1994

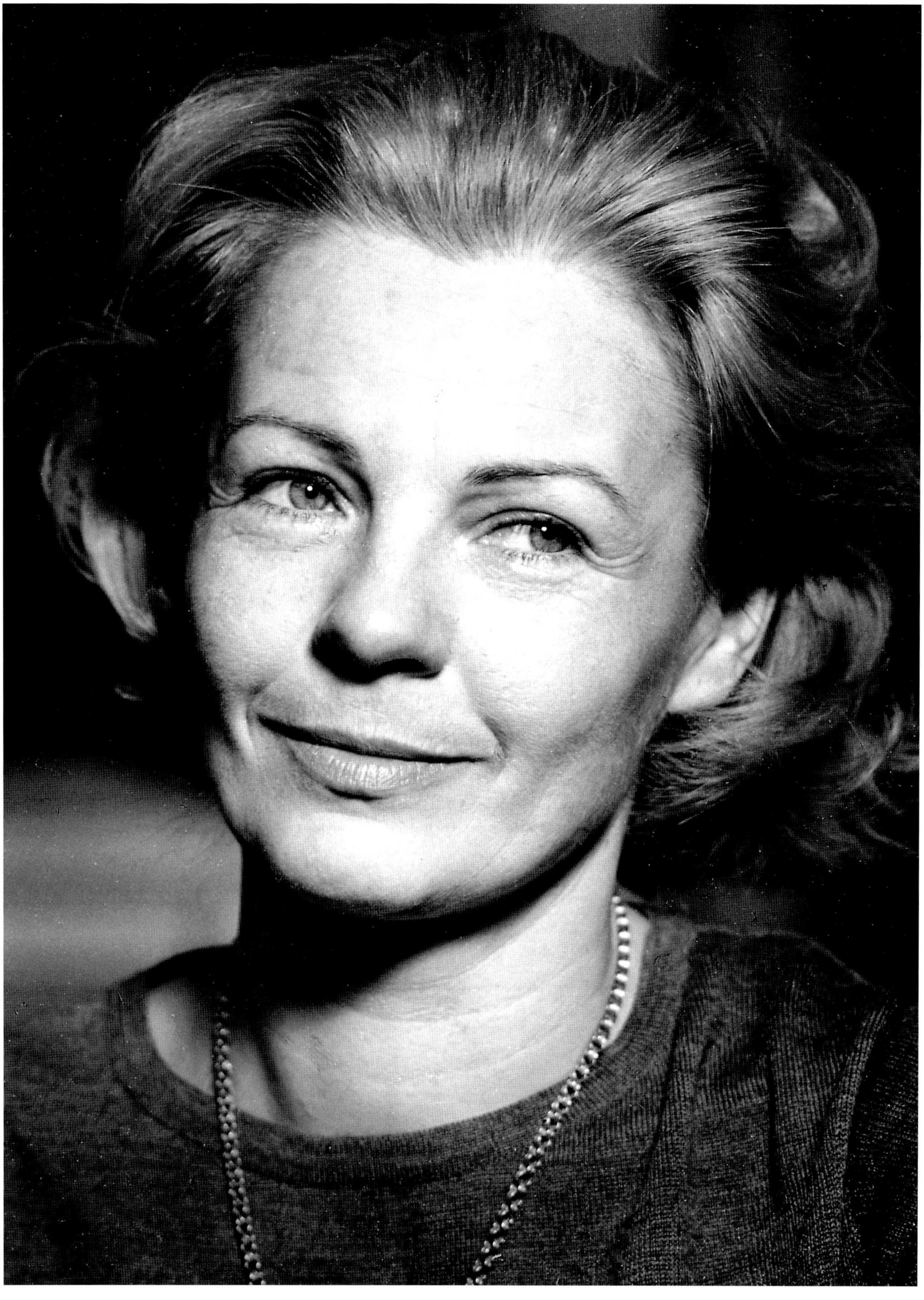

1963 Hilde Krahl

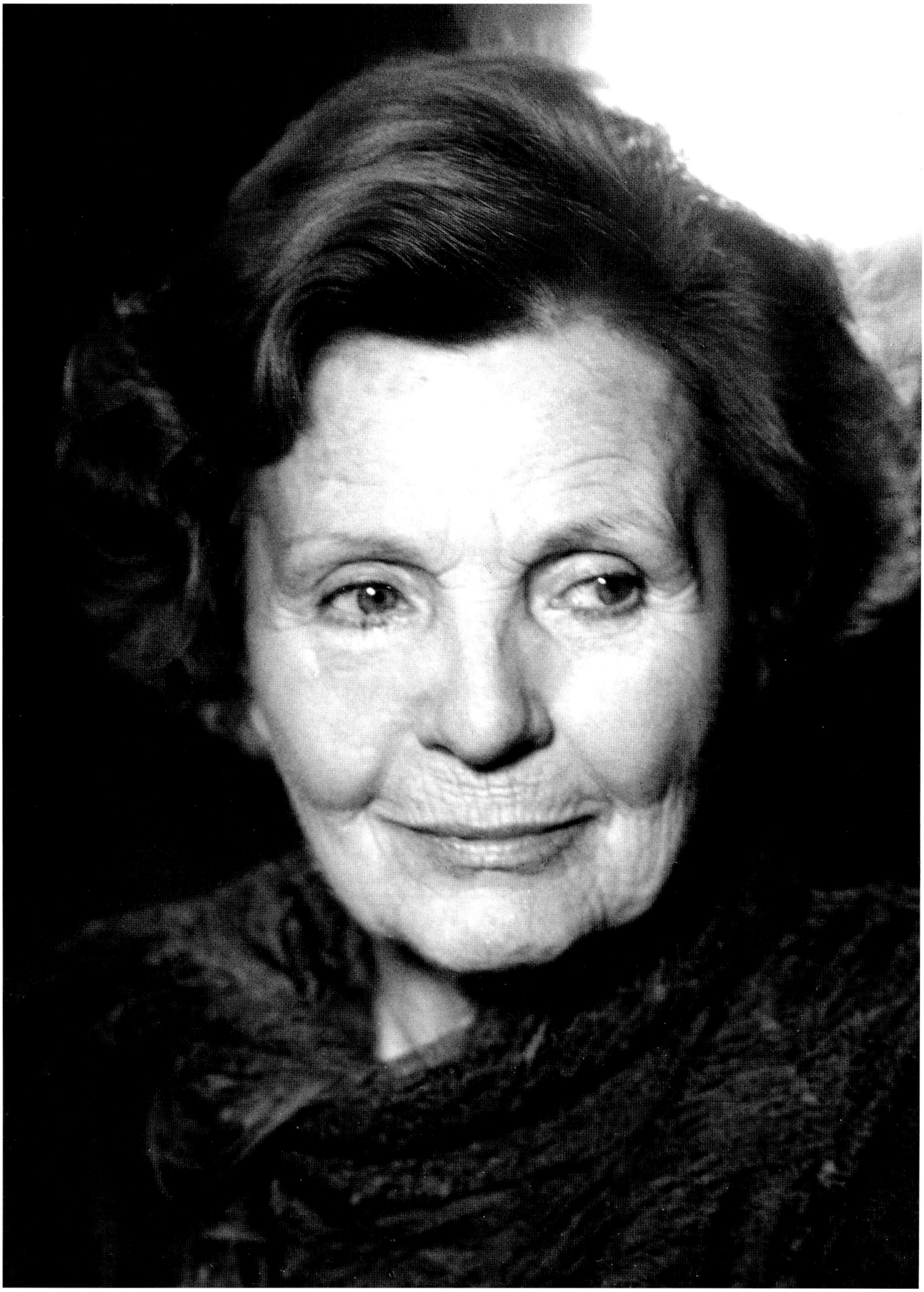

Älter werden bedeutet Überraschungen, die manchmal weh tun. Alt sein verträgt man, wenn man das Lachen nicht verlernt hat. 1993

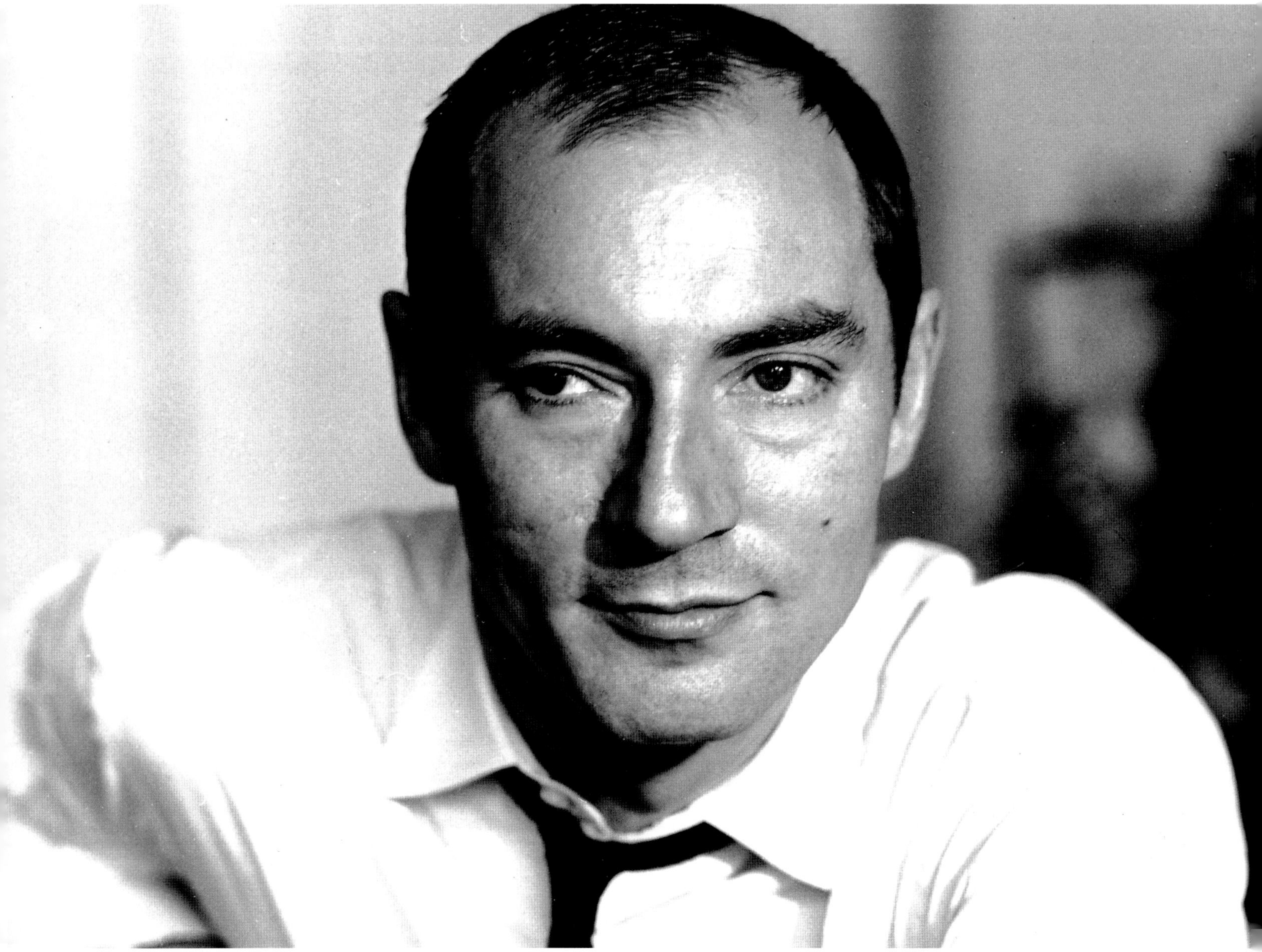

1967

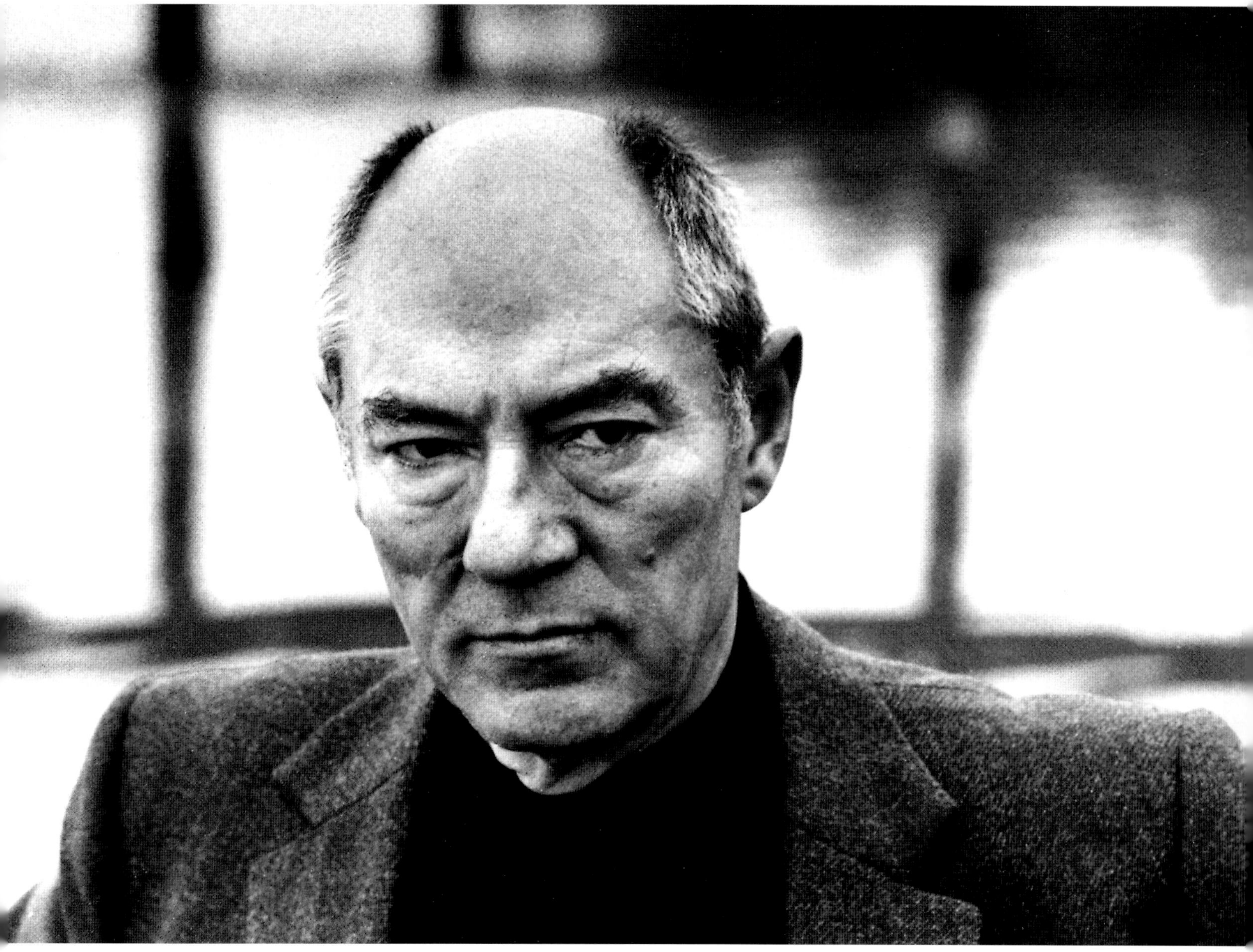

Martin Benrath

1988

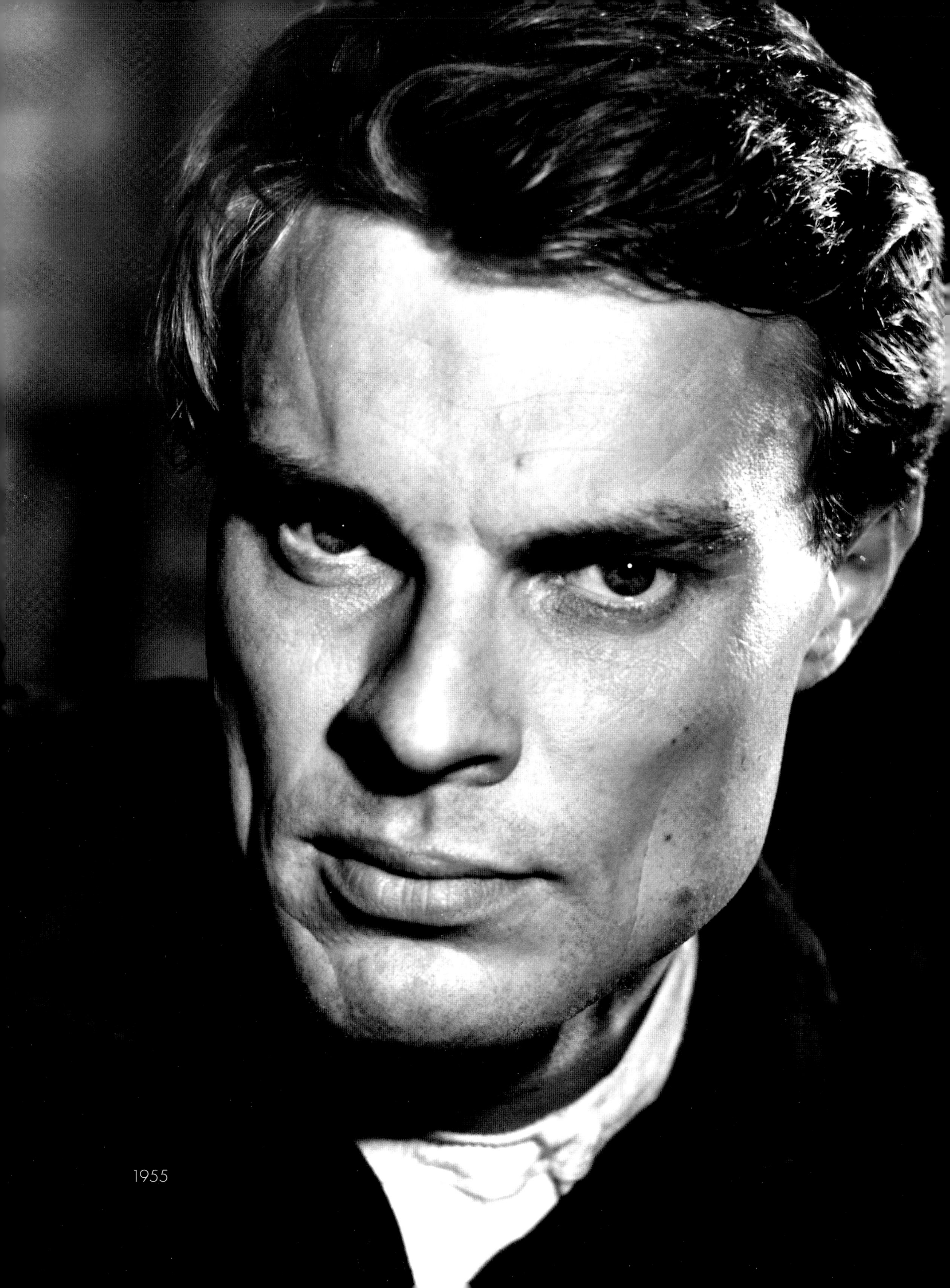

1955

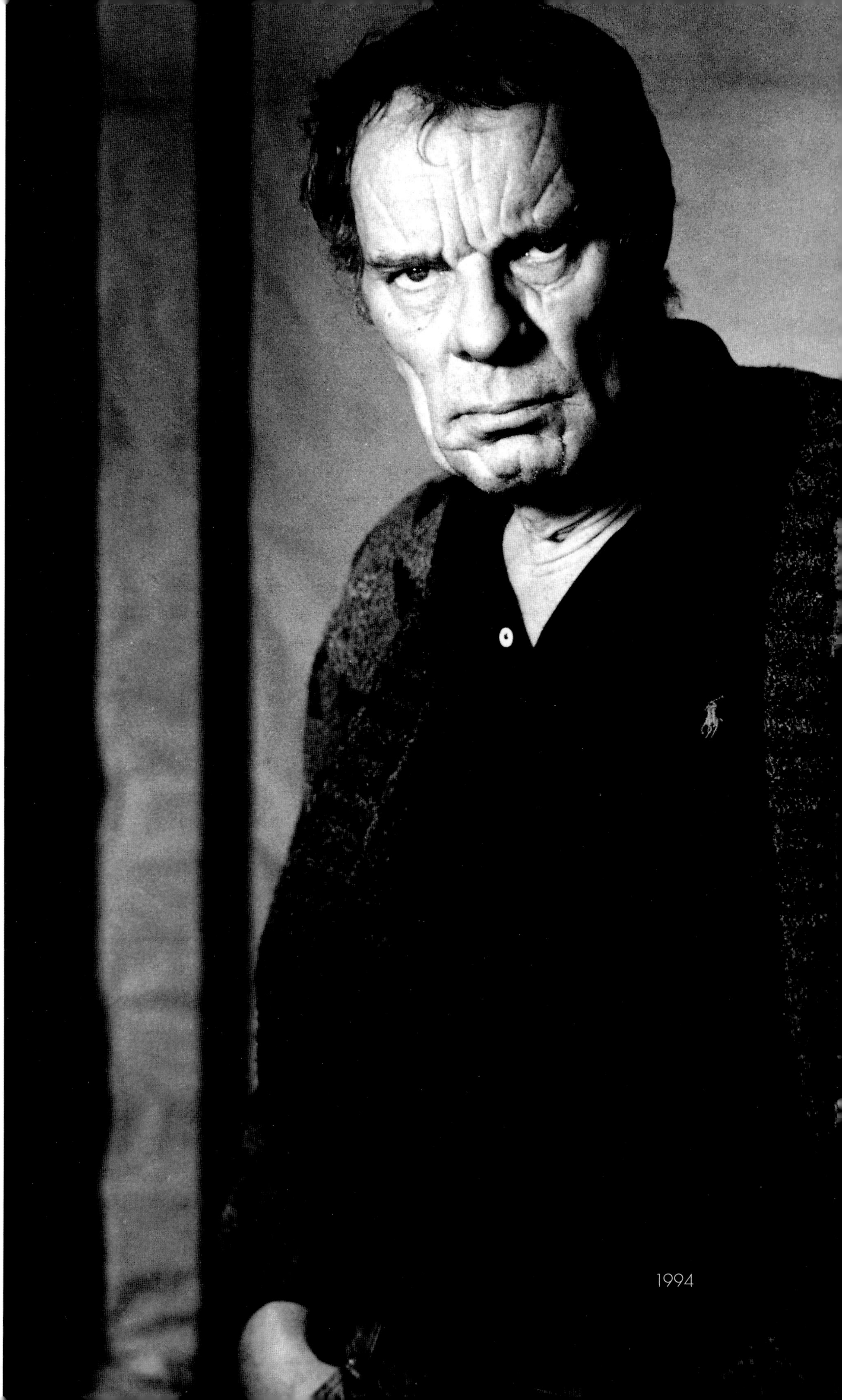

Thomas
Holtzmann

1994

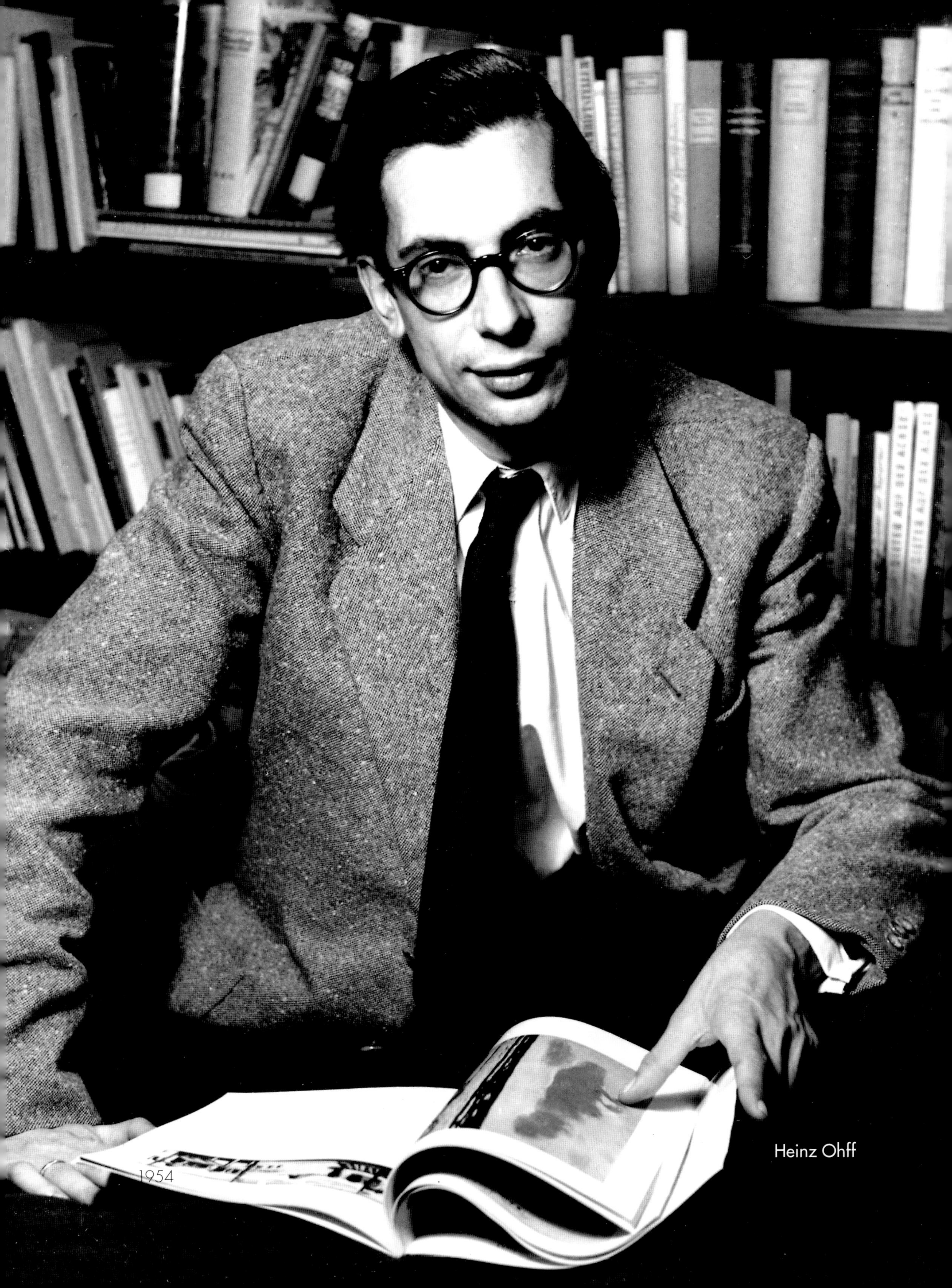

Heinz Ohff

1954

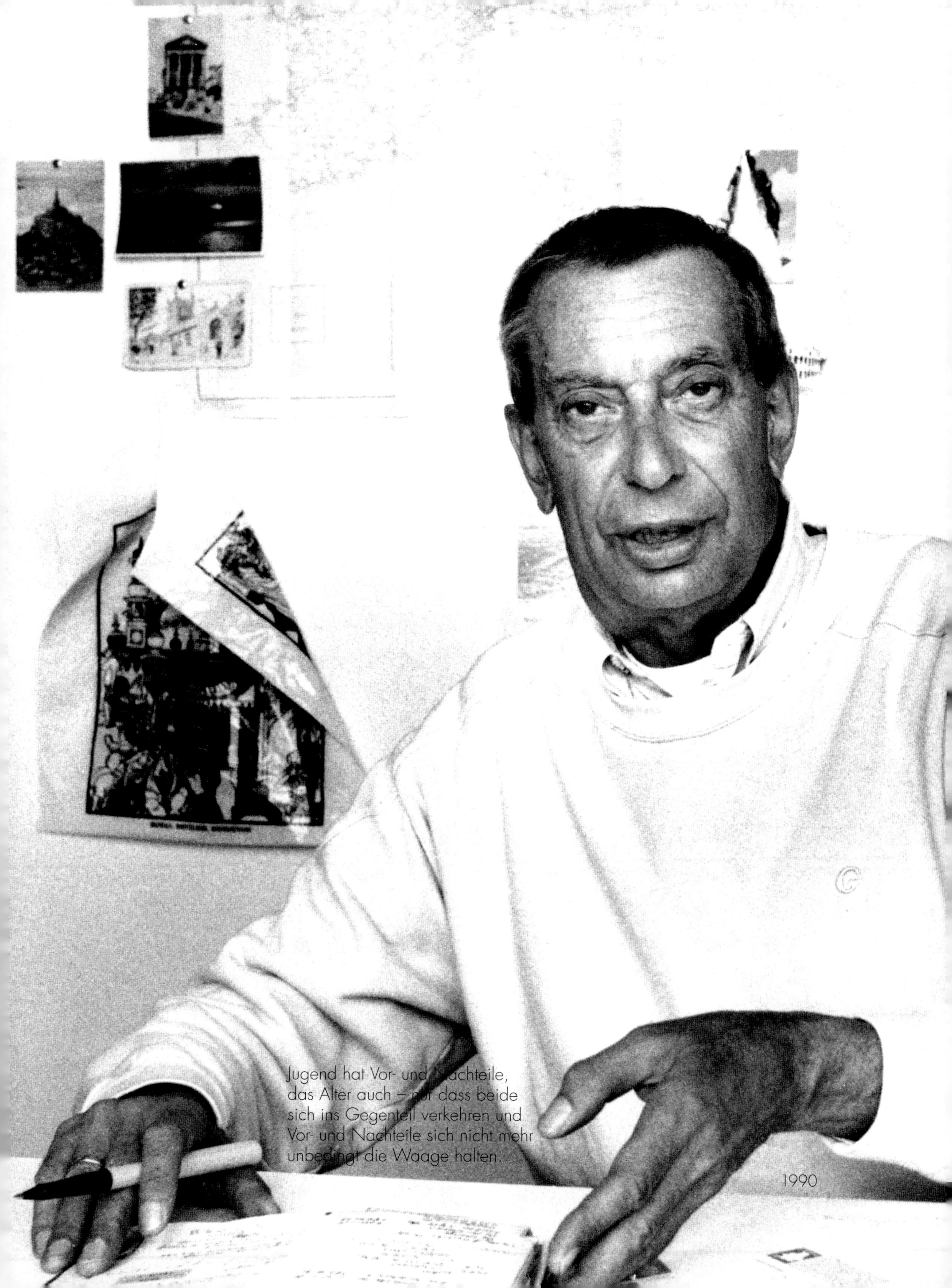

Jugend hat Vor- und Nachteile, das Alter auch – nur dass beide sich ins Gegenteil verkehren und Vor- und Nachteile sich nicht mehr unbedingt die Waage halten.

1990

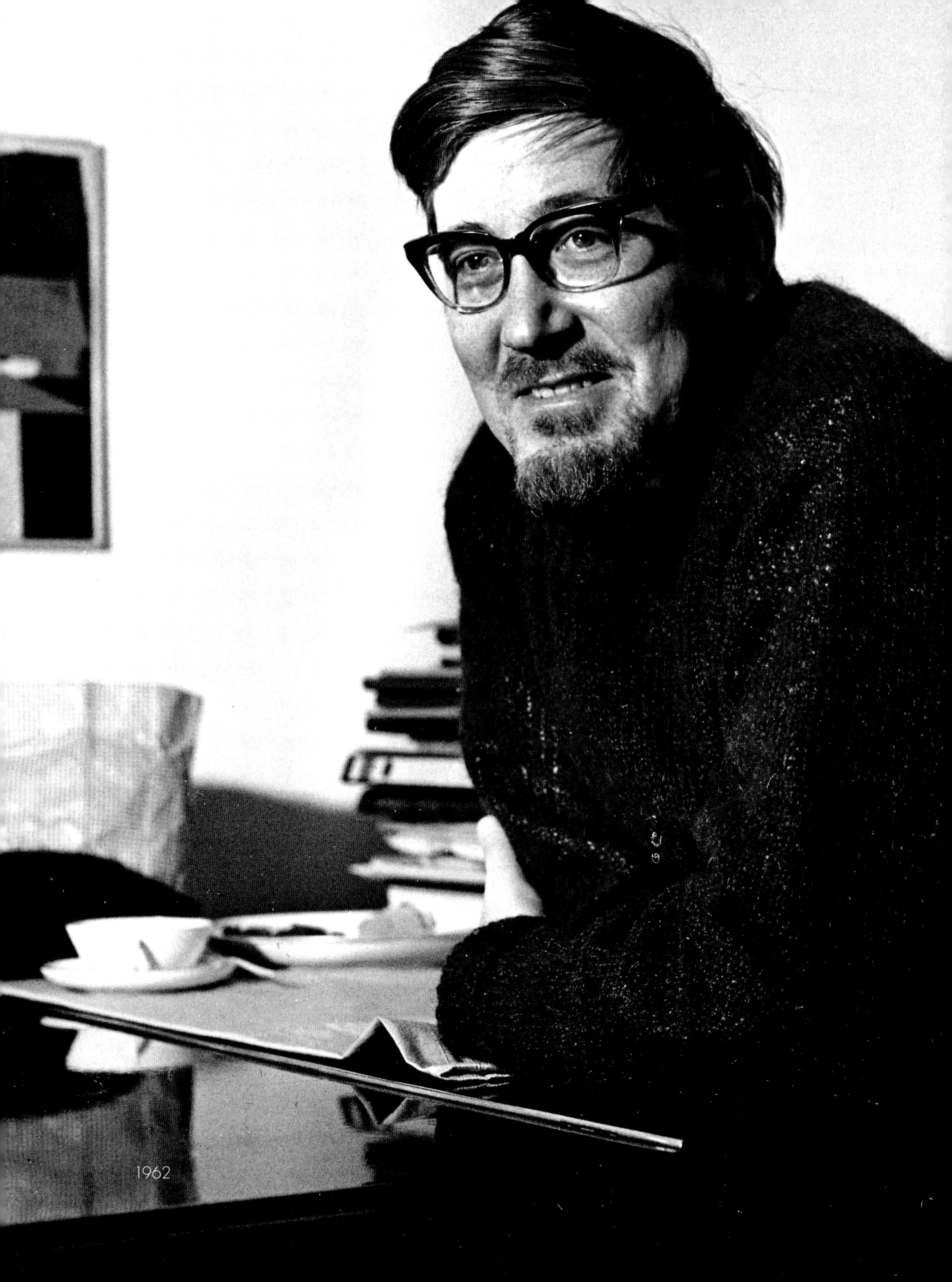
1962

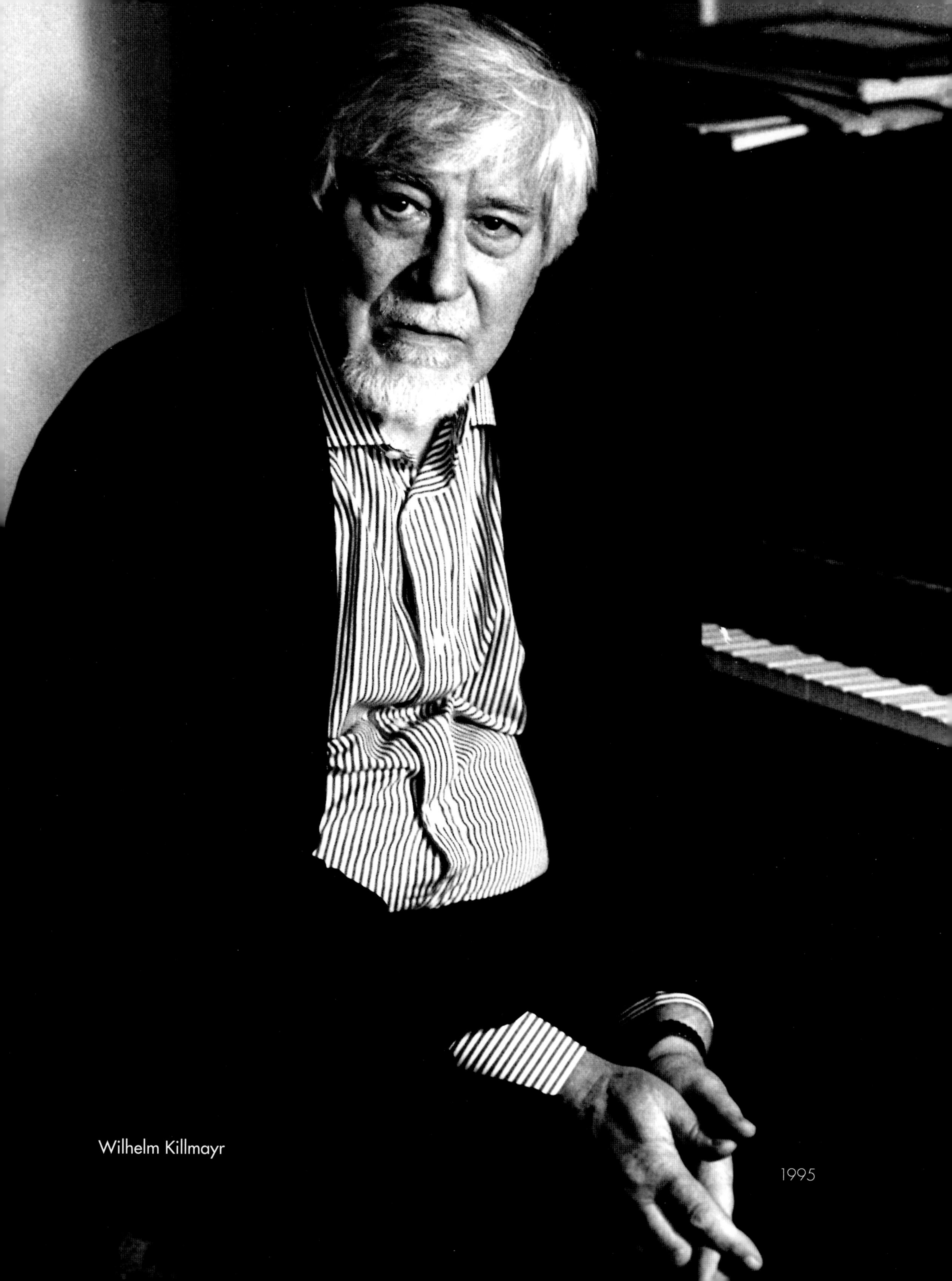
Wilhelm Killmayr
1995

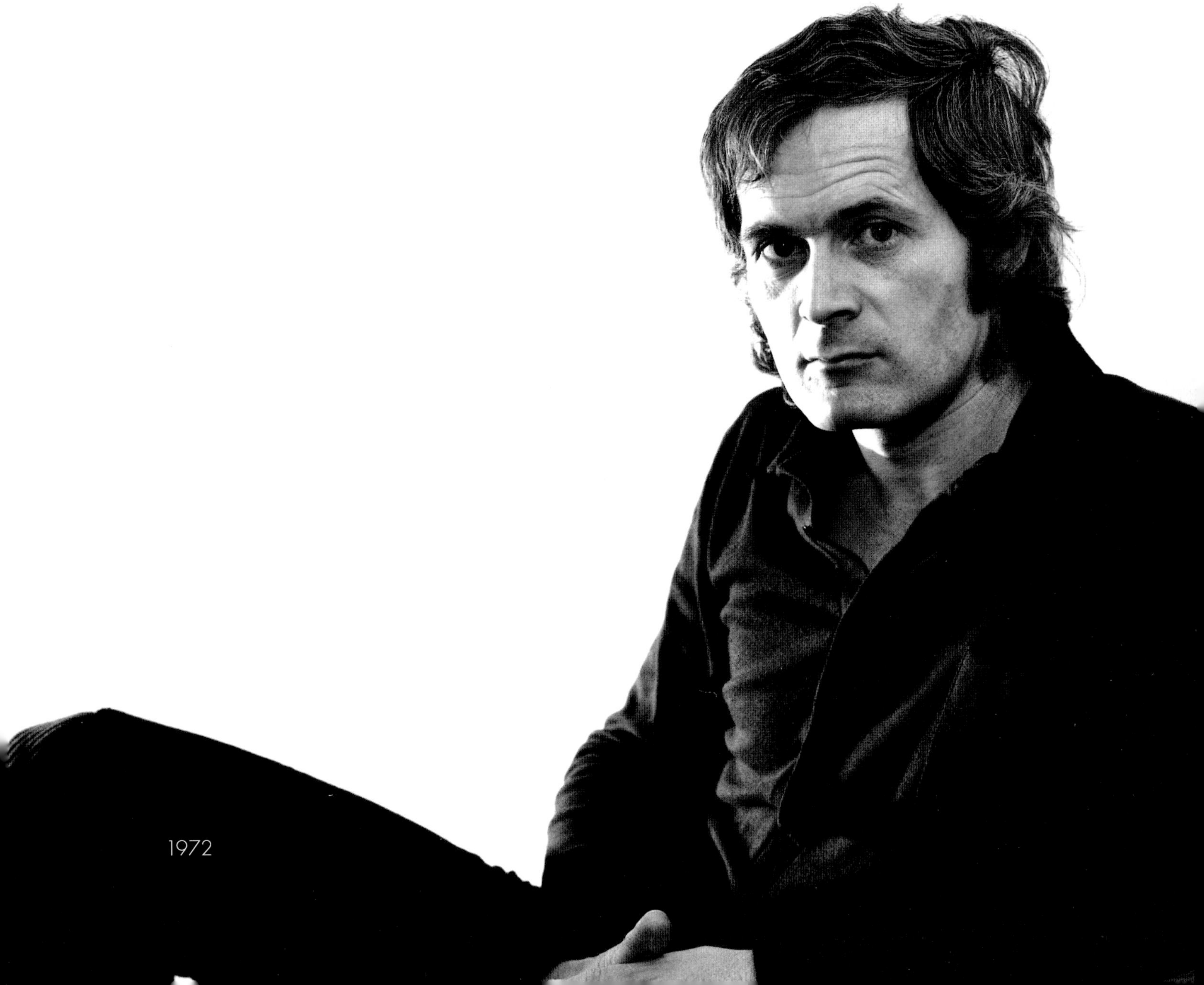

1972

Günter Seuren
Soll ich den Alten in den Wolken verklagen, wenn ich alt werde?
Den Prozess würde ich sowieso verlieren oder in der Psychiatrie landen.
Man lebt sich ein auf dem Planeten, liebt und hasst und so weiter,
um sich fortzubewegen. Seit ich unterwegs bin, arbeite ich an den
Memoiren der Wirbelsäule.

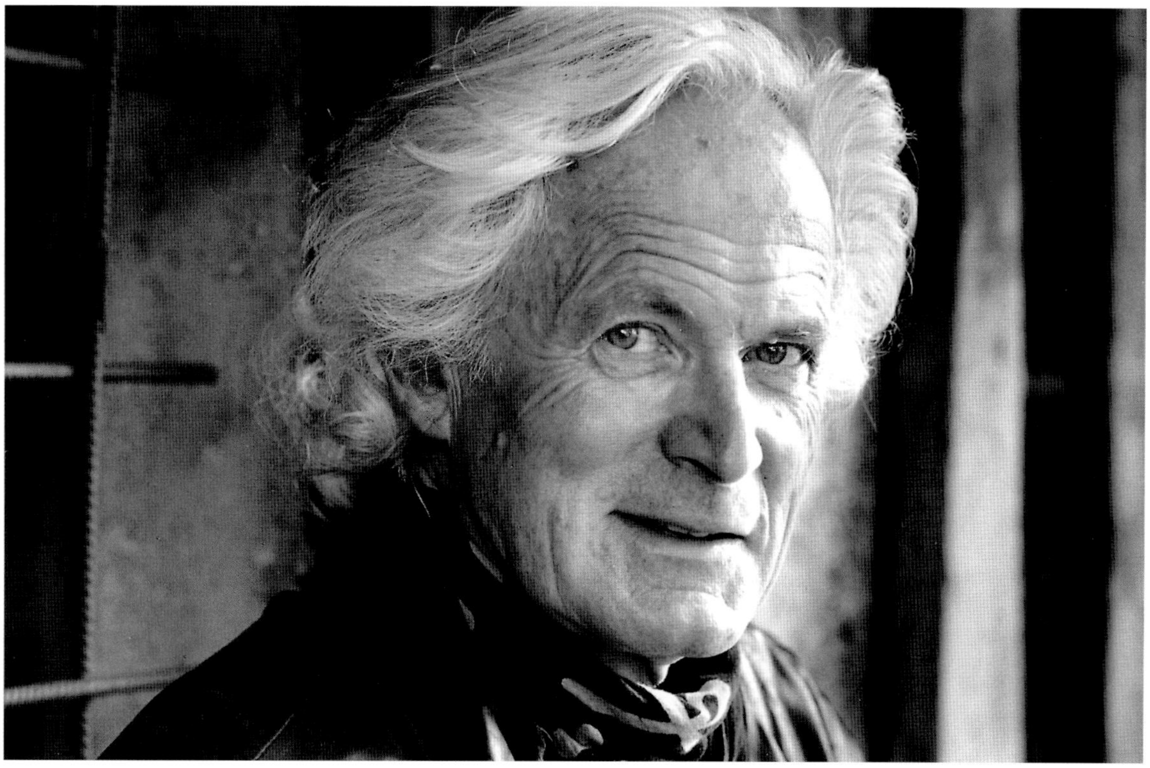

2000

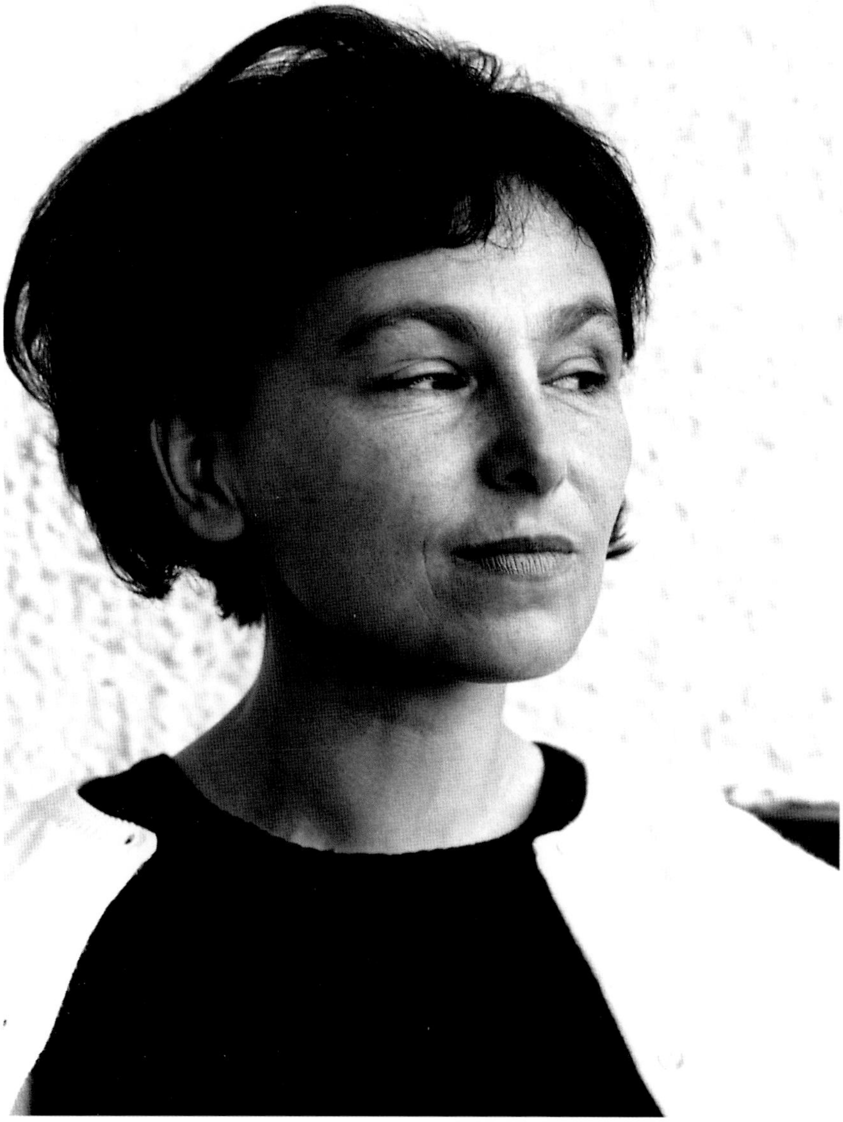

Ilse Aichinger

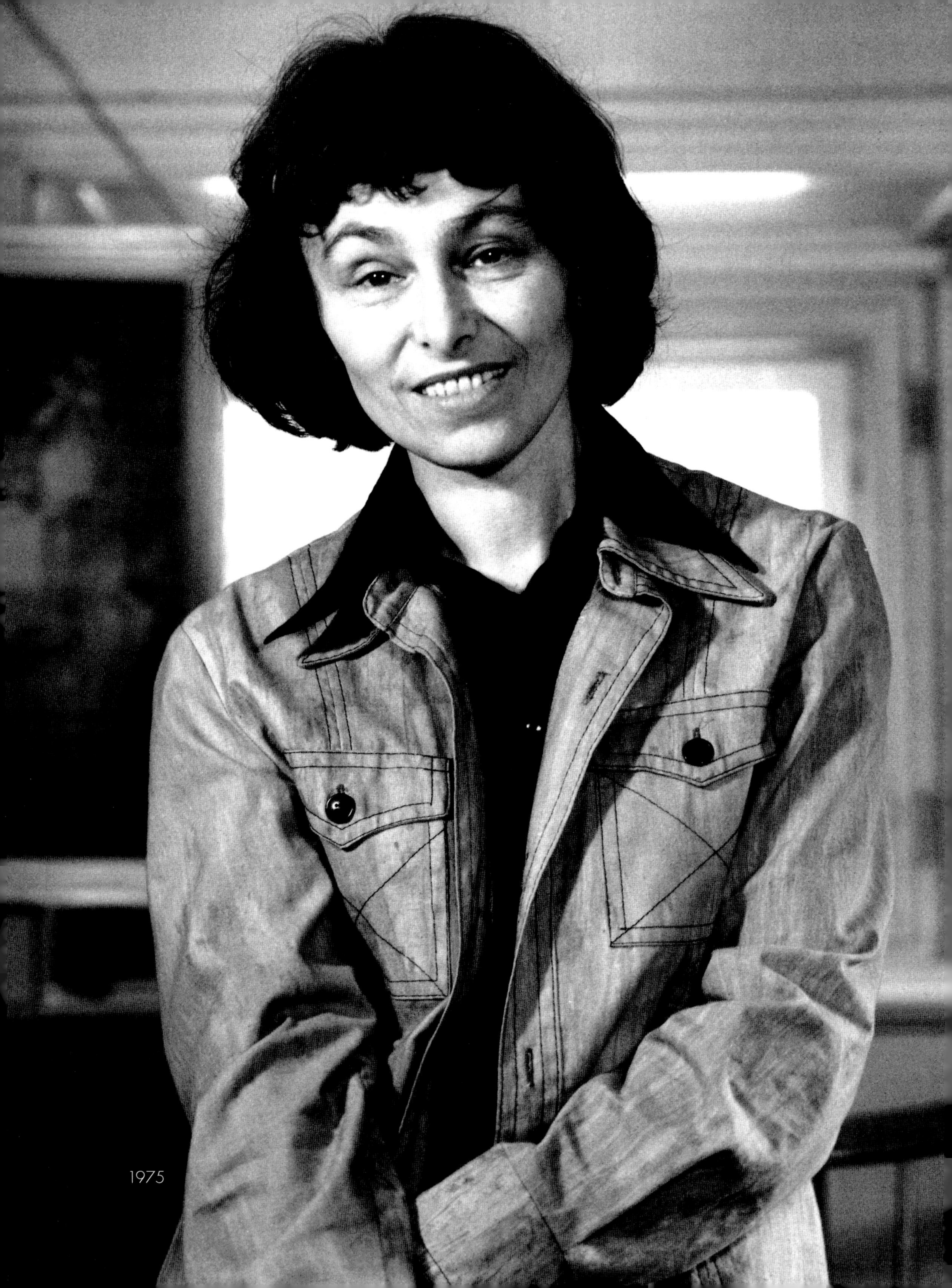

1975

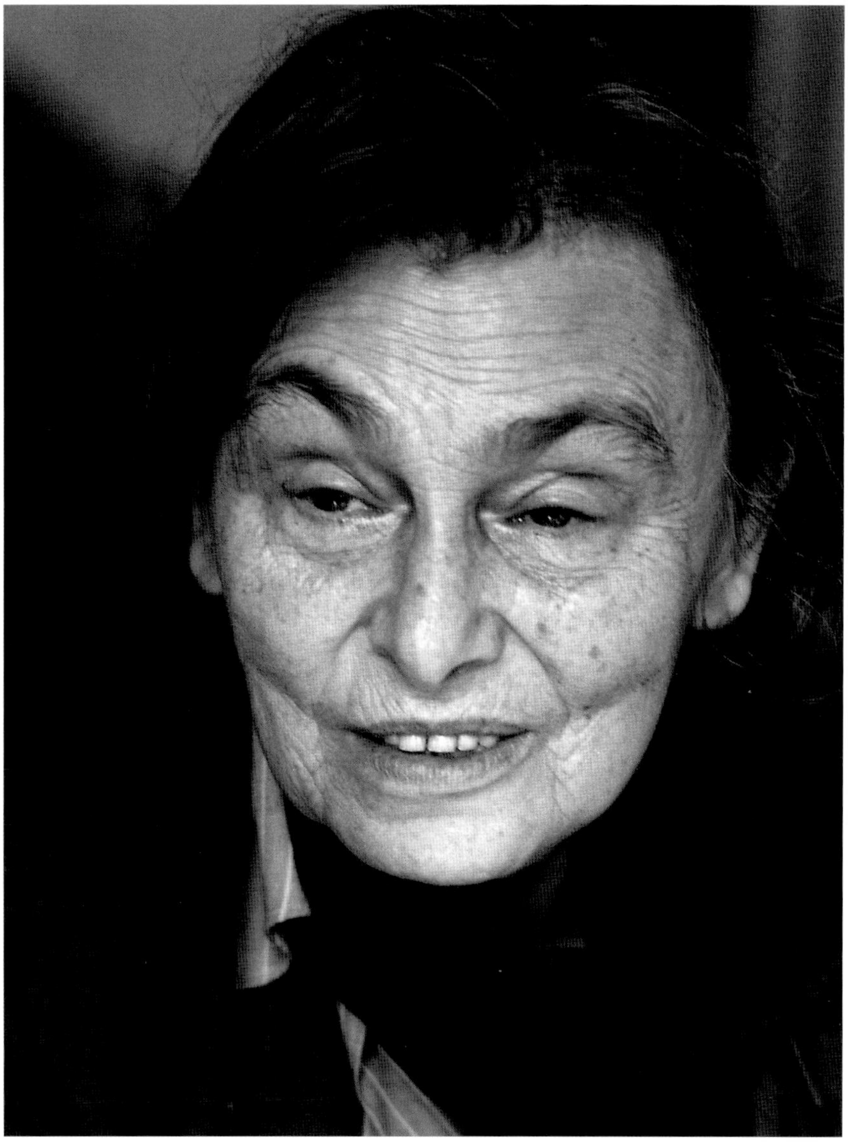

Über das Altern
Gut, weil es die Zumutung der Existenz deutlicher macht.
Eine Art gerechter Krieg, weil der Aggressor mächtig,
skrupellos und verborgen ist.

1996

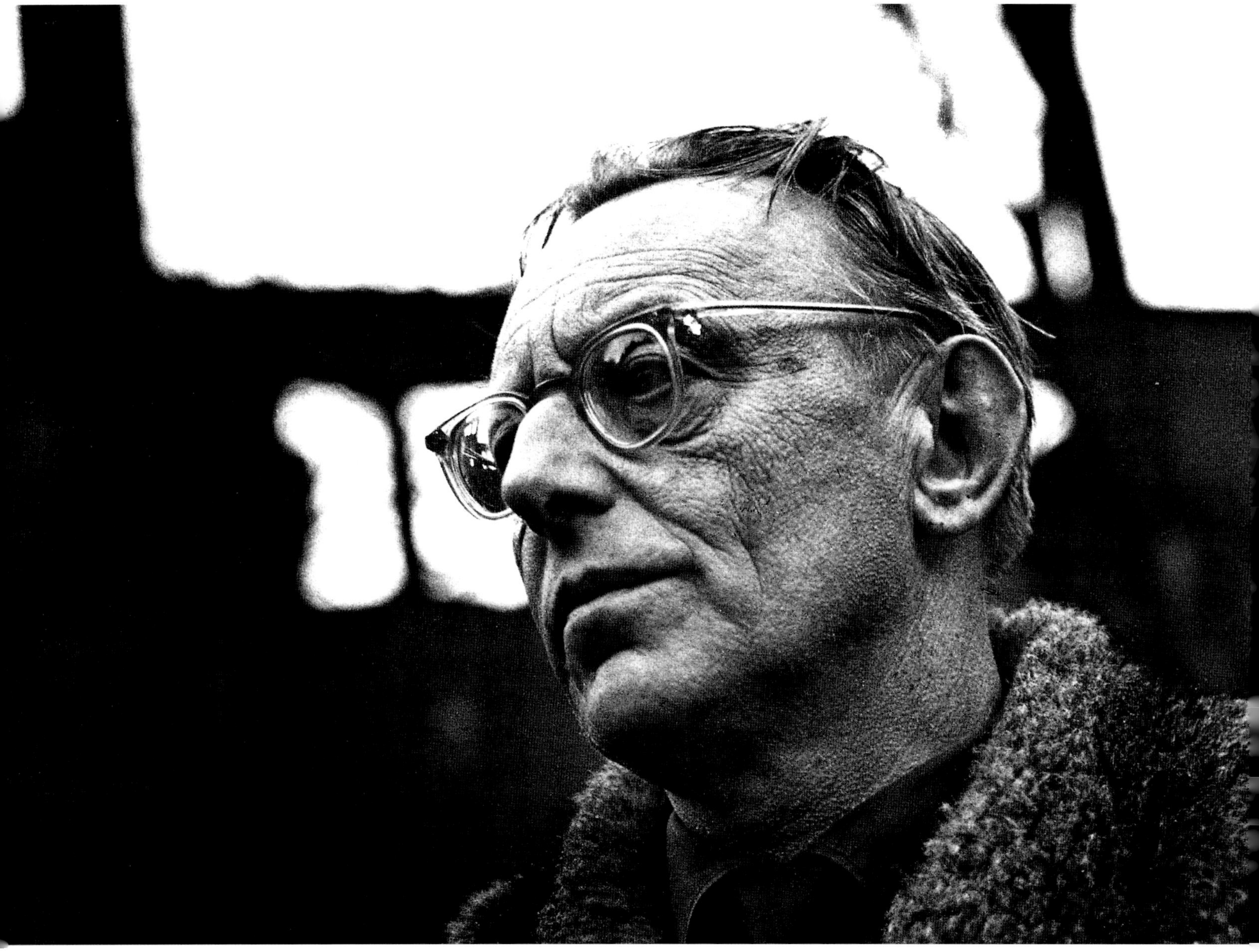

1957

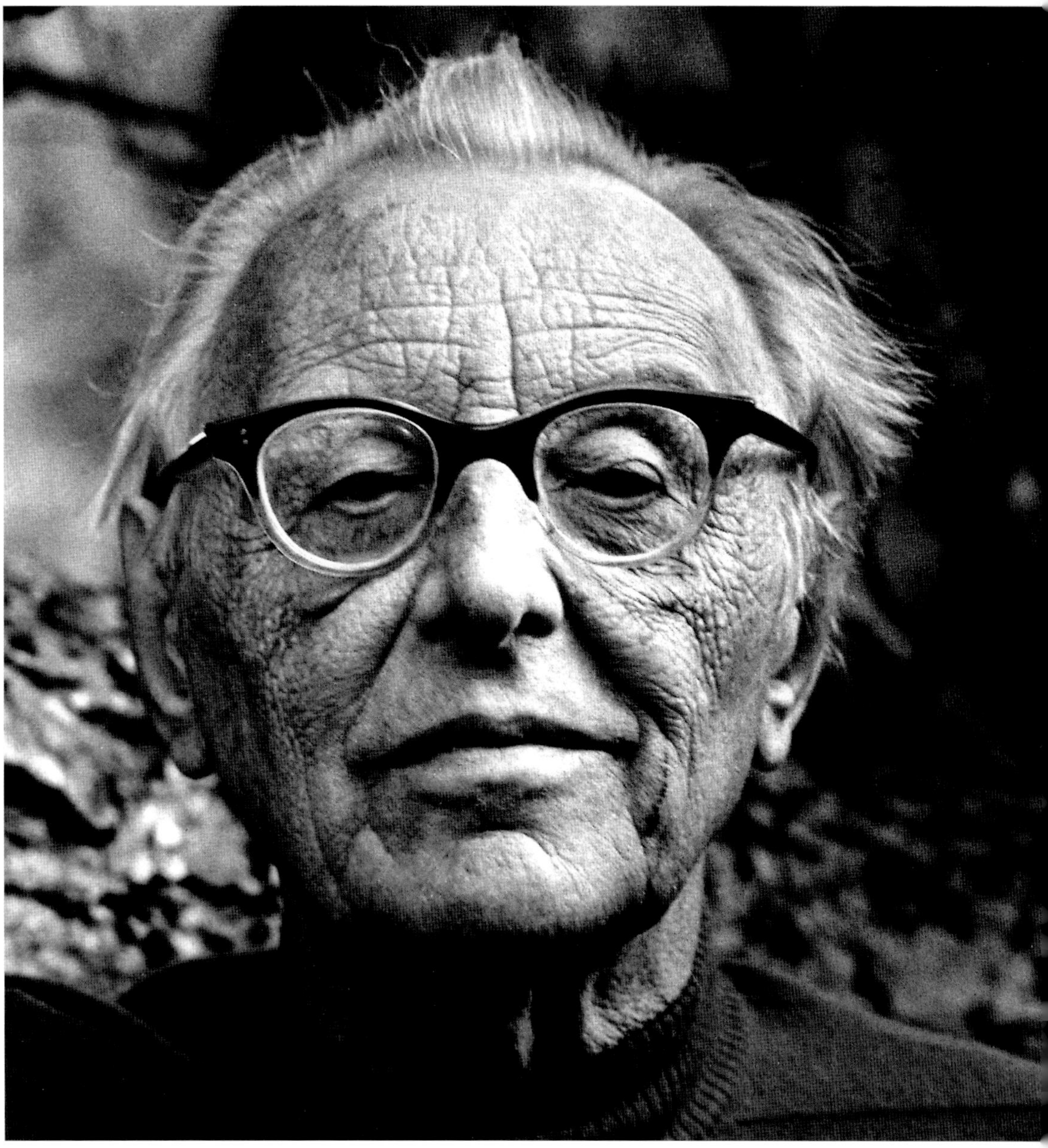

Karl Orff

1977

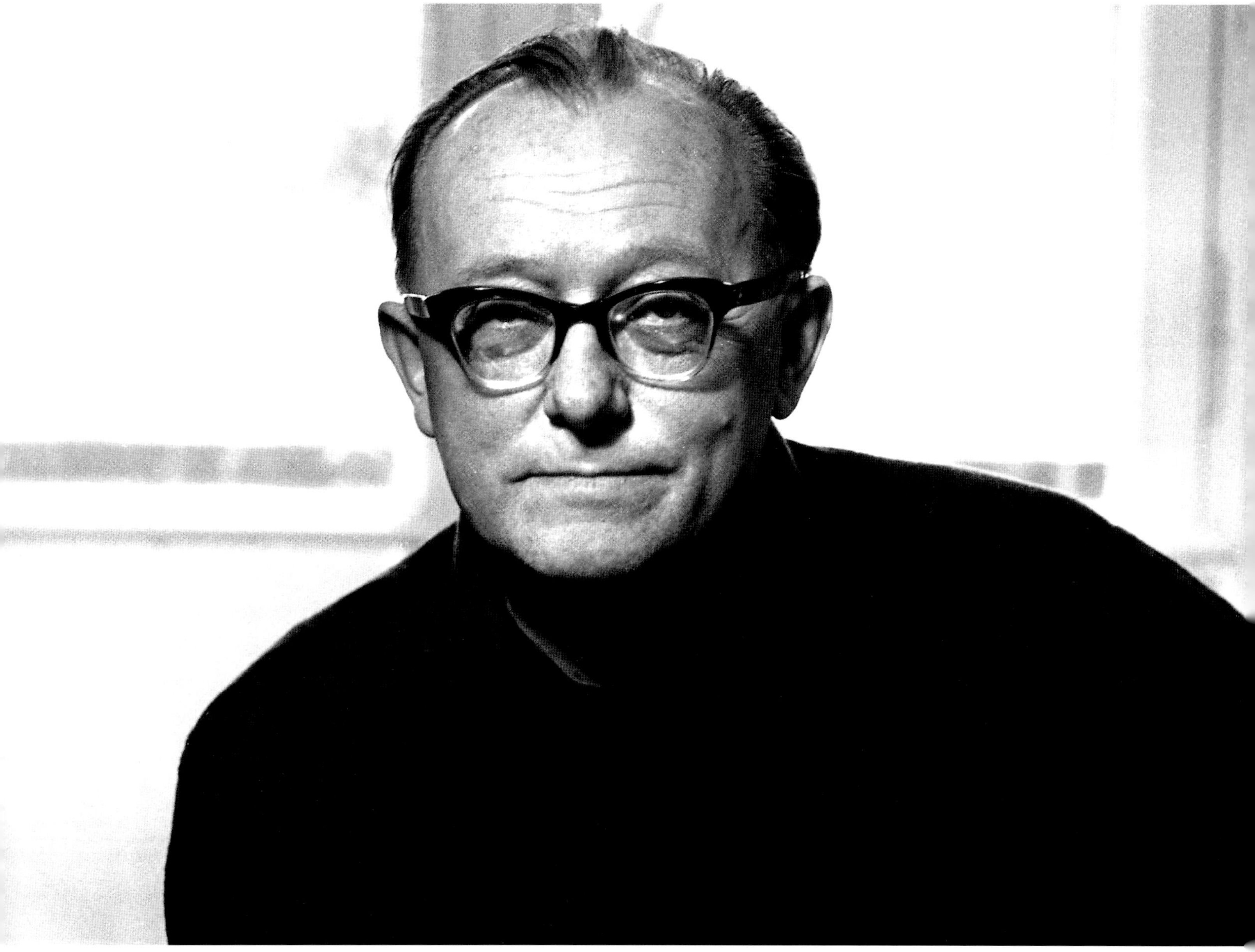

1962

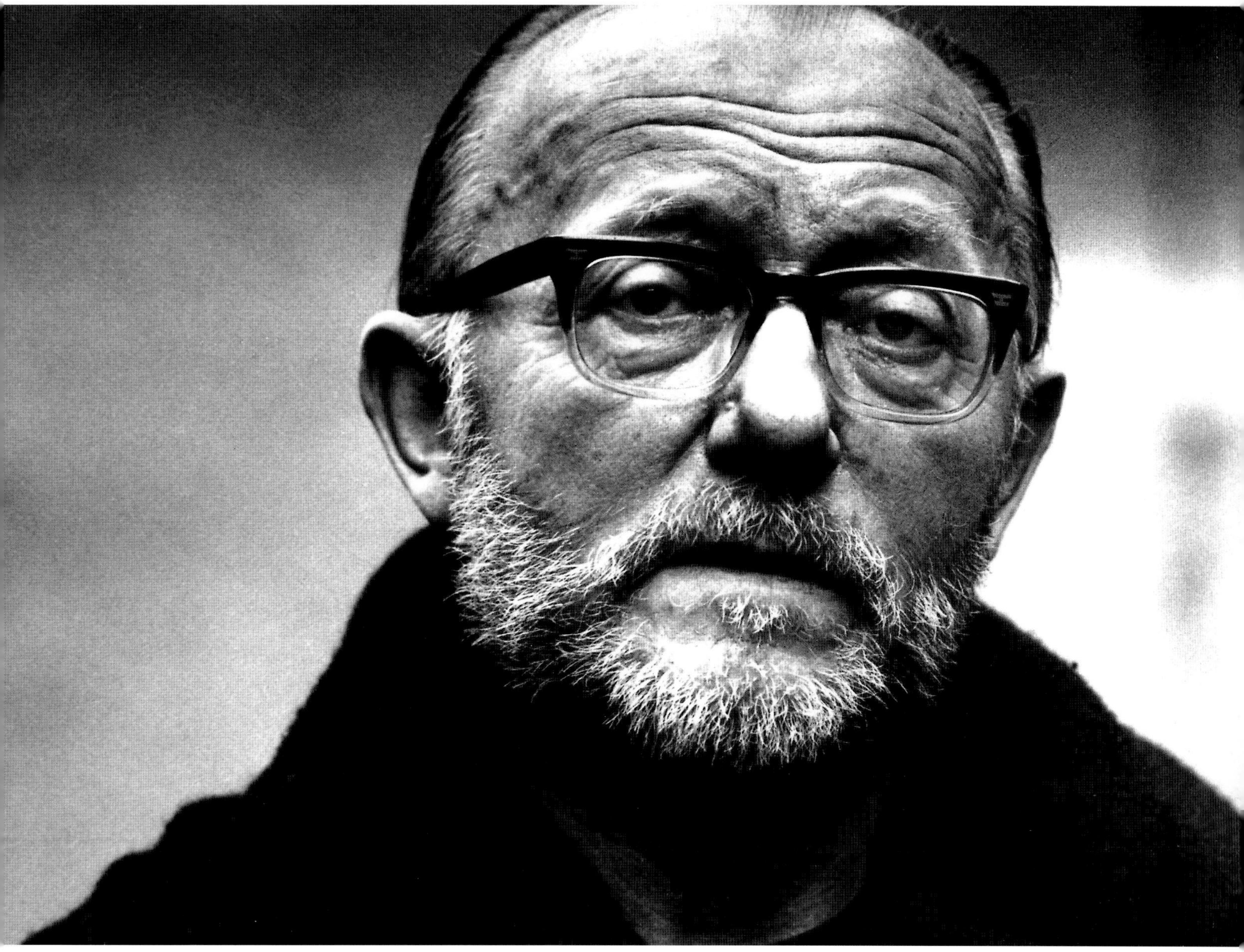

Günter Eich

1970

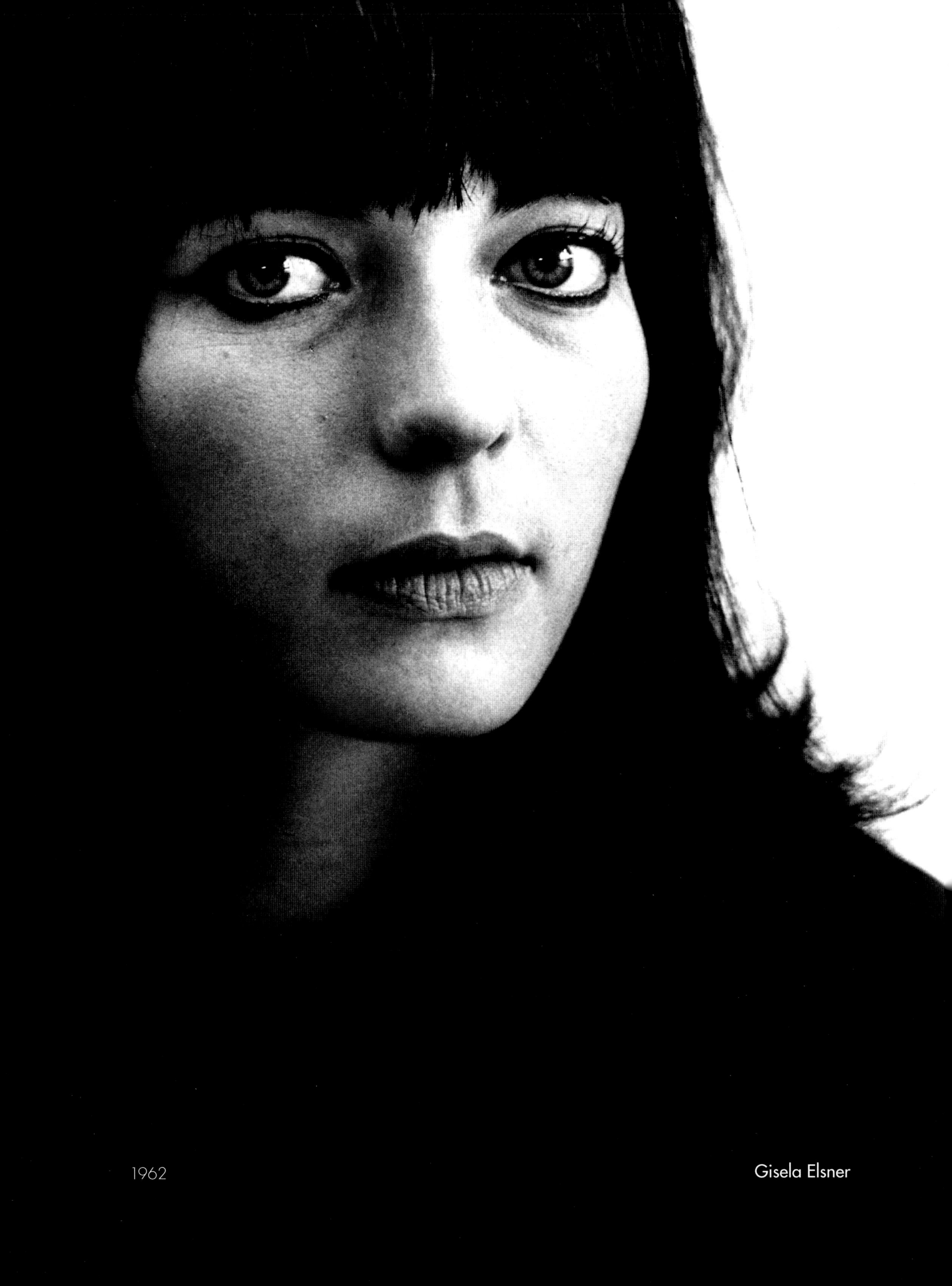

1962

Gisela Elsner

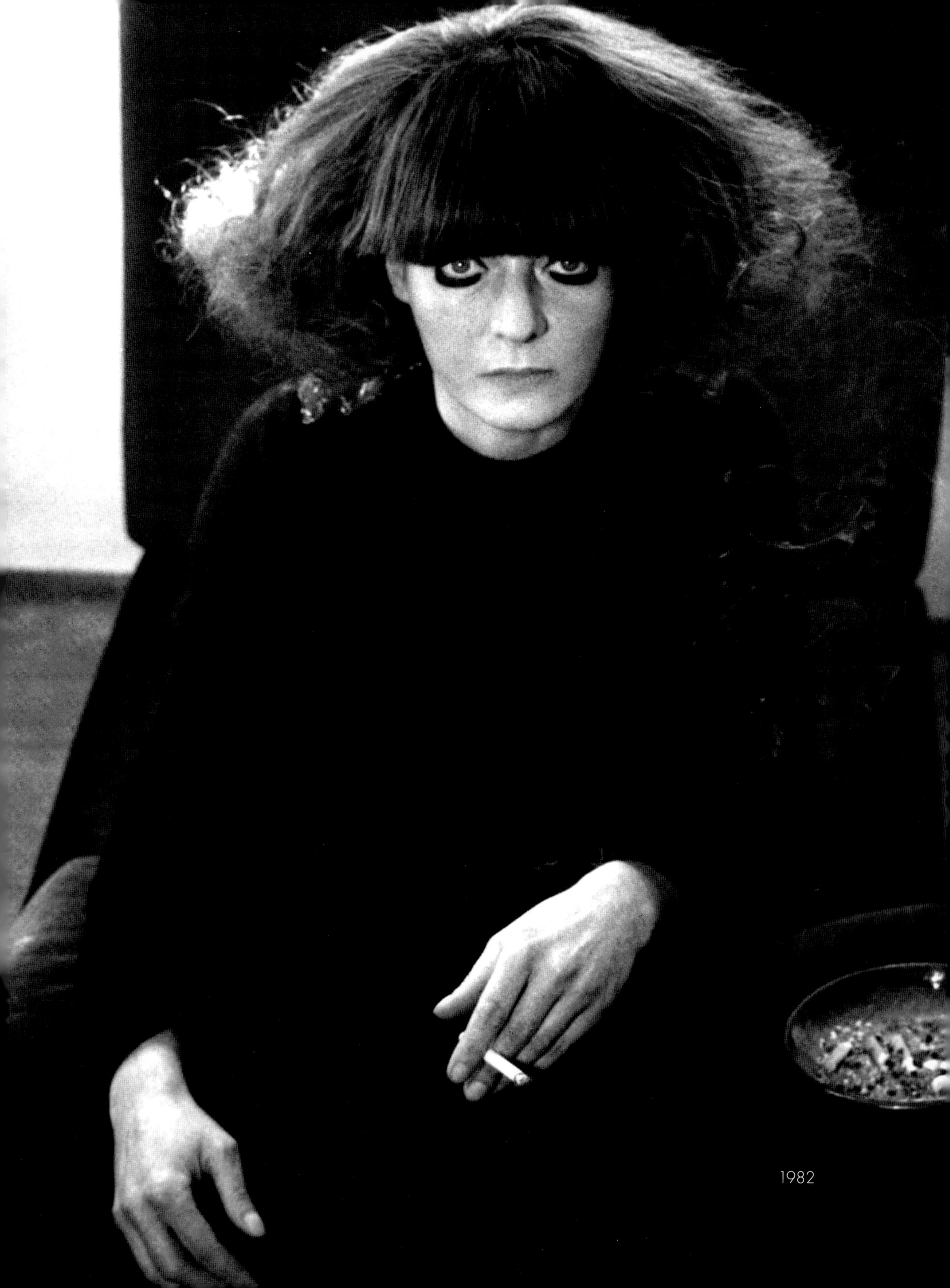

1982

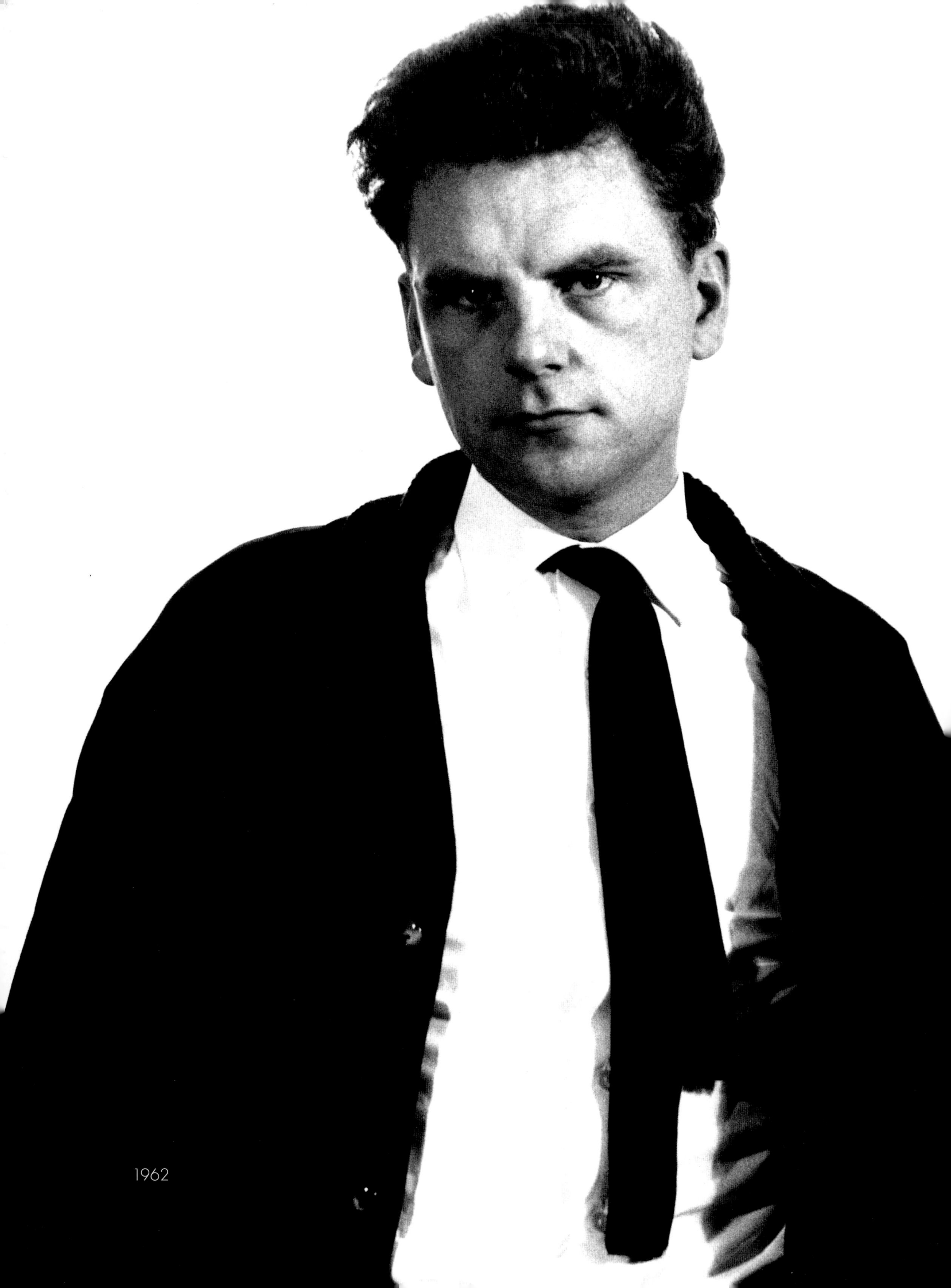

1962

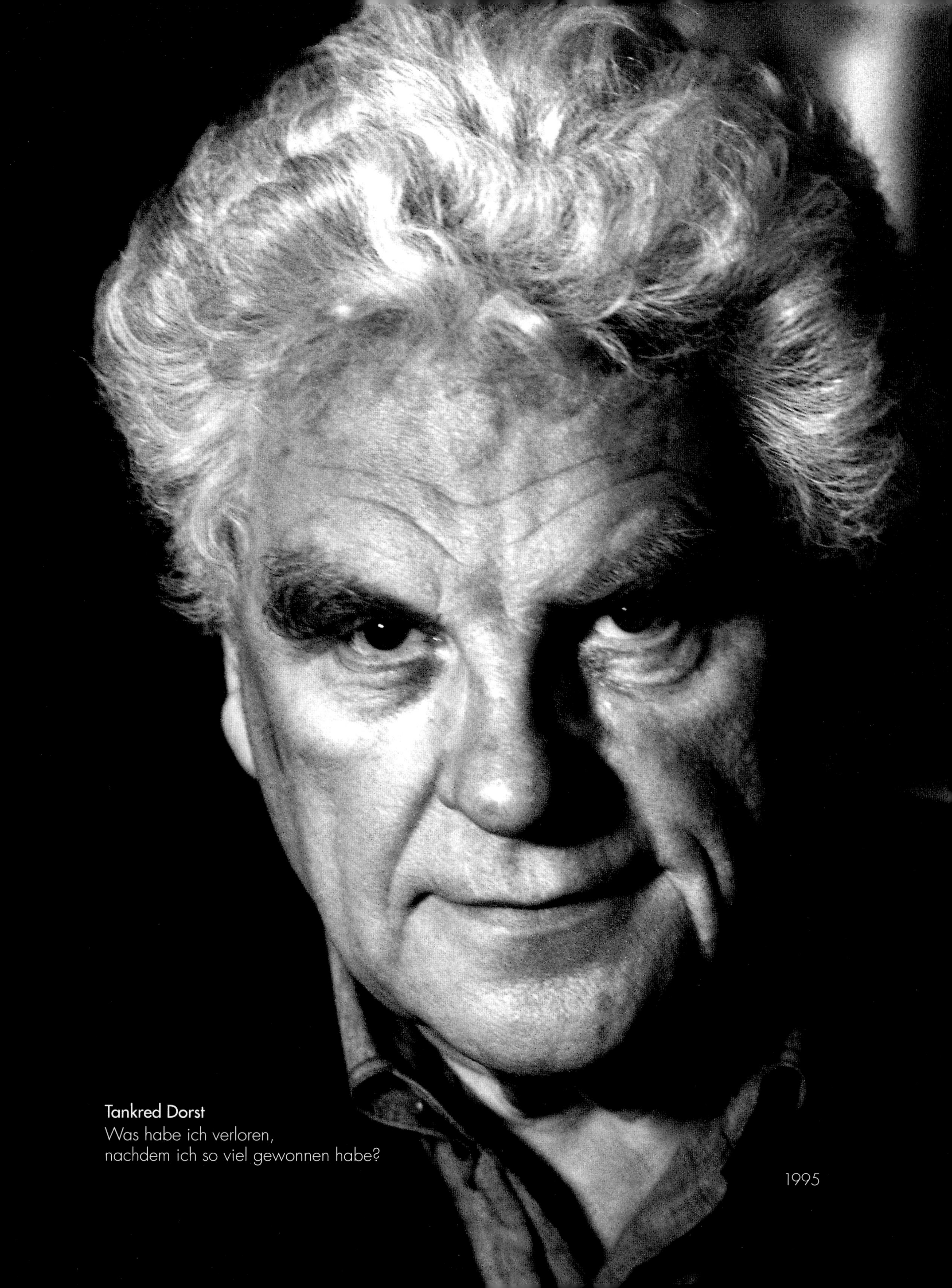

Tankred Dorst
Was habe ich verloren,
nachdem ich so viel gewonnen habe?

1995

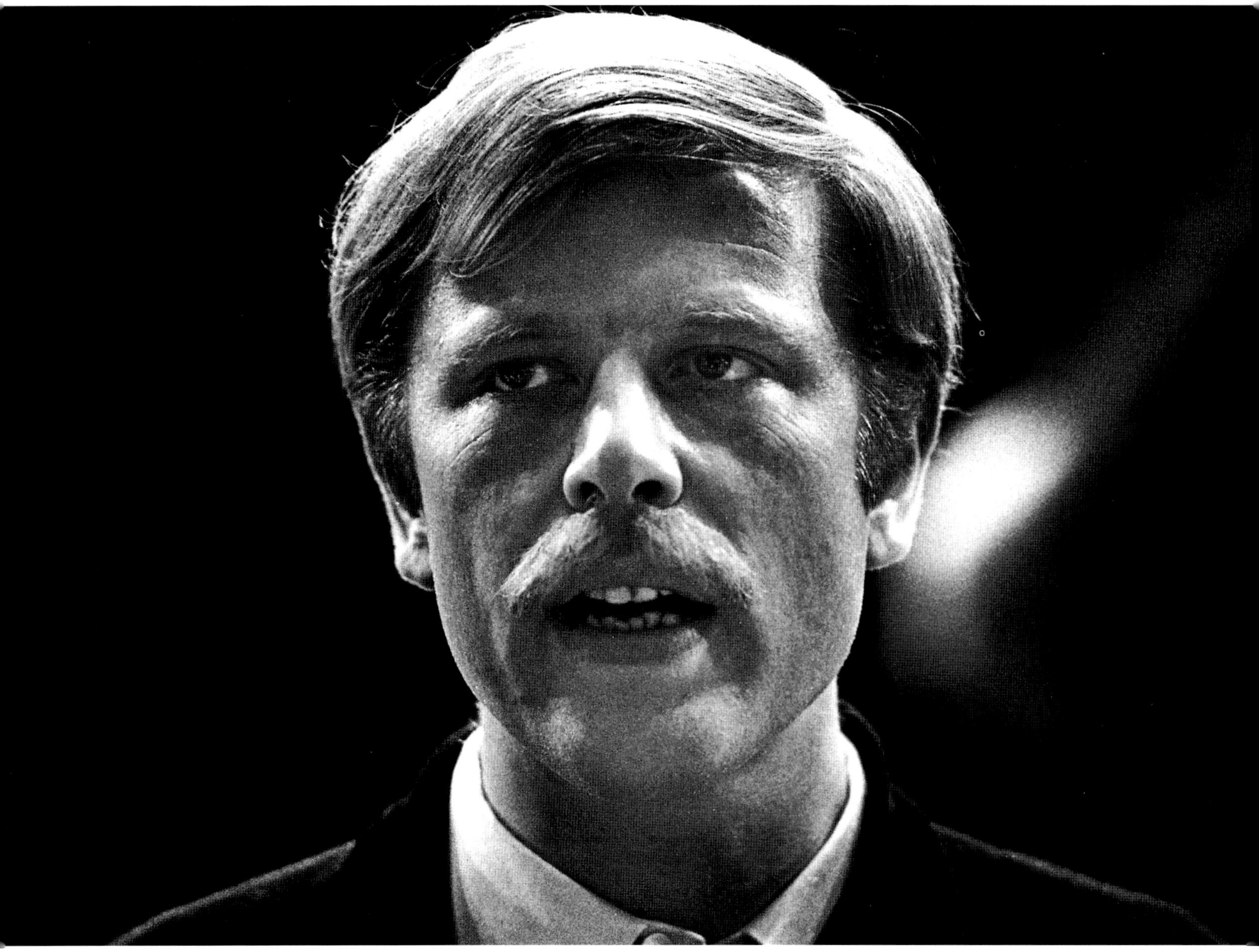

1966

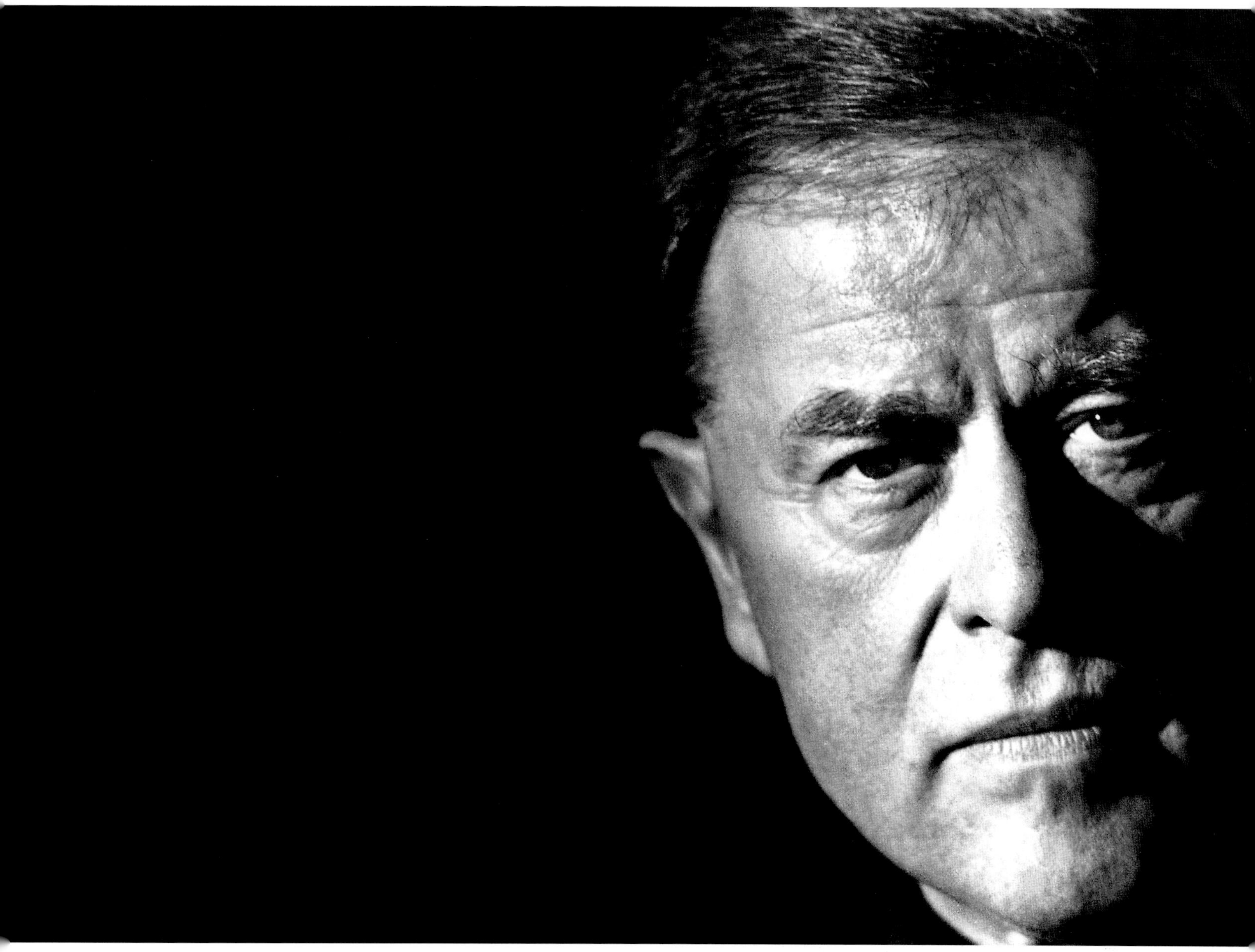

Claus Peymann

1996

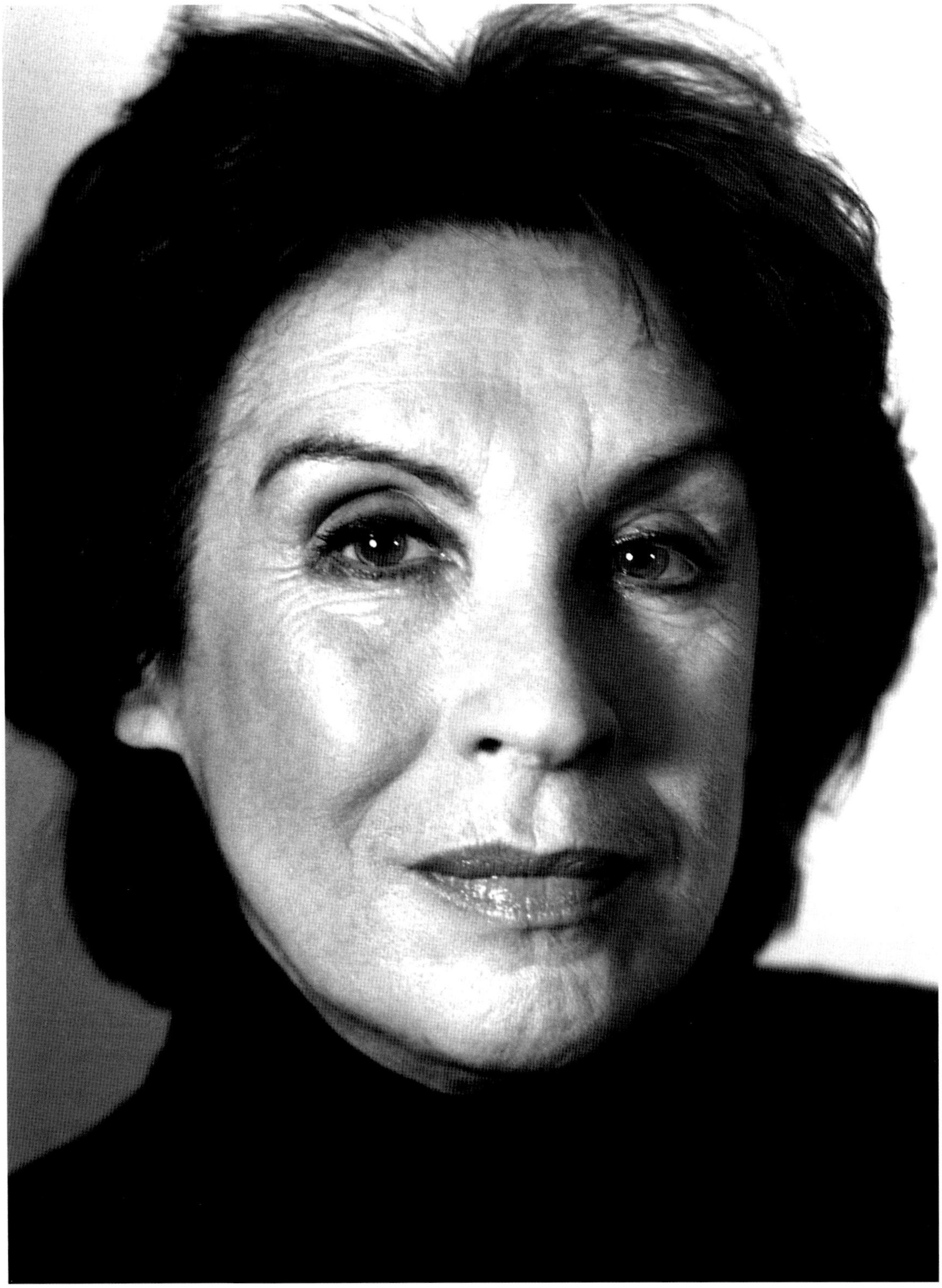

Maria Becker

1979

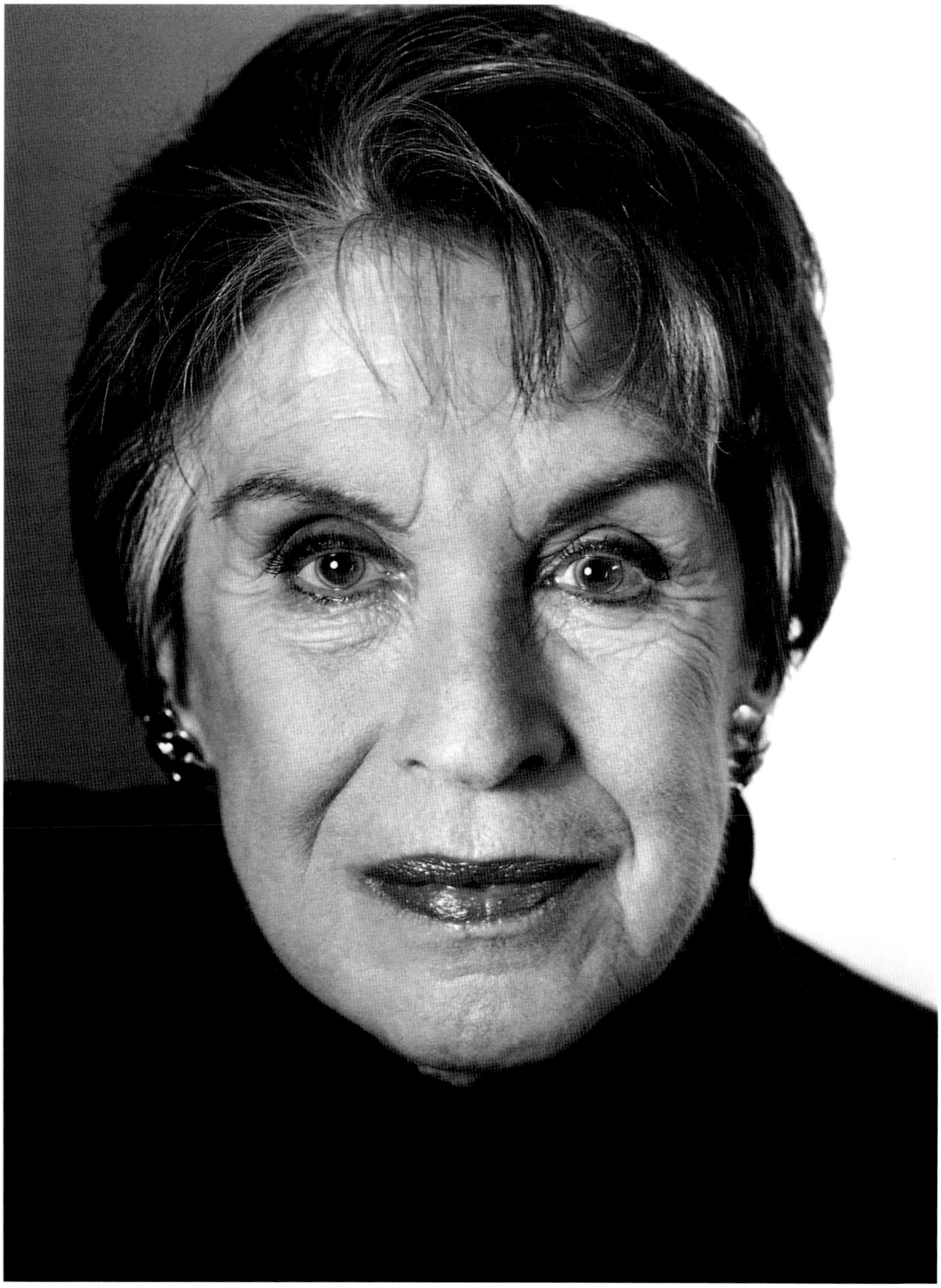

Ich empfinde das Älterwerden bis auf die
Schäden an der Karosserie als höchst angenehm.
Ich lebe wesentlicher als in meiner Jugend.

2000

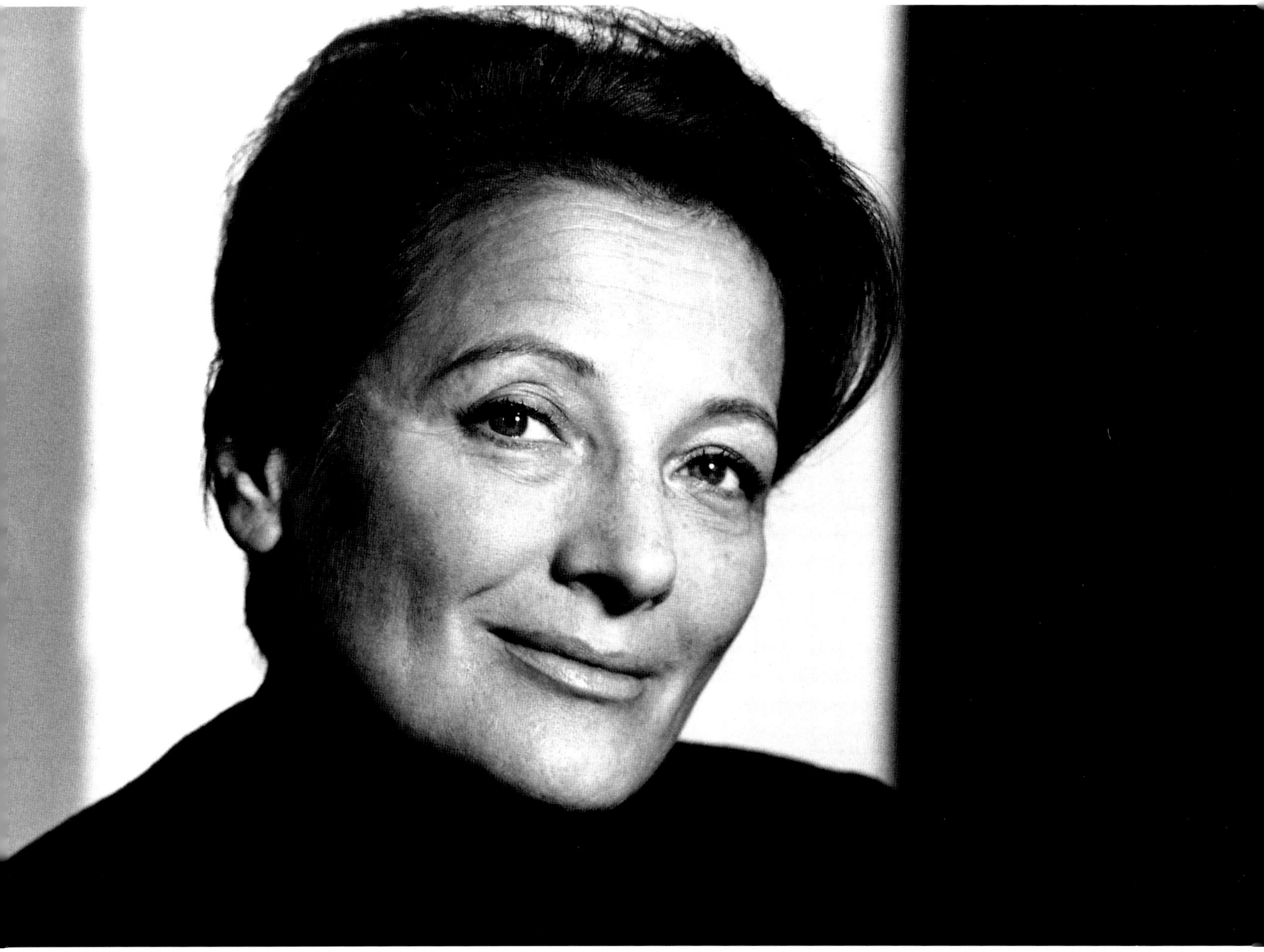

1970

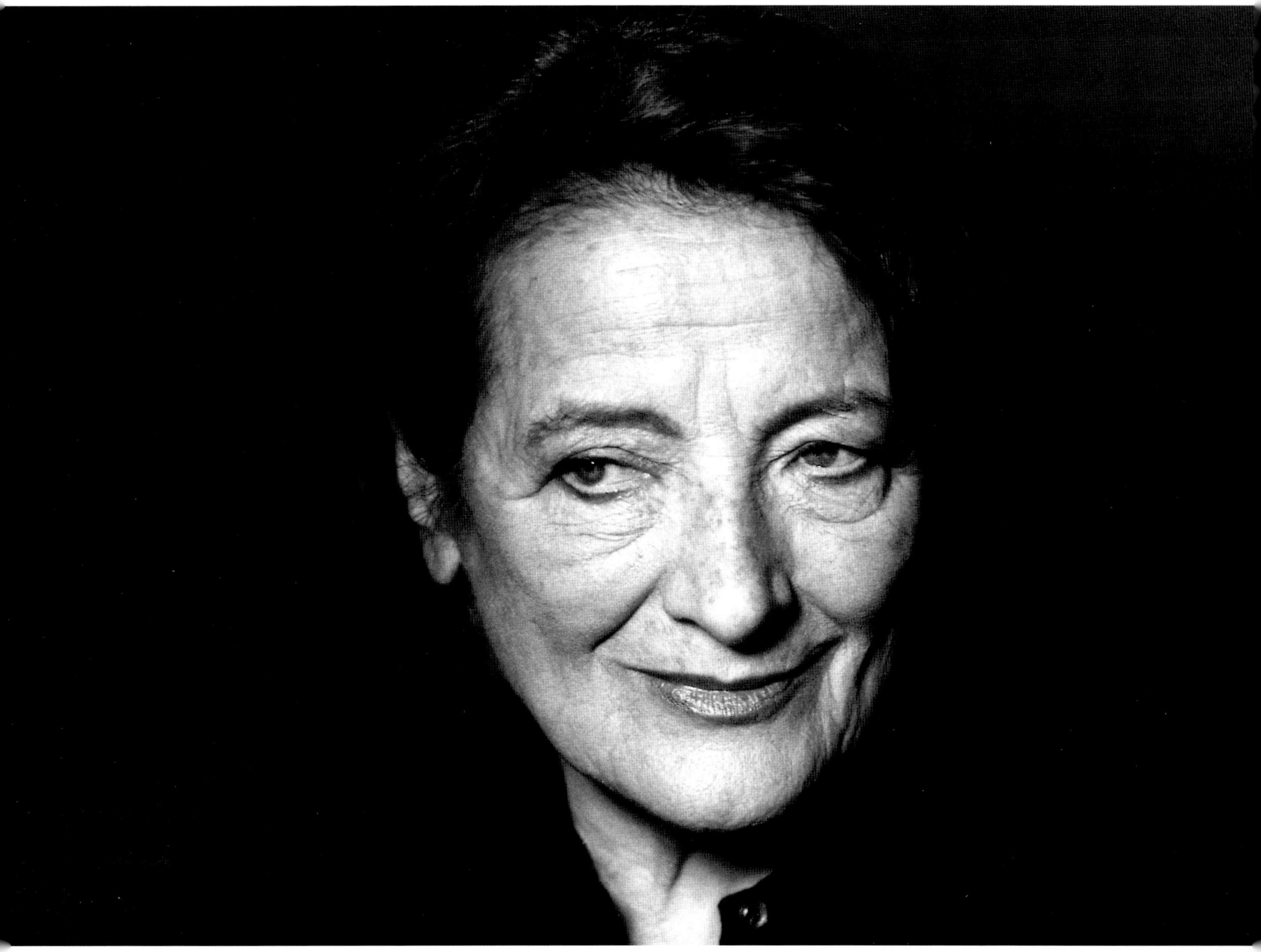

Maria Wimmer

1993

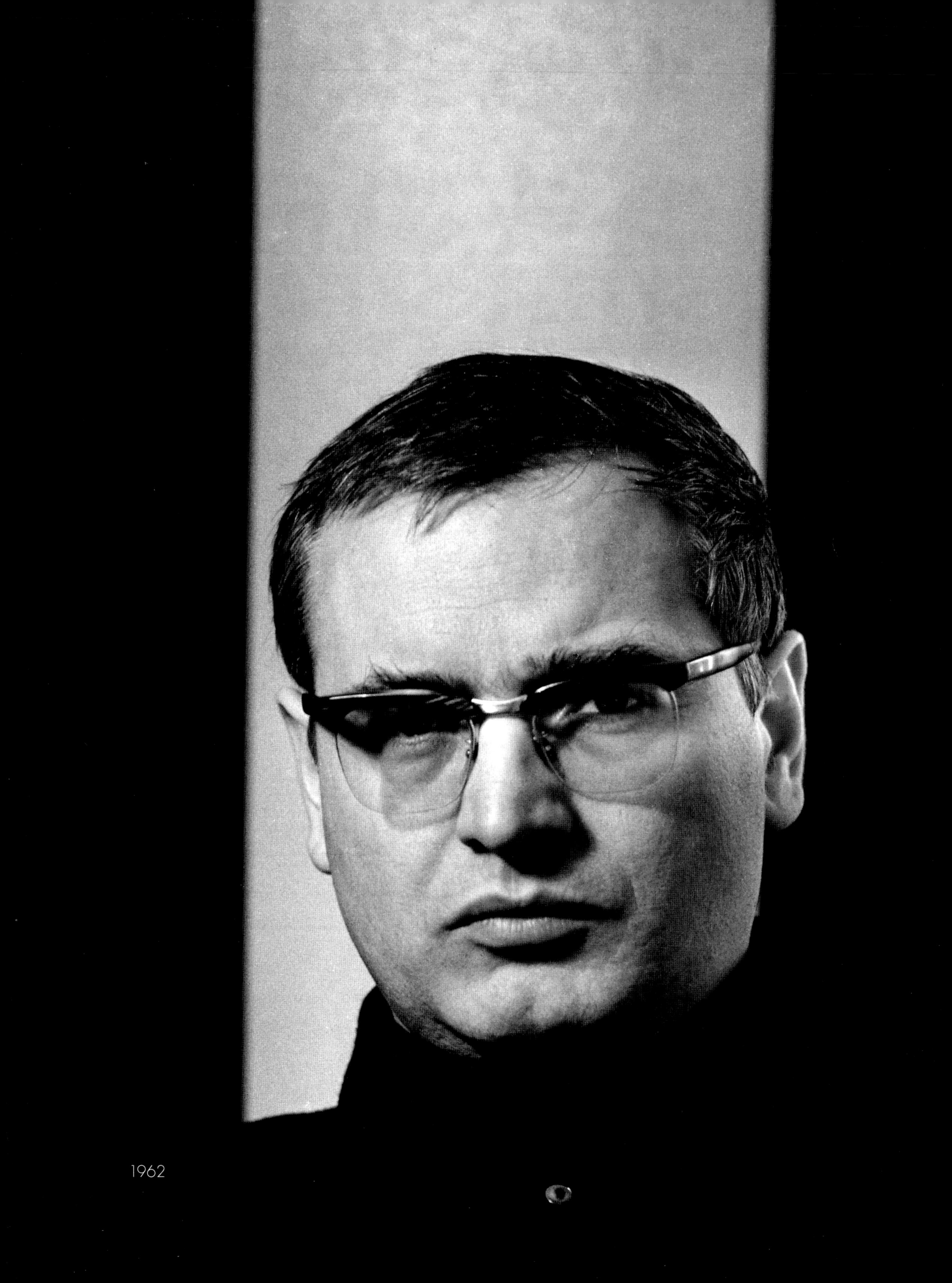

1962

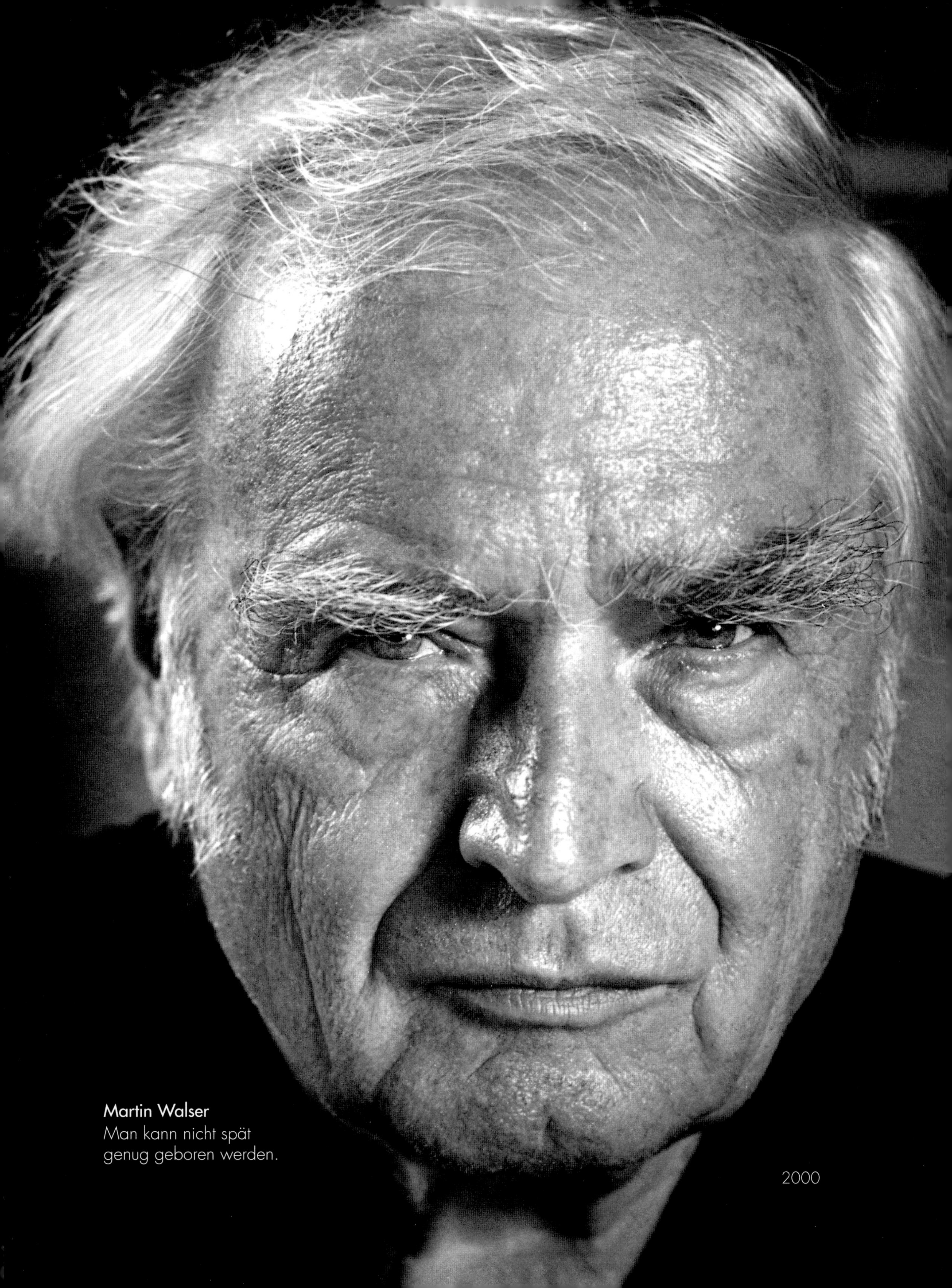

Martin Walser
Man kann nicht spät
genug geboren werden.

2000

Hilde Zemann wurde in Mährisch-Ostrau geboren. Nach dem Abitur und ihrer Fotoausbildung wurde sie 1946 nach Deutschland ausgewiesen. In Heidelberg eröffnete sie ein Atelier für Porträt- und Theaterfotografie. 1954 präsentierte sie erstmals ihre Fotografien auf der Photokina. Bei Otto Steinert besuchte sie 1960 einen Lehrgang an der Werkkunstschule in Saarbrücken. Seit 1962 lebt und arbeitet Hilde Zemann in München. Viele Ausstellungen in Deutschland, aber auch in Italien, der Schweiz und Frankreich präsentierten ihre Arbeiten. Ihre Fotografien, für die sie bereits zahlreiche Preise und Auszeichnungen erhielt, wurden als Monografie und in Sammelbänden veröffentlicht.

Fotografie im Knesebeck Verlag

Abbas
Glaube – Liebe – Hoffnung?
328 S., DM 128,–/öS 934,–/sFr 114,–
ISBN 3-89660-074-5

Tschingis Aitmatow / Georg Kürzinger
Ferne Heimat Kirgisien
160 S., DM 58,–/öS 423,–/sFr 55,–
ISBN 3-89660-048-6

Hans Georg Berger
Het Bun Dai Bun
Fotografien aus Laos
216 S., DM 98,–/öS 715,–/sFr 90,–
ISBN 3-89660-078-8

Catherine Chermayeff
Mode Fotografie Heute
144 S., DM 39,90/öS 291,–/sFr 38,40
ISBN 3-89660-075-3

Morton N. Cohen
Lewis Carroll
Reflexionen im Spiegel
144 S., DM 98,–/öS 715,–/sFr 90,–
ISBN 3-89660-054-0

Imogen Cunningham
Körper
168 S., DM 98,–/öS 715,–/sFr 90,–
ISBN 3-89660-043-5

Pamela Hanson
Girls
208 S., DM 98,–/öS 715,–/sFr 90,–
ISBN 3-89660-072-9

Mimmo Jodice
Mediterranea
120 S., DM 128,–/öS 934,–/sFr 112,–
ISBN 3-89660-014-1

Gerd Kittel
The Final Cut – Route 66
176 S., DM 98,–/öS 715,–/sFr 90,–
ISBN 3-89660-056-7

Herlinde Koelbl
Im Schreiben zu Haus
Wie Schriftsteller zu Werke gehen
260 S., DM 98,–/öS 715,–/sFr 88,–
ISBN 3-89660-041-9

Herlinde Koelbl
Spuren der Macht
Die Verwandlung des Menschen
durch das Amt
408 S., DM 98,–/öS 715,–/sFr 90,–
ISBN 3-89660-057-5

Herlinde Koelbl
Starke Frauen
180 S., DM 98,–/öS 715,–/sFr 88,–
ISBN 3-89660-005-2

Ljalja Kuznetsova
In der Weite der Steppen
160 S., DM 84,–/öS 613,–/sFr 76,–
ISBN 3-89660-032-X

Hervé Lewis
Augenblicke der Verführung
96 S., ca. DM 39,80/öS 291,–/sFr 36,80
ISBN 3-89660-073-7

Sally Mann
Unmittelbare Familie
86 S., DM 58,–/öS 423,–/sFr 53,80
ISBN 3-89660-013-3

Isolde Ohlbaum
Aus Licht und Schatten
Engelbilder
Mini-Ausgabe
160 S., DM 25,–/öS 183,–/sFr 24,30
ISBN 3-89660-067-2

Hardcover
160 S., DM 128,–/öS 934,–/sFr 112,–
ISBN 3-926901-70-5

Isolde Ohlbaum
Denn alle Lust will Ewigkeit
Mini-Ausgabe
160 S., DM 25,–/öS 183,–/sFr 24,30
ISBN 3-89660-068-0

Hardcover
168 S., DM 128,–/öS 934,–/sFr 112,–
ISBN 3-926901-50-0

Sonderausgabe
168 S., DM 49,80/öS 364,–/sFr 46,80
ISBN 3-926901-90-X

Isolde Ohlbaum
Portraits
160 S., DM 78,–/öS 569,–/sFr 71,–
ISBN 3-926901-64-0

Marc Riboud
Portfolio
120 S., ca. DM 78,–/öS 569,–/sFr 69,–
ISBN 3-89660-082-6

Francesco Scavullo
Nudes/Akte
112 S., DM 35,–/öS 256,–/sFr 33,80
ISBN 3-89660-069-9

David Seidner
Im Atelier der Künstler
216 S., DM 98,–/öS 715,–/sFr 90,–
ISBN 3-89660-070-2

Originalausgabe

Die Deutsche Bibliothek – CIP-Einheitsaufnahme
Ein Titeldatensatz für diese Publikation ist bei Der Deutschen Bibliothek erhältlich

Gestaltung: Herneid von dem Knesebeck
Lithografie: Karl Dörfel, München
Satz: satz & repro Grieb, München
Druck: Passavia, Passau
Printed in Germany

ISBN 3-89660-090-7

www.knesebeck-verlag.de